国家重点档案专项资金资助项目

抗日战争档案汇编

抗战时期璧山军事档案汇编

1

重庆市璧山区档案馆 编

中華書局

图书在版编目（CIP）数据

抗战时期璧山军事档案汇编 / 重庆市璧山区档案馆编. －北京：中华书局，2021.8
（抗日战争档案汇编）
ISBN 978-7-101-15292-0

Ⅰ.抗… Ⅱ.重… Ⅲ.抗日战争史－历史档案－璧山县 Ⅳ.K265.06

中国版本图书馆 CIP 数据核字 (2021) 第 152787 号

书　　名	抗战时期璧山军事档案汇编（全三册）
丛 书 名	抗日战争档案汇编
编　　者	重庆市璧山区档案馆
策划编辑	许旭虹
责任编辑	李晓燕
装帧设计	许丽娟
出版发行	中华书局 （北京市丰台区太平桥西里38号 100073） http://www.zhbc.com.cn E-mail:zhbc@zhbc.com.cn
图文制版	北京禾风雅艺文化发展有限公司
印　　刷	天津艺嘉印刷科技有限公司
版　　次	2021年8月北京第1版 2021年8月第1次印刷
规　　格	开本889×1194毫米 1/16 印张75¾
国际书号	ISBN 978-7-101-15292-0
定　　价	1200.00元

抗日战争档案汇编编委会

重庆市璧山区抗日战争档案汇编编委会

总序

为深入贯彻落实习近平总书记「让历史说话，用史实发言，深入开展中国人民抗日战争研究」的重要指示精神，国家档案局根据《全国档案事业发展「十三五」规划纲要》和《「十三五」时期国家重点档案保护与开发工作总体规划》的有关安排，决定全面系统地整理全国各级综合档案馆馆藏抗战档案，编纂出版《抗日战争档案汇编》（以下简称《汇编》）。

中国人民抗日战争是近代以来中国反抗外敌入侵第一次取得完全胜利的民族解放战争，开辟了中华民族伟大复兴的光明前景。这一伟大胜利，也是中国人民为世界反法西斯战争胜利、维护世界和平作出的重大贡献。加强中国人民抗日战争研究，具有重要的历史意义和现实意义。

全国各级档案馆保存的抗战档案，数量众多，内容丰富，全面记录了中国人民抗日战争的艰辛历程，是研究抗战历史的珍贵史料。一直以来，全国各级档案馆十分重视抗战档案的开发利用，陆续出版公布了一大批抗战档案，对揭露日本帝国主义侵华罪行，讴歌中华儿女勠力同心、不屈不挠抗击侵略的伟大壮举，弘扬伟大的抗战精神，引导正确的历史认知，发挥了积极作用。特别是国家档案局组织有关方面共同努力和积极推动，「南京大屠杀档案」被联合国教科文组织评选为「世界记忆遗产」，列入《世界记忆名录》，捍卫了历史真相，在国际上产生了广泛而深远的影响。

全国各级档案馆馆藏抗战档案开发利用工作虽然取得了一定的成果，但是，在档案信息资源开发的系统性和深入性方面仍显不足。正如习近平总书记所指出的：「同中国人民抗日战争的历史地位和历史意义相比，同这场战争对中华民族和世界的影响相比，我们的抗战研究还远远不够，要继续进行深入系统的研究。」「抗战研究要深入，就要更多通过档案、资料、事实、当事人证词等各种人证、物证来说话。要加强资料收集和整理这一基础性工作，全面整理我国各地抗战档案、照片、资料、实物等……」

国家档案局组织编纂《汇编》，对全国各级档案馆馆藏抗战档案进行深入系统地开发，是档案部门贯彻落实习近平总书记重要指示精神，推动深入开展中国人民抗日战争研究的一项重要举措。本书的编纂力图准确把握中国人民抗日战争的历史进程、主流和本质，用详实的档案全面反映一九三一年九一八事变后十四年抗战的全过程，反映中国共产党在抗日战争中的中流砥柱作用以及中国人民抗日战争在世界反法西斯战争中的重要地位，反映国共两党「兄弟阋于墙，外御其侮」进行合作抗战、共同捍卫民族尊严的历史，反映各民族、各阶层及海外华侨共同参与抗战的壮举，展现中国人民抗日战争的伟大意义，以历史档案揭露日本侵华暴行，揭示日本军国主义反人类、反和平的实质。

编纂《汇编》是一项浩繁而艰巨的系统工程。为保证这项工作的有序推进，国家档案局制订了总体规划和详细的实施方案，明确了指导思想、工作步骤和编纂要求。为保证编纂成果的科学性、准确性和严肃性，国家档案局组织专家对选题进行全面论证，对编纂成果进行严格审核。

各级档案馆高度重视并积极参与到《汇编》工作之中，通过全面清理馆藏抗战档案，将政治、军事、外交、经济、文化、宣传、教育等多个领域涉及抗战的内容列入选材范围。入选档案包括公文、电报、传单、文告、日记、照片、图表等多种类型。在编纂过程中，坚持实事求是的原则和科学严谨的态度，对所收录的每一件档案都仔细鉴定、甄别与考证，维护档案文献的真实性，彰显档案文献的权威性。同时，以《汇编》编纂工作为契机，以项目谋发展，用实干育人才，带动国家重点档案保护与开发，夯实档案馆基础业务，提高档案人员的业务水平，促进档案馆各项事业的发展。

守护历史，传承文明，是档案部门的重要责任。我们相信，编纂出版《汇编》，对于记录抗战历史，弘扬抗战精神，发挥档案留史存鉴、资政育人的作用，更好地服务于新时代中国特色社会主义文化建设，都具有极其重要的意义。

抗日战争档案汇编编纂委员会

编辑说明

全面抗战时期，四川省作为中华民族持续抗战的后方基地，为抗战胜利做出了巨大的贡献。璧山县（现重庆市璧山区）地处川东，紧邻陪都重庆，是战时重要的迁建区，全面抗战时期璧山人民为抗战征兵、募捐、征工、征属优待等各个方面做出了重要贡献。

本书从璧山区档案馆所藏民国璧山县政府档案中的军事科、社会科、建设科等科室中选取，集中体现抗战时期璧山的战争动员与支援、对敌防空、征兵与优待、征工、战时经济等方面内容。所选档案时间起自一九三七年，迄至一九四五年。

所选档案均为原件全文影印，未做删节；如有缺页，为档案自身缺页。

档案中原标题完整或基本符合要求的使用原标题；对原标题有明显缺陷的进行修改或重拟；无标题的加拟标题。标题中人名使用通用名并以括号标明原档案写法，机构名称使用机构全称或规范简称，历史地名沿用当时地名。档案所载时间不完整或不准确的，作补充或订正；档案无时间且无法考证的标注「时间不详」；只有年份、月份而没有日期的档案，排在本年或本月末。

本书使用规范的简化字。对标题中人名、历史地名、机构名称中出现的繁体字、错别字、不规范异体字，予以径改。限于篇幅，本书不作注释。

总目录

第一册

一、战争动员与支援

二、对敌防空

第二册

二、对敌防空

三、征工与军事建设

四、征兵与优待征属

第三册

四、征兵与优待征属

本册目录

二、对敌防空

一、战争动员与支援

19

璧山縣各界抗敵後援會簡章

第一條　本會以喚起民衆援助抗敵將士為宗旨定名曰璧山縣各界抗敵後援會

第二條　本會自刻木質圖記一顆文曰璧山縣各界抗敵後援會圖記以昭信守

第三條　本會會址設本縣黨務指導委員會

第四條　本會委員由參加之機關團体學校主任人員充任之

第五條　本會設常務委員七人由本會委員中推任之

第六條　委員會設總務宣傳勸募三組

（一）總務組設正組長一人總攬本組事務設副組長二人分別辦理財務文書交際及不屬其他各組事宜

（二）宣傳組設正副組長各一人辦理一切宣傳事宜

（三）勸募組設正副組長各一人統籌募捐及慰勞事宜

第七條　各組正副組長就常務委員互推兼任又各組視事務之繁簡酌設委員及幹事若干人

第八條　本會經費由參加機關酌量分担不得挪用捐款

第九條　本會每週開常務委員會一次遇必要時得召集全体委員會議

第十條　本簡章經委員會通過施行如有未盡善處得召集委員會修改之

璧山县各界抗敌后援会第一次会议记录（一九三七年八月）

璧山縣各界抗敵後援會第一次會議紀錄

討論事項

一、通過簡章

決議：除原簡章第四條「代表各一人」五字修正為「主任人員」四字外，餘照原案通過。

二、推舉職員

決議：推郭鏞、易讀、鄒仲宣、何其黎、鍾鼎勛、羅經綸、黃靈九等為常務委員

總務組推郭鏞為正組長，易讀、鄒仲宣為副組長

宣傳組推鍾鼎勛為正組長，何其黎為副組長

勸募組推羅經綸為正組長，黃靈九為副組長。推杜集成、任倫昉、何延齡、殷德秀為總務組委員。推饒尚禮、龔用臧、陳燭洲、鄭廷瑗、鄒堯章、羅克光、魏澤霖、徐履敬、龔熉霖、劉潔、張庚揚、蘇俊賢、江克容及各鎮鄉完全小學校長、各區教育委員為宣傳組委員。推張傑齋、錢光煋、胡鏡堂

胡純和為宣傳組幹事。推戴嵩齡、舒漢傑、胡執中、蔡天文、鍾潭之三區長及各聯保主任為勸募經費委員。

三、籌集經費

決議：由各機關法團學校擬助并將自認捐助數目錄列於后

縣政府洋弍拾元	財委會洋弍元	警察所洋一元
徵收局洋拾元	縣金庫洋弍元	農　會洋一元
徵榷處洋拾元	經徵處洋弍元	教育會洋一元
縣黨部洋拾元	商　會洋弍元	郵政局洋一元
民教館洋伍元	鎮立校洋弍元	車　站洋一元
中學校洋伍元	典獄署洋弍元	
職中校洋伍元	第一校洋一元	
救濟院洋伍元	一女校洋一元	
一二三區各洋伍元	中山校洋一元	

共計洋玖拾伍元正

四川省各界抗敌后援会璧山县分会关于成立联保支会及检送支会简章致璧山县临江乡联保办公处的公函（一九三七年八月）

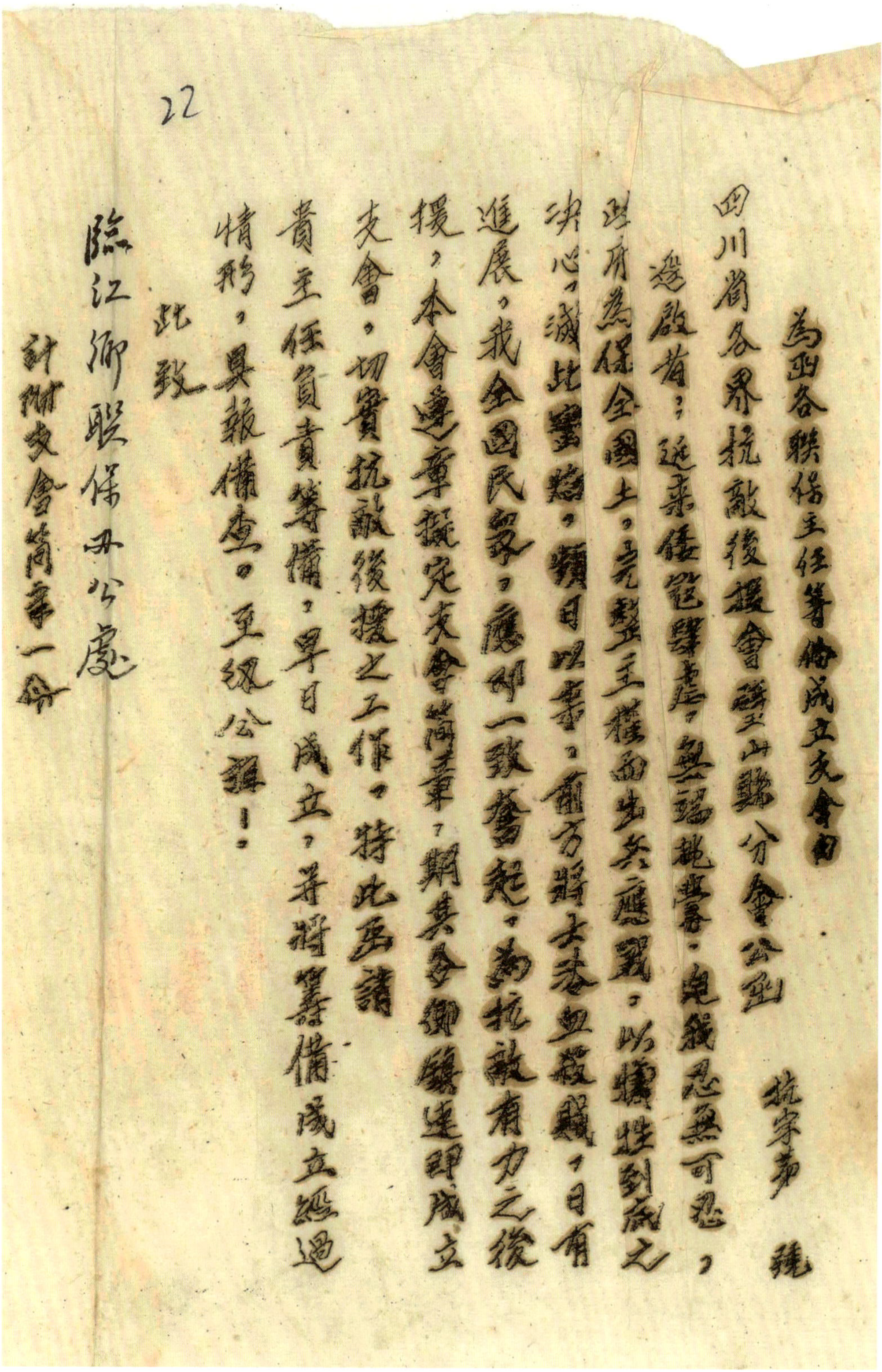

22

為函各联保主任籌備成立支會由

四川省各界抗敵後援會璧山縣分會公函　　抗字第　號

逕啟者：近來倭寇肆虐，無端挑釁，兇殘忍無可忍，政府為保全國土，完整主權而出兵應戰，以犧牲到底之決心，滅此寇賊，頻日以來，前方將士浴血殺賊，日有進展，我全國民衆，應即一致奮起，為抗敵有力之後援，本會遵章擬定支會簡章，期其各鄉鎮速即成立支會，切實抗敵後援之工作，特此函請貴主任負責籌備，早日成立，并將籌備成立經過情形，具報備查，至紉公誼！

此致

臨江鄉聯保辦公處

計附支會簡章一份

主任常務委員　郭鏞　周成虎　羅經綸

已制卡

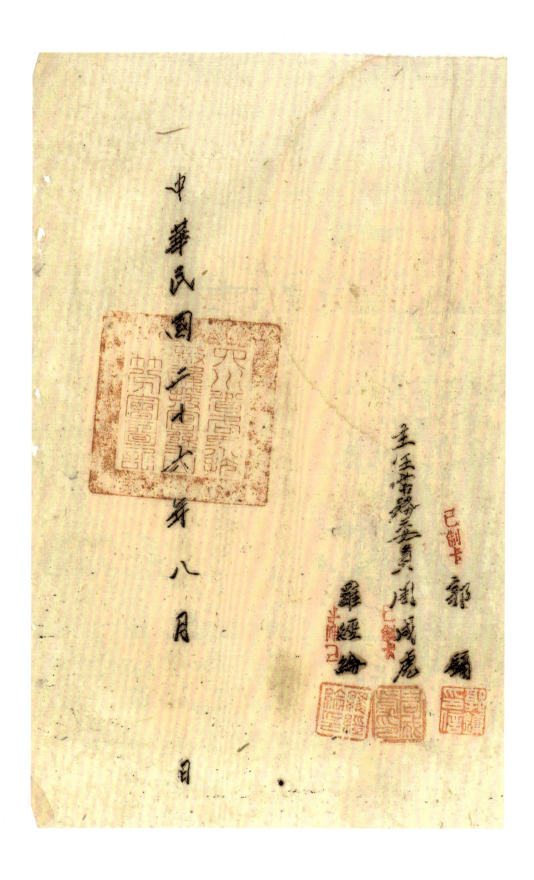

中華民國二十六年八月　日

附：四川省各界抗敌后援会璧山县分会××乡镇支会简章

四川省各界抗敵後援會璧山縣分會　鄉鎮支會簡章

第一條　本簡章遵照四川省各界抗敵後援會璧山縣分會簡章第十四條之規定制定之。

第二條　本會定名為四川省各界抗敵後援會璧山縣分會　支會。

第三條　本會以喚起民眾動員民眾擁護中央抗敵保土為宗旨。

第四條　本會會址設　·

第五條　本會會員分下列二種：一、團體會員——各機關各民眾團體屬之；六、個人會員——中華民國國民同情於本會宗旨經本會會員二人以上之介紹者。

第六條　本會以會員大會為最高機關，規程另定之。

第七條　本會設執行委員會處理本會一切事務，以本會會員代表組織之（會員代表暫以紳士及一部份主要之公務人員充任之）。

第八條　本會設常務委員會代表執行委員會行使職權，由各執行委員互推常務委員—

五人組織之。

第九條　本會常務委員中互推主任常務委員一人，處理日常事務，并對常務委員會負責。

第十條　本會分設下列各組，每組設正副組長各一人，辦事各三人，分辦該組之事務。

一、總務組——辦理一切文電庶務及不屬於其他各組之事務。

二、組織組——辦理一切組織事宜。

三、宣傳組——辦理一切宣傳事宜。

四、調查組——辦理調查聯絡檢舉漢奸清查仇貨及一切特務事項。

第十一條　本會會議分下列三種：

一、代表大會，（即執行委員會）每月舉行一次。

二、常務委員會，每週舉行一次。

三、臨時會議，遇必要時召集之。

第十二條　本會經費，

四川省各界抗敌后援会璧山县分会关于纪念「九一八」事件致璧山县临江乡联保办公处的通告（一九三七年九月十二日）

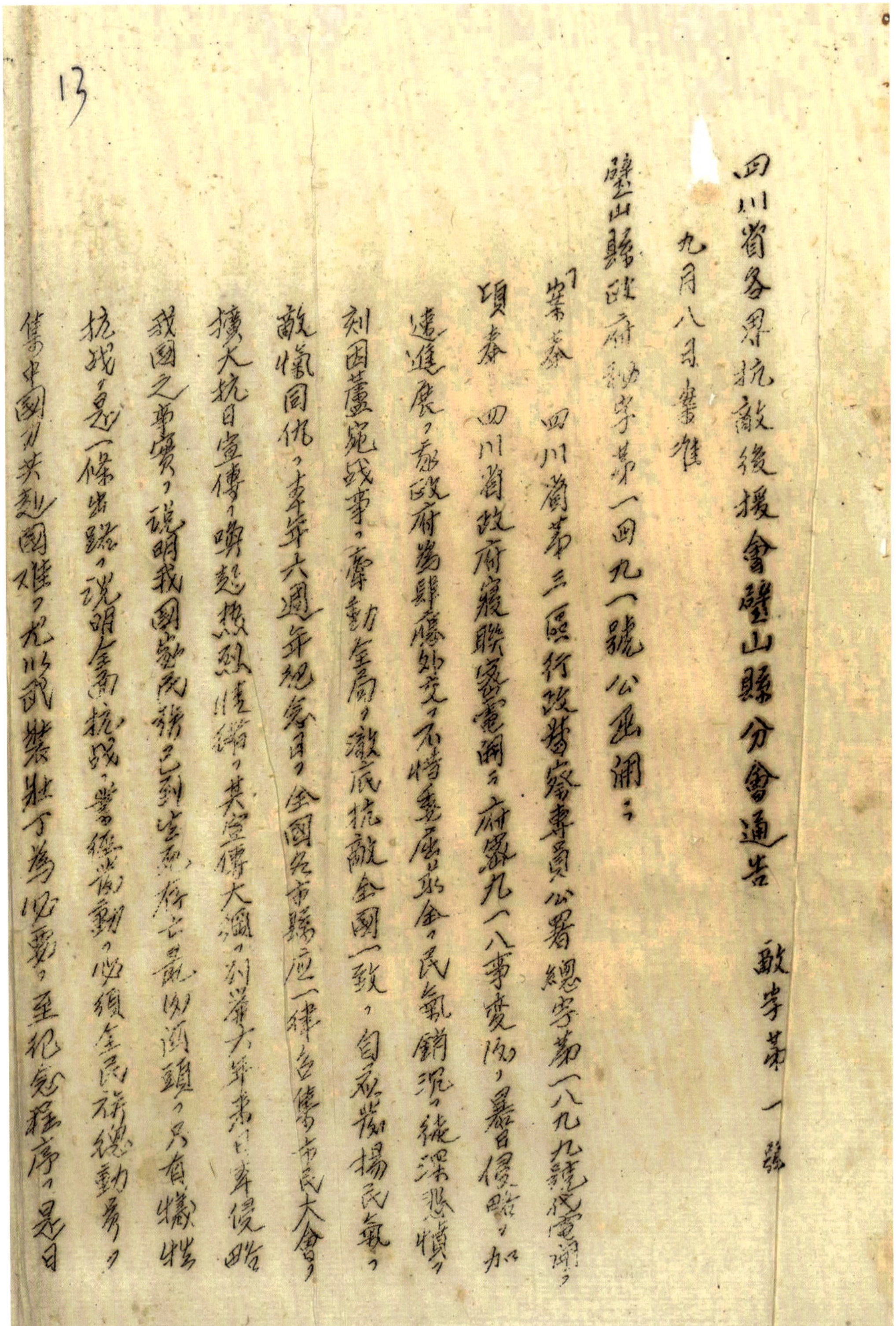
13

四川省各界抗敵後援會璧山縣分會通告　敵字第一號

九月八日發

璧山縣政府秘字第一四九一號公函：

案奉四川省第三區行政督察專員公署總字第一八九九號代電開，

頃奉四川省政府寢聯密電開：「府密。九一八事變以，暴日侵略，加

速進展，我政府為維護和平，不惜委屈求全，民氣銷沉，積深憤慨，

刻因蘆溝戰事，牽動全局，徹底抗敵，全國一致，自應發揚民氣，

敵愾同仇，本年六週年紀念日，全國各市縣應一律召集市民大會，

擴大抗日宣傳，喚起熱烈情緒，其宣傳大綱，列舉六年來日本侵略

我國之事實，說明我國家民族已到生死存亡最後關頭，只有犧牲

抗戰，是一條出路，說明全面抗戰，需總動員，必須全民族總動員，

集中國力，共赴國難，尤以武裝壯丁為必要，至紀念程序，是日

全市下半旗，各機關學校放假一天，各商鋪休業半天，全市民眾參加遊行，特先電達，希即商會籌備，如期舉行為要。等因。奉此，除分電知，合亟電仰該府即便遵照，預為籌備，屆期舉行為要。等由。奉此，相應函達

貴會，請煩查照，預為籌備，屆期舉行為荷。此等由。准此，查九一八六週年紀念，本會前奉　四川省抗敵後援會代電，令飭擴大宣傳，加緊後援工作，並經本會常務會議討論施行辦法，函知各機關學校法團遵照舉行在案。茲准前由，相應再行函達

貴　煩為查照，切實舉行，仍將辦理情形報會備查，是為至要。此致

璧山縣臨江鄉聯保辦公處

四川省各界抗敵後援會璧山縣分會常務委員會

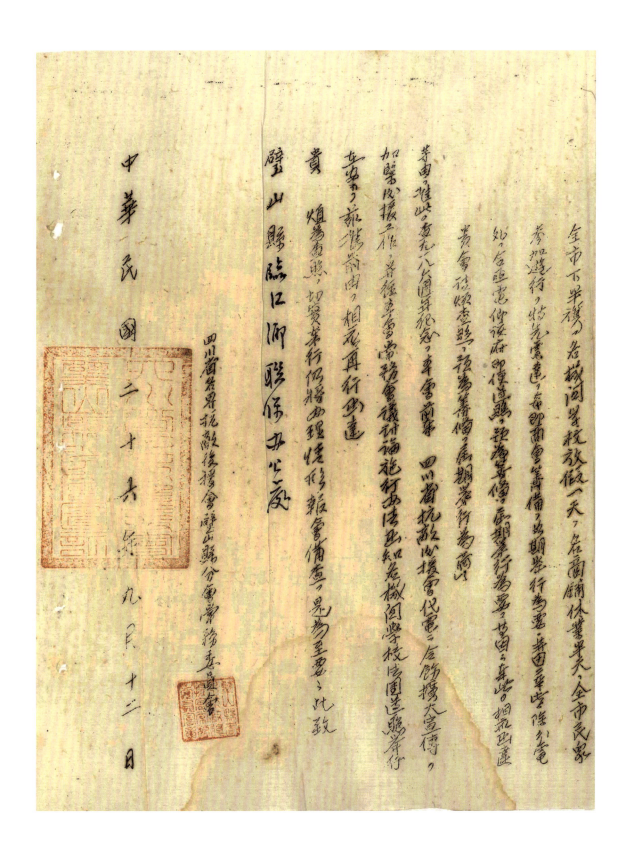

中華民國二十六年九月十二日

四川省各界抗敌后援会璧山县分会关于限期缴送布鞋致璧山县临江乡抗敌后援支会的训令
（一九三七年十月二十五日）

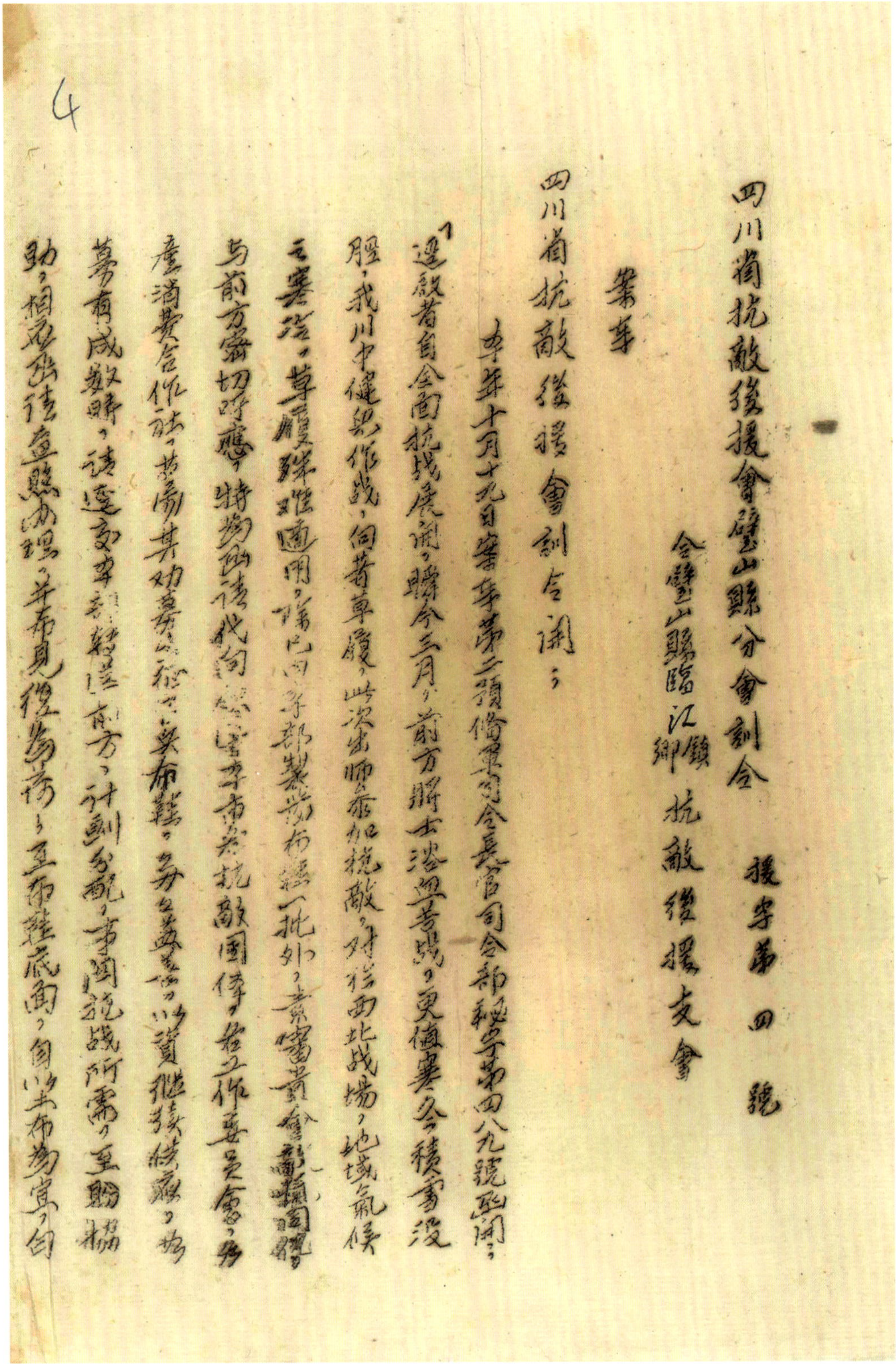
四川省抗敵後援會璧山縣分會訓令　援字第四號

令璧山縣臨江鄉（鎮）抗敵後援支會

案奉

四川省抗敵後援會訓令開：

本年十月十九日案奉第二預備軍司令長官司令部秘字第四八九號函開：

逕啟者，自全面抗戰展開，瞬經三月，前方將士浴血苦戰，更值寒冬積雪沒脛，我川中健兒作戰，向著草履，此次出師參加抗敵，對於西北戰場，地域氣候之寒冷，草履殊難適用，擬請代向各部募製布鞋一批外，並請貴會轉飭所屬團體與前方密切呼應，特函請代向各縣市縣抗敵團體各工作要員會，分產消費合作社，共同其勸募捐款，製布鞋，多多益善，以資濟急，募有成數時，請逕交本部轉送前方，計劃分配，本省抗戰所需，至盼協助，相應函請查照辦理，並希見復為荷，至布鞋底面，自以土布為宜，自

底青面外，加布鞋合併寄呈，此次世國嘉告，查此次川軍各部，本會恭迎

作戰，際此嚴冬時候，塞北風雪，倍加凛冽，川軍平時所着草鞋，決不能

禦寒，前方將士需用布鞋，爲數甚多，非發動全體努力捐募，不足以資踴躍輸

將，短期難收實效，除分令外，合亟令仰該會統限於文到二週內，勸募若干

雙，彙繳本會，以憑轉交第二預備師，送前方轉發將士

殺敵致果之心，勿得稍事延誤爲要，切切此令。

並因二等此來會，隨函據璧山縣党部，令縣鞋帽業同業公會去後

查該會，仰該支會即便遵照規定質料，募集布鞋白底青面，加綁

之布鞋十雙，限一週內送繳來會，以憑彙報爲要！！

此令。

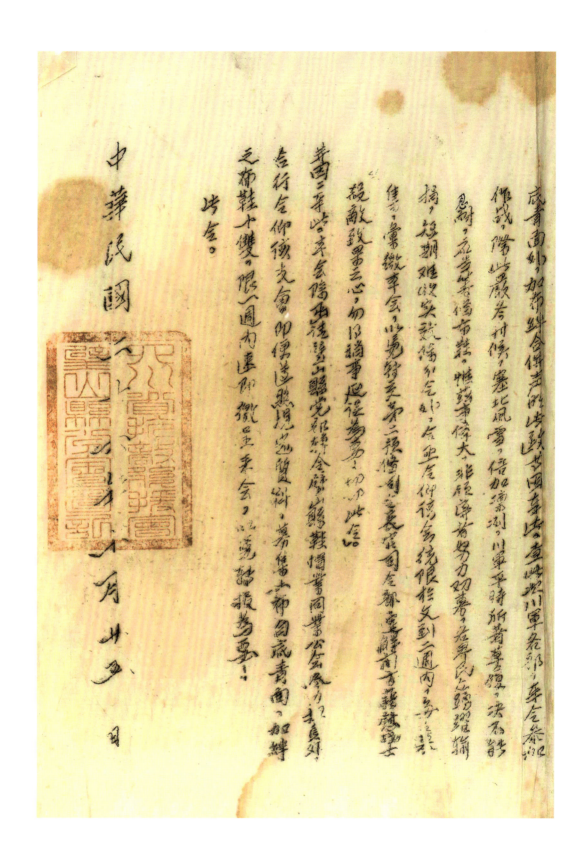

中華民國二十六年十一月廿五日

四川省抗敌后援会璧山县分会关于检发抗敌标语汇编致璧山县临江乡抗敌后援支会的训令（一九三七年十月二十九日）

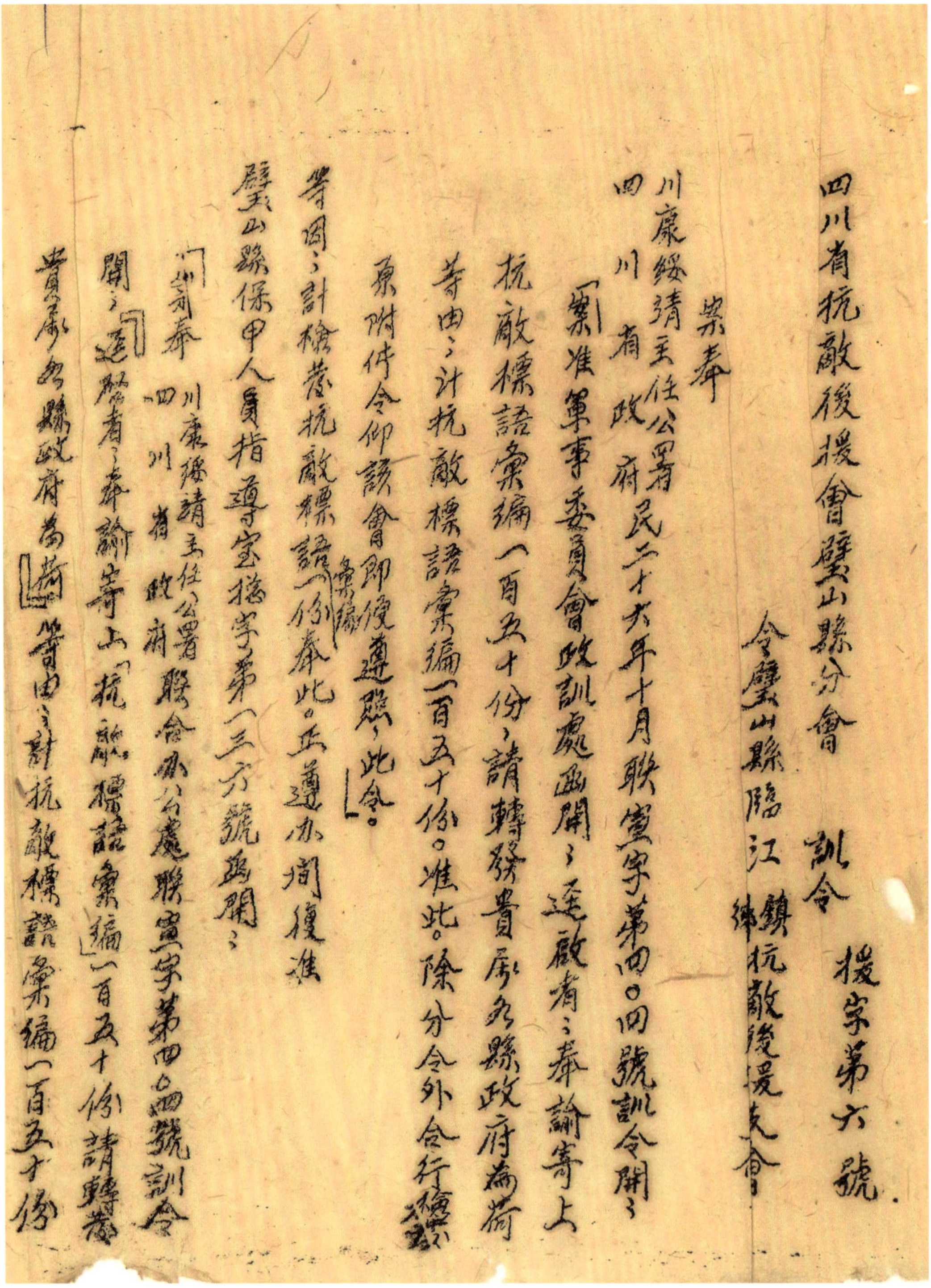
四川省抗敵後援會璧山縣分會　訓令　援字第六號
令璧山縣臨江鎮抗敵後援支會
案奉
川康綏靖主任公署
四川省政府民二十六年十月聯寅字第四〇四號訓令開：
「案准軍事委員會政訓處函開：『逕啟者：奉諭寄上
抗敵標語彙編一百五十份，請轉發貴屬各縣政府爲荷』
等由。計抗敵標語彙編一百五十份。准此。除分令外，合行檢發
原附件，令仰該會即便遵照。」此令。
等因。計檢發抗敵標語彙編一份。奉此。正遵辦間，復准
璧山縣保甲人員指導室總字第一三六號函開：
「案奉
川康綏靖主任公署
四川省政府聯合辦公處聯寅字第四〇四號訓令
開：『逕啟者：奉諭寄上抗敵標語彙編一百五十份，請轉發
貴屬各縣政府爲荷』等由。計抗敵標語彙編一百五十份

准此。除分令外，合行檢發附件，令仰該縣指導室，即便遵照，并轉飭所屬一體遵照。此令。等因。計檢發抗敵標語彙編一份。奉此。相應抄同原標語，函請貴会轉爲查照，分轉各支會遵照爲荷。此致。

等由。計送抗敵標語彙編一份。准此。除分令外，合行令仰該支會即便遵照，努力宣傳，并翻印或謄寫張貼爲要！

此令。

計發抗敵標語彙編一份

中華民國二十六年十月廿九日

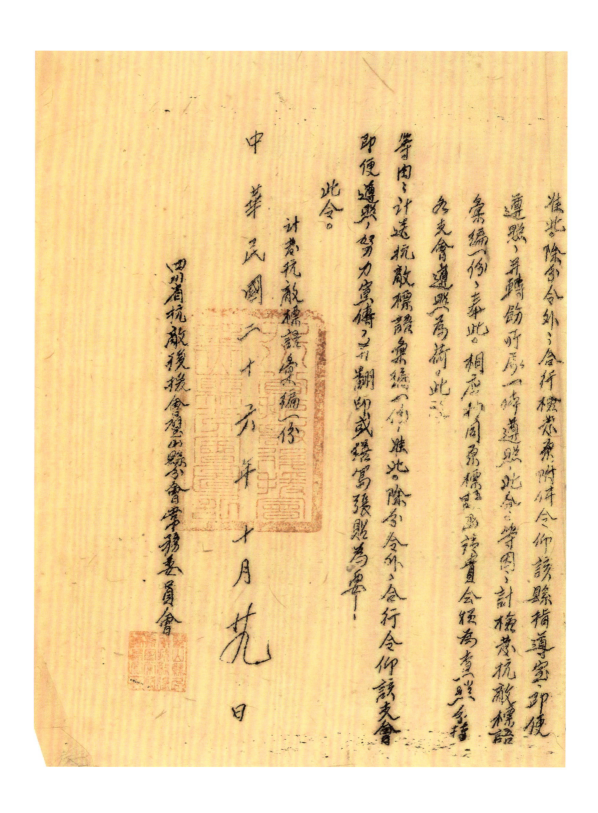

四川省抗敵後援會璧山縣分會常務委員會

附：抗敌标语汇编

抗敵標語彙編

甲 一般

一、中華民國已到了存亡的關頭！

二、中華民族已到了生死的關頭！

三、中華民族要誓死為獨立而戰！

四、中華民族要誓死為自由而戰！

五、要種族不滅，祇有抗戰到底！

六、要國家不亡，祇有一致抗戰！

七、誓雪國恥！

八、誓復國仇！

九、咬緊牙根，忍痛吃苦！

十、精誠團結，萬眾一心！

十一、節衣縮食，捍衛國家！

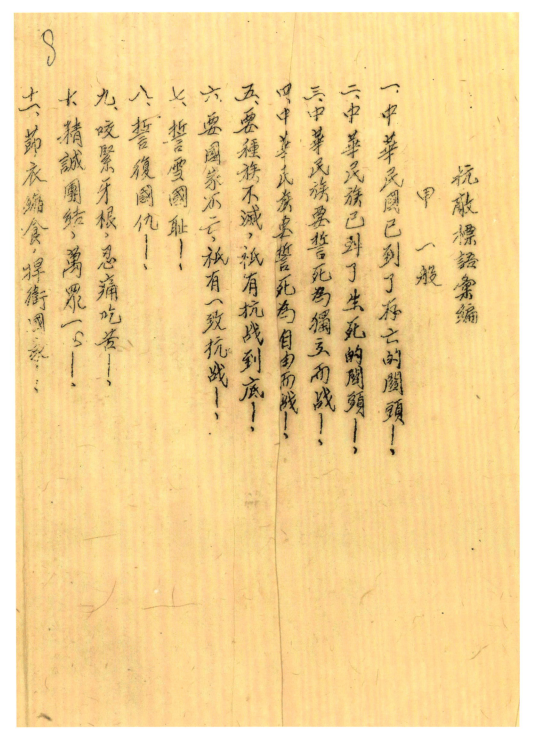

十二、人人出力，捍衛國家！

十三、有錢的出錢救國！

十四、無錢的出力救國！

十五、救國不分老少！

十六、救國不分男女！

十七、節省無益消費，加緊戰時生產！

十八、在前方的努力殺敵！

十九、在後方的努力助戰！

二十、國家存亡，在此一戰！

二一、人人負起救國的責任！

二二、人人服從政府的命令！

9

二三、战死沙場，死有光榮！

二四、拿熱血換取民族的獨立自由！

二五、拿生命保障國家民族！

二六、我們要做民族的衛士！

二七、惟有鐵與血才可打開民族的出路！

二八、收回已失的土地，拯救東北的同胞！

二九、百折不回，爭取最後勝利！

三〇、破釜沉舟，爭取最後勝利！

三一、萬衆一心，爭取最後勝利！

三二、小勝不可驕矜，小挫不可灰心！

三三、最後的勝利，才是真正的勝利！

三四、流最後一滴血，誓不屈服！

三五、守最後一寸土，誓不屈服！

三六、不怕飛機大砲，祗怕無勇氣！

三七、不怕炸彈毒氣，祗怕無熱血！

三八、服從革命領袖！

三九、服從最高統帥！

四〇、鞏固國民政府！

四一、軍民齊心協力一致抗敵！

四二、打倒倭寇！

四三、打倒東洋鬼子！

四四、中國與倭寇誓不兩立！

四五、打倒倭寇，始足保障東亞和平！

四六、打倒倭寇，始足保障世界和平！

10

四七、當漢奸的殺無赦！

四八、幫助東洋鬼子、就是漢奸！

四九、破壞社會秩序的便是漢奸！

五〇、擾亂金融的便是漢奸！

五一、高抬物價的便是漢奸！

五二、做漢奸的就是出賣祖宗！

五三、做了漢奸不得好死！

五四、做了漢奸遺臭萬年！

五五、做了漢奸子孫不能做人！

五六、中華國民不受倭寇的金錢收買！

五七、中華國民不怕倭寇的槍礮威脅！

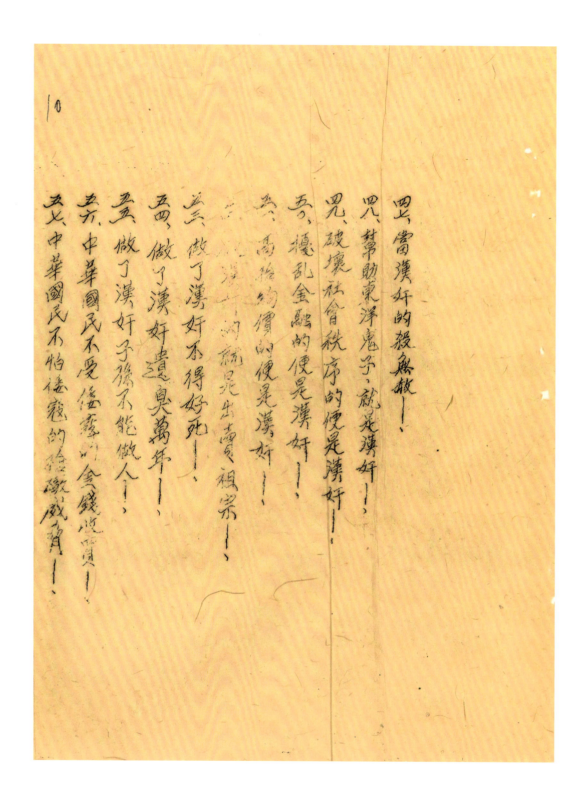

五八、中華民國勝利萬歲——！
五九、中華民族解放萬歲——！

乙 告戰區民眾

一、扶助老弱——！
二、救護傷病——！
三、幫助我軍運輸——！
四、幫助我軍做工——！
五、幫助我軍放哨——！
六、幫助我軍偵探——！
七、知道倭寇行踪，立即報告我軍——！
八、發覺倭寇偵探，立即報告我軍——！
九、窖藏糧食，不讓倭寇吃——！
十、運開車馬，不給倭寇用——！

十一 家家設備救火東西，沙包、水桶、噴水桶。

十二 家家須備防毒材料——漂粉、肥皂水、石灰水。

十三 敵機投彈，躲到地洞裏去——

十四 敵機投彈，躲到床下或棹下去——

十五 毒氣來時跑在高處——

十六 毒氣來時對着風走——

丙 告前方官兵

一 倭寇最怕死。

二 倭寇最怕夜襲。

三 一顆子彈必須打死八個東洋鬼子——

四 一個士兵必須殺死廿個東洋鬼子——

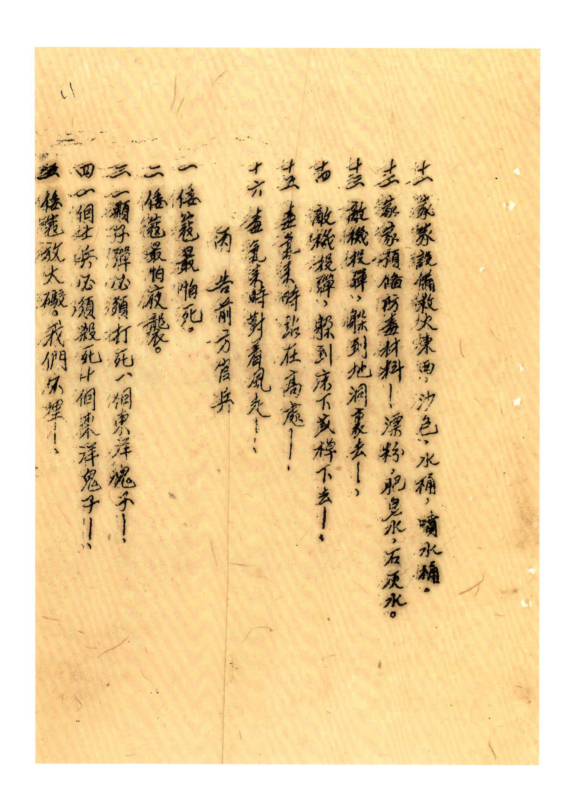

五 倭寇敵太礙。我們不理——

六 倭寇到了面前，我們再放槍——

七、活捉倭寇坦克車——、

八 生擒倭寇師旅長——

九 沉着瞄準，無不勝利——、

十 勇猛衝鋒，無不勝利——、

十一 有敵無我，有我無敵——、

十二 城存與存，城亡與亡——

十三 愛護百姓——、

十四 優待夫役——

十五 服從命令——

十六 遵守紀律——、

四川省政府关于详释抗战策略致璧山县政府等的代电（一九三七年十二月十八日）

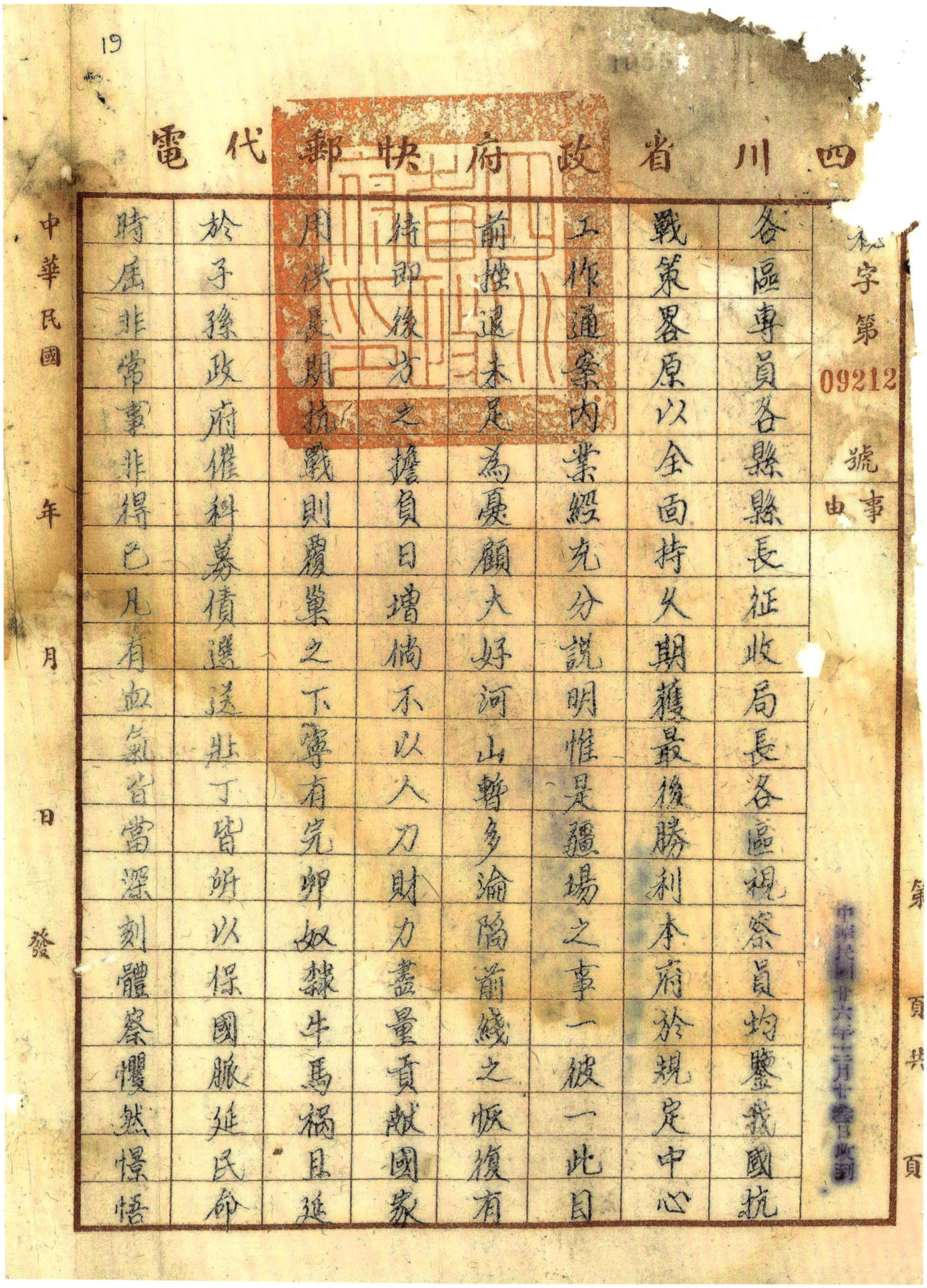

19

四川省政府快郵代電

秘字第09212號

事由

第　頁　共　頁

各區專員各縣縣長征收局長各區視察員均鑒我國抗戰策畧原以全面持久期獲最後勝利本府於規定中心工作通案內業經充分說明惟是疆場之事一彼一此日前挫退未足為憂顧大好河山暫多淪陷前綫之恢復有待卽後方之擔負日增倘不以人力財力盡量貢献國家用供長期抗戰則覆巢之下寧有完卵奴隸牛馬禍且延於子孫政府催科募債選送壯丁皆所以保國脈延民命時屆非常事非得已凡有血氣皆當深刻體察慨然憬悟

中華民國　年　月　日　發

中華民國廿六年十二月廿一日收到

20

四川省政府快郵代電

字第　號
事由

者也但於民窮財困之秋既不得不加以努力支撐之任
在民衆固應體念時艱爭先恐後在政府亦應保存元氣
視民如傷吾川連年多故民困待蘇苟有減少痛苦之方
豈惜畀以喘息之會無如大難當前祇得一時忍痛是在
官吏念切痌瘝動以誠懇倘或稍有偏私出以苛擾天理
國法豈能容恕尤其保甲人員最為接近民衆辦理如失
公平即墮土劣慣技輕則起行政之阻力大則妨抗敵之
大計治人不善治法全非一髮全身所關至鉅本府痛心

第　頁　共　頁

中華民國　年　月　日發

四川省政府快郵代電

字第　號

事由

國難顧念民瘼萬不許有用之民力有一分之虛耗凡我同人務懷公僕之義各存不忍之心各專員職任監司百僚務戒各縣局長平日撫字催科應將政府勤政愛民双方兼顧之苦衷隨時宣達民衆如有擅作威福橫施敲榨圖飽私囊乘機漁利者無論何級人員應切實舉發勿稍徇隱一經本府查實定以軍法從事如知而不言長官同罪國危民困義當互相警惕合亟專案電飭仰即一體懔遵為要主席劉湘委員兼秘書長鄧漢祥代巧府秘

中華民國二十六年十二月　日發

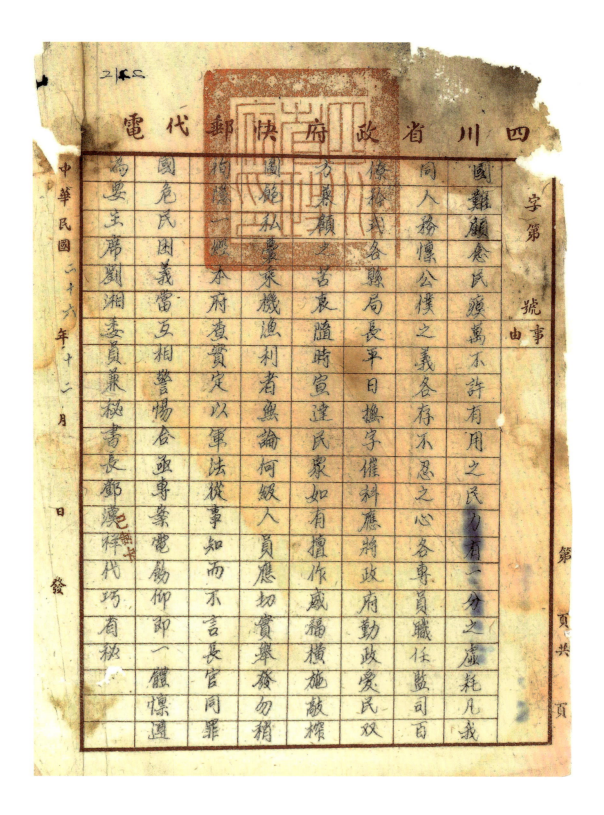

第　頁共　頁

中国国民党四川璧山县党务指导委员会关于转发抗敌救国问答致璧山县立职业中学的公函（一九三七年十二月）

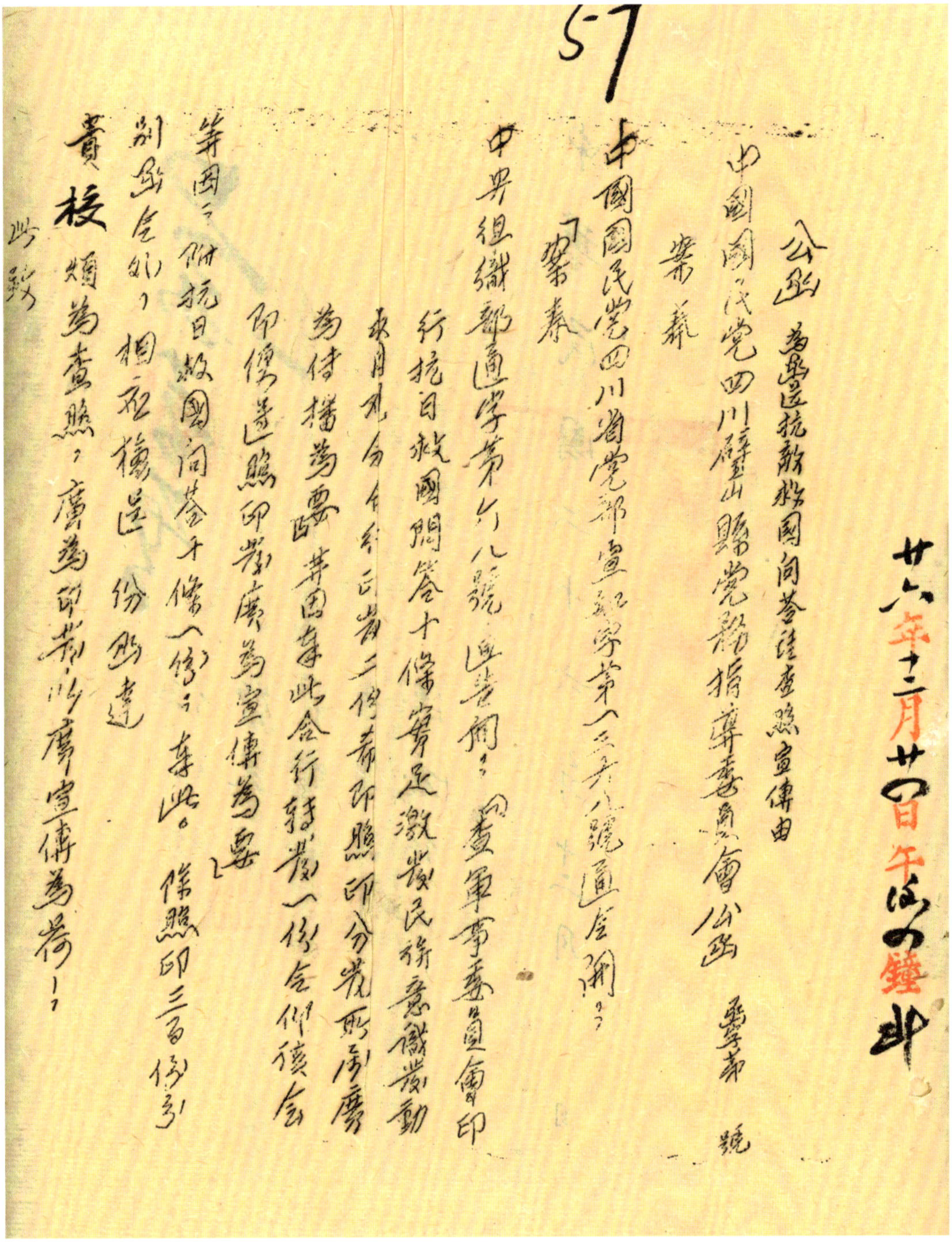
廿六年十二月廿四日午後四時璧收

公函　為函送抗敵救國問答請查照宣傳由

中國國民黨四川璧山縣黨務指導委員會公函　黨字第　號

案奉

中國國民黨四川省黨部宣字第一三六八號通令開：

「案奉

中央組織部通字第六八號通告開：『案准軍事委員會印行抗日救國問答十條，實足激發民族意識，發動抗戰力量，合行檢發二份，希即照印分發所屬廣為傳播為要。』等因，奉此，合行轉發一份，仰該會即便遵照印發廣為宣傳為要。」

等因，附抗日救國問答十條一份。奉此，除照印三百份分別函送外，相應檢送一份，函達

貴校，煩為查照，廣為印發，以廣宣傳為荷！

此致

璧山縣戰管校

附抗日救國捐叁十條三份

[illegible]

委員 任備昉

常天文

羅經綸

胡國成

傅友仁

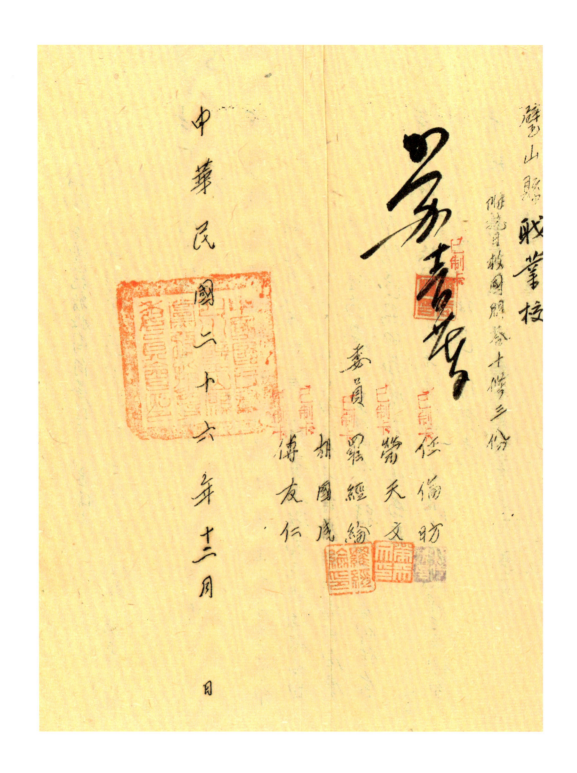

中華民國二十六年十二月　日

58

抗日救國問答十條

(一)我們現在為什麽要抗日呢?、

日本要滅亡我們的國家，我們已忍無可忍，讓無可讓，非抗抵牠不能生活了，所以我們非起來抗日不可。

(二)不抗日可不可以呢?、

不可，不抗日，就要當亡國奴了，不僅自己當亡國奴，子子孫孫都要當亡國奴的。

(三)什麽叫亡國奴呢?、

亡國奴，就同高麗台灣人一樣，任人欺侮，任人刼奪，任人宰殺，祖宗的墳墓不能保，田園莊宅不能保，金銀財寶都不能保，生活真是連豬狗都不如。

(四)怎樣才能不當亡國奴呢?、

只有信仰我們中央政府，帮助我們的國家軍隊，擁護我們的軍事領袖，大家一致起来抗日，才能不當亡國奴。

(五)怎樣才算是信仰政府，帮助軍隊，擁護領袖呢?、

我們要不造謠言，不聽謠言，不信謠言，也就是沒有根據的話不說，別人乱說的話不理，凡傳聞不實的話，不再傳給別人。

(六)要大家一致起来抗日，該當怎麽樣?、

抗日須有錢的出錢，有心的用心，有力的出力。

(七)怎樣才算有錢的出錢呢？

就是把自己所有的一切錢鈔首飾也好，廢銅爛鐵也好，粮食也好，貨品也好，只要是國家需要的，都毫不吝嗇的甘心樂意的，甚至于自動的拿出来貢給國家。

(八)怎樣才算有心的用心呢？

為抗日勝利，為國家生存，為了子孫不做亡國奴起見，我們要用盡我們的心思，想出種種的方法，来維護社會的秩序，制止漢奸的活動，我們更要不怕危險，亦不怕犧牲，帮助我們的國軍作戰，消滅敵人的力量，寧肯犧牲自己的性命，来換國家千千萬萬年的生命。

(九)怎樣才算有力的出力呢？

國家打仗的時候，更需要貨物，需要粮食，我們作工的人應該不怕危險，努力作工，多多生產，我們農民，要比平時更加努力耕種，多多生產，粮食，我們商人，應該維持市面照常營業，且不可抬高物價，這個就算是有力的出力，大家共同抗日了。

(十)我們讀了「抗日救國問答」應該怎樣作呢？

我們要把每一條都記在心裡，照着他去實行，我們不實行便算是對不住國家，不配作中國的國民。

四川省抗敵後援會璧山縣分會翻印

四川省抗敌后援会璧山县分会关于抄发肃清仇货、征求密告办法致璧山县立职业中学抗敌支会的训令

（一九三八年一月）

四川省抗敵後援會璧山縣分會訓令　援字第　号

廿七年一月廿一日

令璧山縣職業學校、鎮、鄉抗敵支會

案奉

四川省抗敵後援會調字第一八二号訓令開：

「查各川舶來物品、仇貨等□□種類浩繁，鑑別匪易，前據各縣分會紛紛呈請指示仇貨標準，以資鑑定前來，曾由本會派員調查，多方徵集，所有省市現銷仇貨，品類名稱，刻已大致具備，并參照成都市商會所鑑定者，分為七類，彙印成冊，雖僅限省市，遺漏尚多，而舉一反三，亦足以供參考，除分發外，合行檢發省市現銷仇貨清冊一份，令仰該會存查，以為鑑定之一助，並肅清現有仇貨，杜絕今後來源，征求民眾密告，收效極為宏大，附發本會征求密告辦法一份，仰即依照辦理，仍將奉文日期及辦理情形，具報備查為要。此令。」

等因；附發仇貨清冊一份、征求密告辦法一份，奉此。本會遵

即提交第十二次常會決議：由本会翻印轉令各支会及肅清仇貨委員会、商会一併遵照。等議在案，茲特隨令須發一份，仰即遵照，切实執行，仍將办理情形，隨時具報來會為要！

此令。

附肅清仇貨冊一份、征求密告办法一份

中華民國二十七年一月　日

四川省抗敵後援會璧山縣分會常務委員會

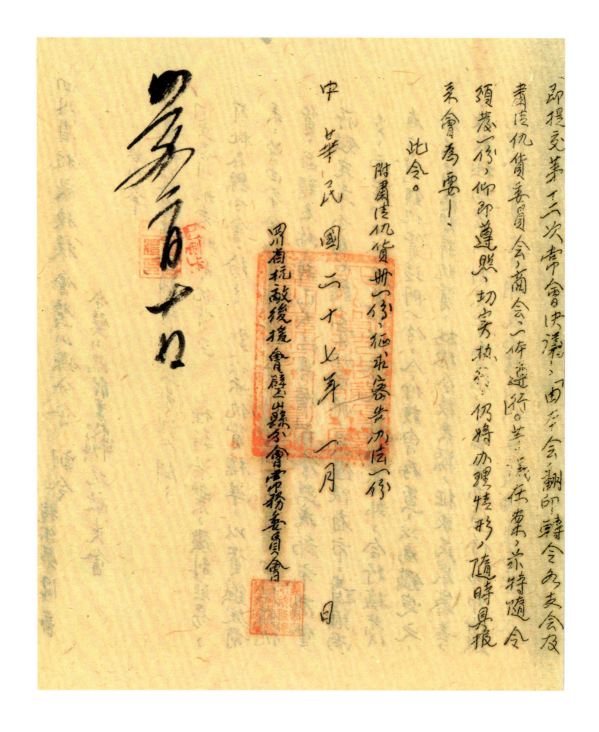

四[illegible]月十日

附：四川省抗敌后援会征求密告举发仇货及汉奸启事

61

存查 六月十日

四川省抗敵後援會征求密告舉發仇貨及漢奸啟事

本市各界同志均鑒：國難嚴重，時局緊張，全國上下，已下一致抗战之決心，吾人當尽後防應有之天職，故經濟绝交及肅清漢奸，為本會之兩大中心工作。惟過去歷次抵制仇貨，因種種關係，結果多虎頭蛇尾，[illegible]流弊滋生，不但未能制敵死命，反而為敵商開利源，言念及茲，良堪浩歎。本會此次以最大決心，務謀澈底根絕，毋枉毋縱，非達目的不止。至於敵人間諜之偵查，亦同為當前急務，須極力辦理者。惟本會同人能力有限，視察難遍，尚望[illegible]凡偵察有得，務希秘密通知，俾萬惡無恥之奸商，無所恩其鬼蜮，認賊作父之敗類，不得逞其陰謀，豈本會同人所企求，實抗敵前途之大幸也。密告辦法，列陳如下，並希鑒察。

（一）密告事件

甲、關於仇貨方面者：

一、積存仇貨，未列表請仇貨委員會登記，而私擅售賣者。

二、雖經登記，而隱匿一部分，私行出售者。

三、本年八月一日後，所販仇貨，現已起運在途，及陸續抵埠者。

四、企圖續販仇貨，尚在發函電訂購者。

五、奸商販賣仇貨之方法。

六、仇貨之種類，及其原有名稱，改冒名稱。

乙、關於漢奸方面：

一、刺探黨政軍公務機密，報告敵人者。

二、未經政府許可，護導日人，深入各地，遊覽偵查者。

62

三、販賣日人私貨毒品，貽害國家者。
四、收運糧械銅鐵用品，及可供軍用品之原料，售與日人者。
五、宣傳日僞勝利，而詆毀國策者。
六、繪畫險要山川要塞，及一切建設物，供給敵人者。
七、破壞橋樑鐵道，及一切有關抗戰之建築者。
八、捏造不利抗戰消息，到處造謠，搖惑人心者。
九、發不正確之言論，挑動民衆及政府間之惡感者。
十、違反肅清仇貨規則，買賣仇貨，轉運仇貨者。
十一、接受敵人委任，涉及國家政務，及抗戰事實者。
十二、〃〃〃〃〃〃〃〃〃〃〃〃視察者。
十三、居留敵方間諜，予以種種工作上之便利者。
十四、秘密組織反動團體，希圖破壞社會秩序者。

二、密告方法

密告人須依照後列表式填寫清楚，投入密告箱中，或送交本會調查組組長親收。

二、密告人不願署名者，得用一種符號代之，但須註明通訊地點，以便於必要時為詳商詢。

三、凡檢舉仇貨，須將商號名稱、仇貨原來牌名、現改牌名逐一寫明。

四、凡檢舉漢奸，須將所得事實、證據，及被告人之身材面貌特徵、起居狀况，逐一寫明。

五、密告書，須繕寫明瞭，諸勿潦草。

三、獎懲辦法

密告事件，經本會查實破獲，即呈請省府，將檢發仇貨價格十分之六，作為密告人獎勵。

二　給獎時，由本會牌告通知，密告人可將存根一聯，持到本會驗對符合，即便轉請領獎。

三　如密告漢奸事實，經查實緝獲，對於密告人，仍酌量事件之大小，轉請當局給予獎（金）。

四　商人惟利是圖，不遵懸發親。私運暗賣，或繼續運銷仇貨者，一經查出或被人密告，即請省府全數沒收。

五　商人運銷仇貨，情節重大者，除沒收貨物外，並請政府嚴重懲處。

六　如有本會工作人員或假借名義，在外作種種非法活動敲詐行為者，均在被密告之例。

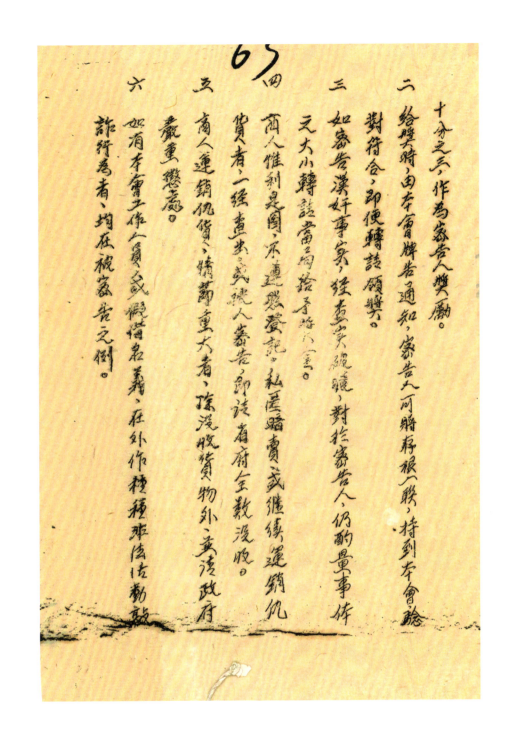

璧山县社会军事训练总队部关于抄发校阅时各级队长队附及队员应注意事项致临江乡社训队长的训令（一九三八年四月十三日）

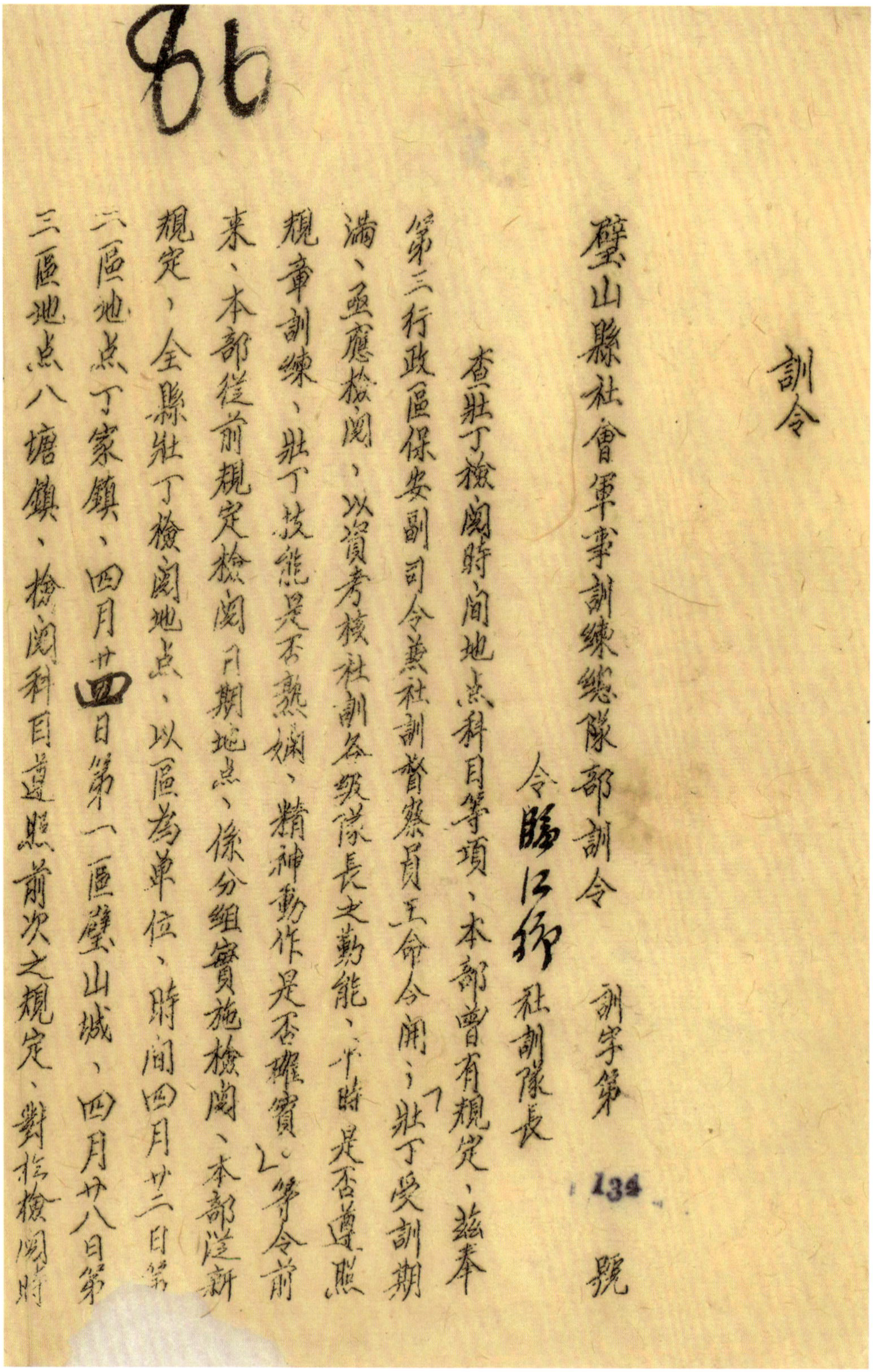
86

訓令

璧山縣社會軍事訓練總隊部訓令　訓字第134號

令臨江鄉社訓隊長

查壯丁檢閱時間地點科目等項，本部曾有規定，茲奉第三行政區保安副司令兼社訓督察員王命令開：「壯丁受訓期滿，亟應檢閱，以資考核社訓各級隊長之勤能，平時是否遵照規章訓練，壯丁技能是否熟嫻，精神動作是否確實」等令前來，本部從前規定檢閱日期地點，係分組實施檢閱，本部遂新規定，全縣壯丁檢閱地點，以區為單位，時間四月廿二日第二區地點丁家鎮，四月廿四日第一區璧山城，四月廿八日第三區地點八塘鎮，檢閱科目遵照前次之規定，對於檢閱時、官長隊員之軍容、特別整飭。各區定期不一、務於是日午前八時一律到達區署集合場為要——。

此令。

計抄發核閱時各級隊長隊附及隊員應注意事項一件

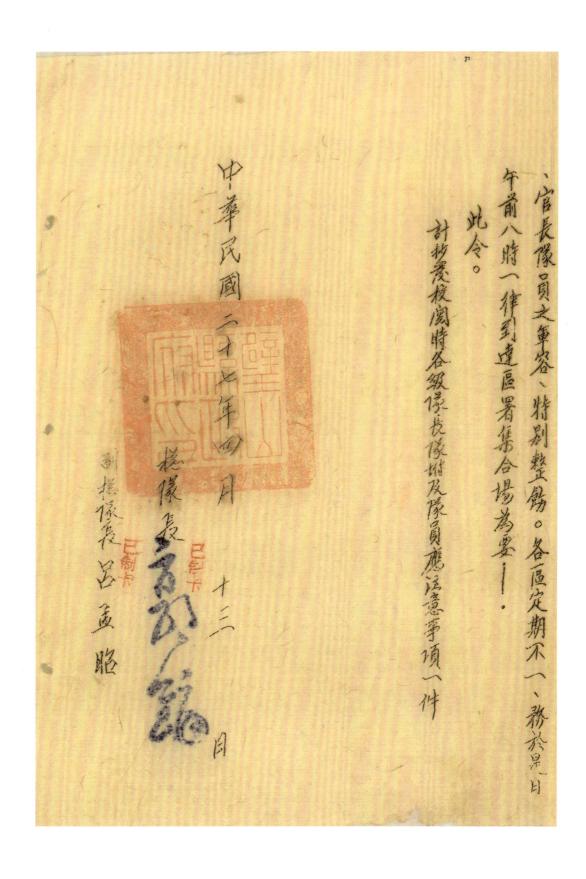

中華民國二十七年四月十二日

總隊長 [illegible]

副總隊長 呂孟昭

已制卡

已制卡

附：校阅时各级队长队附及队员应注意事项

87.

校閱時各級隊長隊附及隊員應注意事項

一、服裝　官長應著軍服刀帶裹腿（除區隊長副區隊長隊長外）其餘一律赤足穿草鞋，隊員除刀帶外，與隊長以下規定用

二、槍彈　由各鎮鄉各級隊長負責借用，校閱後歸還。

三、給養　以鎮鄉之遠近酌定，自備一餐或兩餐，由隊長指定之。

校閱科目應注意之件

1、單人教練　班長之指揮，隊員之動作（由各鎮鄉隊長挑選優秀者共編成一班演習，編為第一班，以備校閱）

2、班教練（停止）甲 班之編成　乙 報告校閱人數與科目　丙 整頓法　丁 操場法　戊 射法　己 跪下　庚 立跪射　辛 隊形方向變換

（行進）甲 正背側面行進　乙 步法變換　丙 跪下　丁 隊形方向變換

（戰鬥）甲 散兵行　乙 散兵群　丙 散兵□ 群

3、斥候動作　甲 斥候長命令之下達法　乙 斥候長之複誦　丙 斥候出發前之動作

十、歩哨ノ動作　甲　排哨長命令ノ下達法　乙　歩哨長ノ複誦　丙　歩哨長出發ノ動作　丁　歩

哨長執守地ノ監視法　戊　一般守則

五、閲兵式　行列整齊、持槍敬禮ノ注目

六、分列式　歩調齊一、排面整齊、肩槍ノ右手位置、顔向右看ノ口令ノ一致掉頭、

單人教練班長報告詞ノ一例

1、羅山縣社訓總隊第△區△△鎮鄉社訓隊第△分隊第○班ヽ長○○○報告

本班實到檢閲人數若干名檢閲科目單人教練開始、完結

（實施後報告詞如前、不過尾詞上改換單人教練實施畢、完結）

班教練、班長報告詞如左

1、羅山縣社訓總隊第△區△△鎮鄉社訓隊第△分隊第○班ヽ長△△△報告

本班實到檢閲人數若干名檢閲科目班教練開始、完結。

（實施畢後報告詞同前、不過尾詞上加檢閲科目班教練實施畢、完結。）

璧山军民抗敌宣传游艺大会筹备处关于抄发游艺大会筹备会决议的启事（一九三八年六月十三日）

44

27年6月14日午4鐘收

查本月十一日午后四時 軍校代表及縣中機關法團開軍民抗敵宣傳游藝大會籌備會當經議決各案記錄在卷茲特抄寄通知希煩查照辦理為荷！

此致

一、開會時間及地點案

決議：時間定于本月十八日（星期六）午前九鐘在民眾体育場舉行。

二、游藝時間地點及表演秩序案

決議：本月十八日午后一鐘起在民眾体育場，先由縣中各校表演。

三、職務分配案

決議：總務：軍校由孔提龍負責；縣中由羅經綸負責。總務之下分借物、保管、搭台、佈置各項、

甲、借物：

1. 借女裝——璧校長、葉校長負責。
2. 借男裝——魏校長負責。
3. 借布——戴主席負責。
4. 借雜件——警察所、黃院長、鄭校長負責。

乙、保管：由軍校另行推定人員負責。
丙、搭台：由胡毅中同志襄助軍校負責辦理。
丁、佈置：由何體泉會同軍校派人員負責。

（四）參加游藝團体案

決議：縣中由中校、職中校、一女校、正則校、城南校、育成校參加。

五、宣傳職務分配案

決議：1、宣傳隊：中學校職中校負責組織各種宣傳隊。
2、宣言及標語之擬製：
甲、軍校擬宣言。
乙、黨部擬標語。

六、參加大會人員案

決議：各抗敵團學校保安隊義勇隊附城壯丁隊及市民。

七、大会糾查職務分配案

決議：會場外請由保安隊負責，會場内由軍校及縣中各校童軍各一中隊負責。

其有尚未議商各事，俟商定後另行通知。

六月十三日 軍民抗敵宣傳游藝大會籌備處啟

遵辦 六月十三日

璧山县立职业中学关于呈报一九三八年暑假抗战宣传大纲致四川省政府等的呈（一九三八年七月十四日）

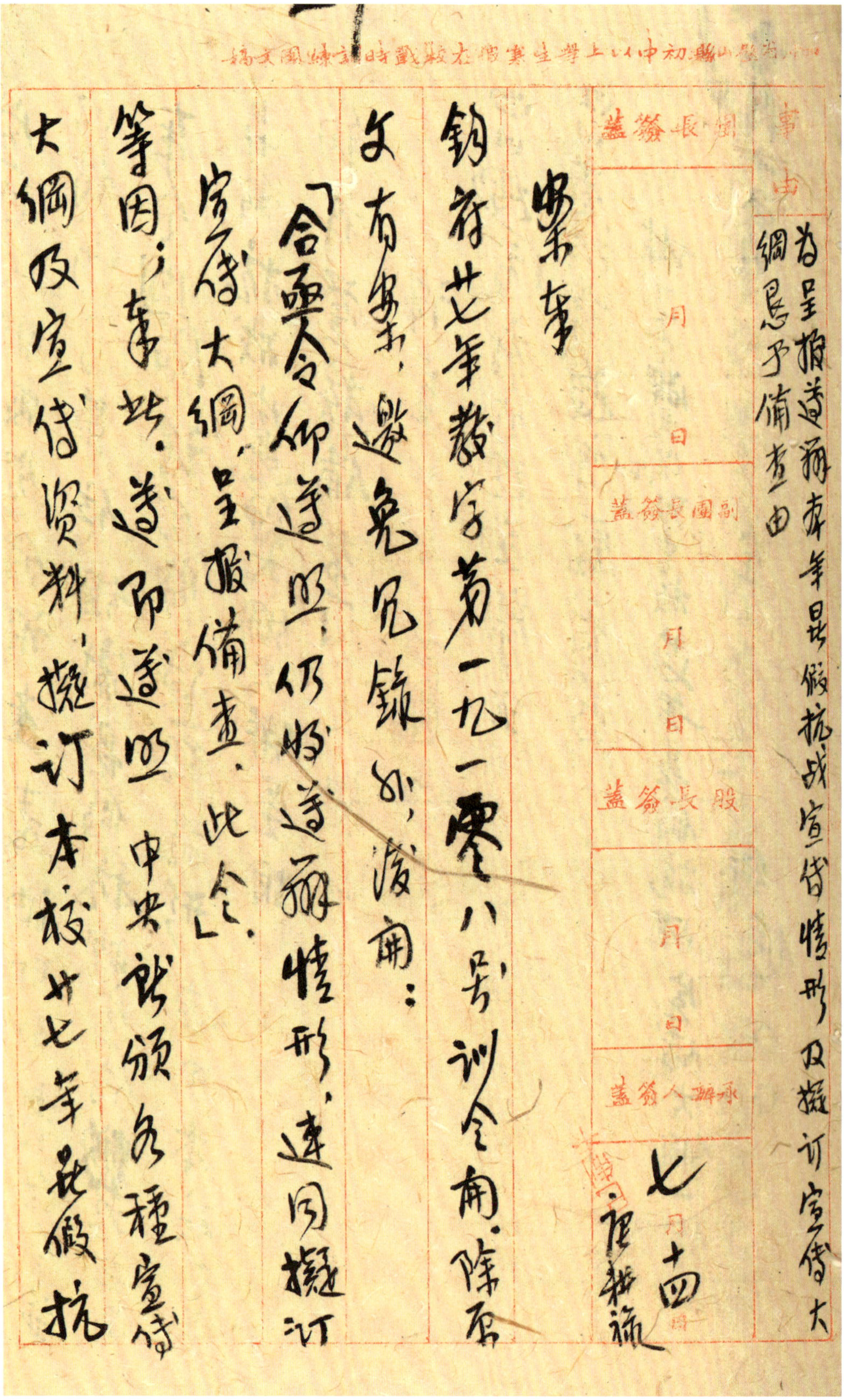

事由：为呈报遵办本年暑假抗战宣传情形及拟订宣传大纲恳予备查由

七月十四日

案奉

钧府芭字第一九一零八号训令开：除原文有案，避免冗录外，后开：

「合亟令仰遵照，仍将遵办情形，连同拟订宣传大纲，呈报备查，此令」

等因；奉此，遵即遵照中央训颁各种宣传大纲及宣传资料，拟订本校廿七年暑假抗戰宣傳大綱及宣傳調查表，油印分發各生，並以鎮鄉為單位，組織寒假抗戰宣傳隊在案。奉令因前，理合將進行情形，連同本校廿七年寒假抗戰宣傳大綱，一併呈報

鈞府鑒核備查！

謹呈

四川省政府代理主席王

四川省政府教育廳長蔣

附呈：璧山縣立中校廿七年寒假抗戰宣傳大綱一份

全銜　饒〇〇

已制卡

附：璧山县立职业中学一九三八年暑假抗战宣传大纲

璧山县立职业中学廿七年暑假抗战宣传大纲

（甲）宣传要旨

一、以礼义廉耻为准则，以三民主义为依归，启发乡村民众之爱国精神，为宣传之出发点。

二、宣传日军一年来之侵略暴行，及其大陆政策——吞灭中国——之野心。

三、宣传我国抗战之主旨，与抗战期内应忍受一切牺牲与痛苦之决心。

四、宣传民众在抗战期内应有之防空、防毒、自卫常识，及各种准备。

五、宣傳民眾作各種抗戰後援，以其財力人力供給軍用，維持秩序，鞏固後方。

六、宣傳民眾鎮壓反動，偵查反動，即防止間諜活動及漢奸反動宣傳。

（乙）宣傳辦法

一、根據上列宣傳要旨，運用各種方式，如：講演、歌詠、話劇、遊藝、擇要，或編發各種宣傳文字及圖畫、標語等。

二、以鎮鄉為單位，編配為若干宣傳組，於暑假回籍後，逕向當地鎮鄉聯保處接洽，選擇上列方式，進行宣傳。

三、由校製定宣傳調查表，令各組學生於每次宣傳後三日內，按照各欄分別填好，彙報學校。

(丙)宣傳的積極方面

一、說明日本蓄意擾亂世界和平，必先征服滿蒙以征服中國，征服中國以征服世界的狂妄政策。

二、說明日本歷年在華販毒、走私，實行卑鄙手段，以貫徹其侵略之陰謀。

三、說明日本在戰區內屠殺姦淫，慘無人道之暴行。

四、說明中國以三民主義為建國抗戰最高原則。

决不追随国際間之任何主義。

五、说明日军飞机轟炸我無防禦之都市、及轟炸我非战斗员之难民。

六、说明中国人民为自由、正义、人道、及保障国际和平而战之意义。

七、说明中国人民、利用其物质、人力、抗战到底、必能获得最后胜利之自信。

（丁）宣传的消極方面

一、不可宣传一般的反帝運動、

二、不可宣传反法西斯、及法西斯主义運動。

三、不可宣传共产主义及反共产主义运动。

四、不必诋毁日本国民道德。

廿七、一〇、教导处拟订。

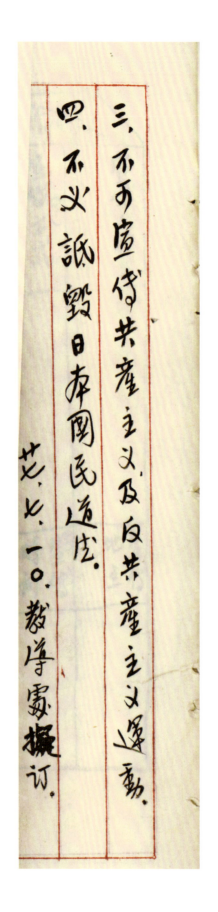

璧山職業中学廿七年暑假抗战宣傳调查表

宣傳人姓名	宣傳方式（下）	題目及内容	聽衆約數	聽衆印象
宣傳地点	宣傳時间（上）			

璧山县政府关于组织宣传兵役队致璧山县立职业中学的训令（一九三八年八月十七日）

42

廿七年八月十六

已遵令分赴四鄉演講

卷存

訓令 為令知組織宣傳隊宣傳兵役由

璧山縣縣政府訓令 民字第　號

令 職中校

案奉

永川團管區司令部二十七年八月團字第七號蒸代電開：

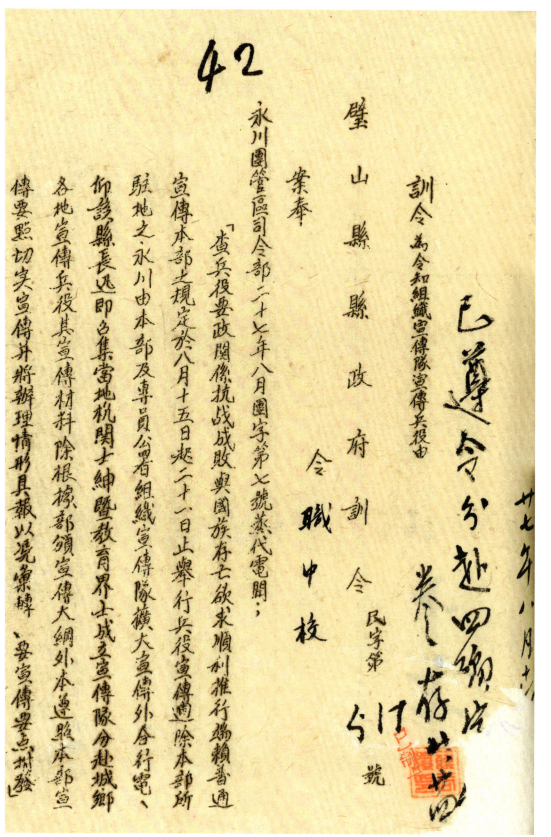

「查兵役要政關係抗战成敗與國族存亡欲求順利推行端賴普遍宣傳本部之規定於八月十五日起二十一日止舉行兵役宣傳週除本部所駐地之永川由本部及專員公署組織宣傳隊擴大宣傳外合行電仰該縣長迅即召集當地机關士紳暨教育界士成立宣傳隊分赴城鄉各地宣傳兵役其宣傳材料除根據部頒宣傳大綱外本適照本部宣傳要點切實宣傳并將辦理情形具報以憑彙轉、要宣傳要点附發」

常重要，茲奉前因，除遵照並分函令行外，合行抄同原件，令仰該校遵即組織宣傳隊，按照宣傳要點，切實宣傳兵役，俾資增進抗戰效能，並將辦理情形，具報憑轉，為要！

此令

中華民國二十七年八月十七日

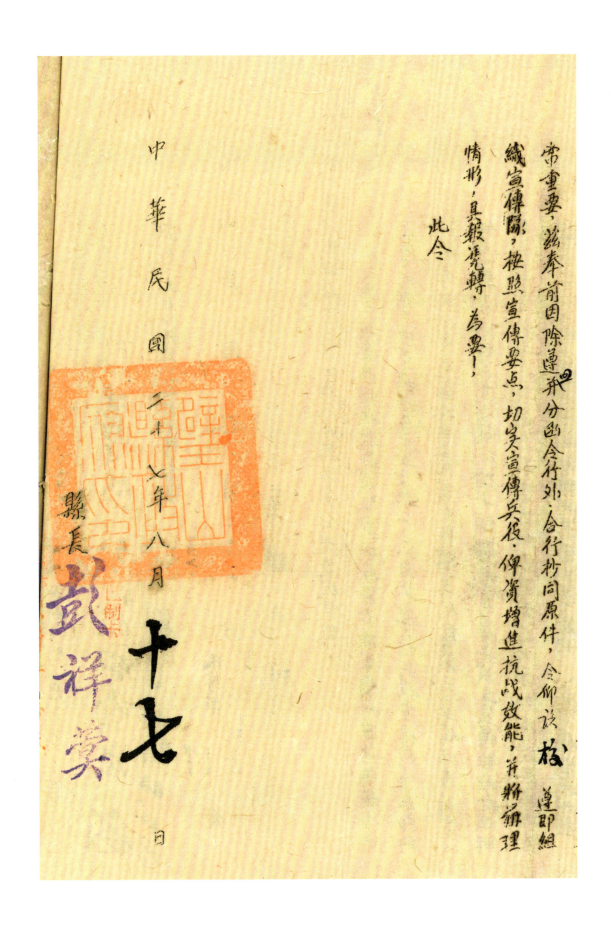

縣長 戴祥英

璧山县政府关于转发兵役宣传周计划大纲致璧山县立职业中学的训令（一九三八年九月十二日）

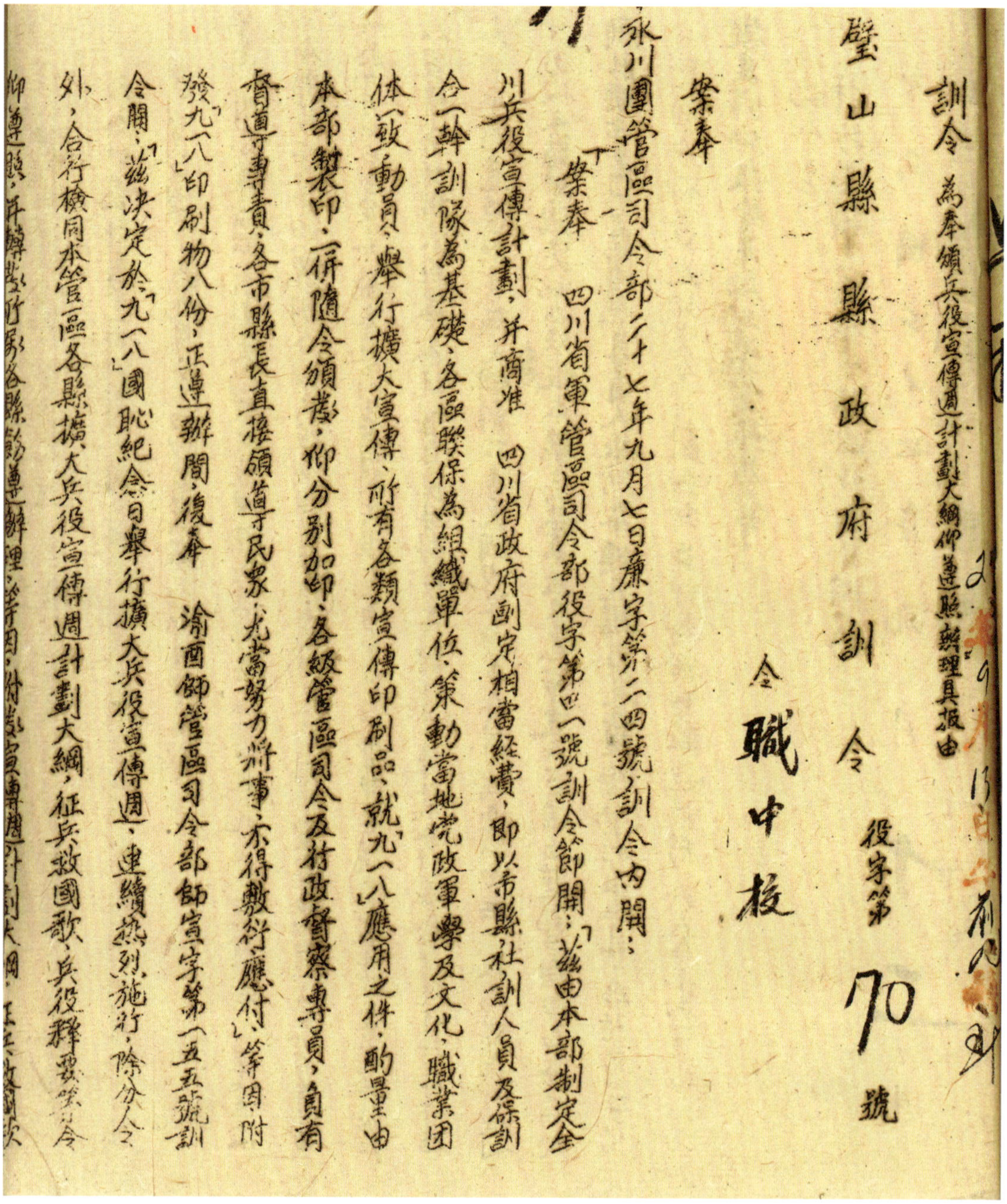

训令 为奉颁兵役宣传周计划大纲仰遵照办理具报由

璧山县县政府训令 役字第70号

令职中校

案奉

永川团管区司令部二十七年九月七日康字第二一四号训令内开：「案奉四川省军管区司令部役字第四一号训令节开：『兹由本部制定全川兵役宣传计划，并商准四川省政府划定相当经费，即以市县社训人员及保训合一干训队为基础，各区联保为组织单位，策动当地党政军学及文化职业团体一致动员，举行扩大宣传，所有各类宣传印刷品，就九一八应用之件，酌量由本部制印，一并随令颁发，仰分别加印，各级管区司令及行政督察专员，负有督导专责，各市县长直接领导民众，尤当努力将事，不得敷衍应付』等因，附发九一八印刷物八份，正遵办间，复奉渝西师管区司令部师宣字第一五五号训令开：『兹决定于九一八国耻纪念日举行扩大兵役宣传周，连续热烈施行，除分令外，合行检同本管区各县扩大兵役宣传周计划大纲、征兵救国歌、兵役释疑[illegible]令仰遵照，并转饬所属各县[illegible]办理[illegible]计划大纲[illegible]

「兵役釋要」各一份。奉此，除分令外，合行檢發宣傳週計劃大綱、救國歌、兵役釋要各一份，令仰該縣長遵照計劃大綱所規定時期及辦法，切實舉行，並將舉行宣傳週經過情形，於九月二十日以前具報到部為要。此令。」等因，附發宣傳週計劃大綱、救國歌、兵役釋要各一份。奉此，查此案前奉　軍管區司令部役字第四一號訓令，以兵役制推行伊始，應就九一八應用宣傳品加緊宣傳，下縣當經於九月七日召集本縣各機關法團開兵役宣傳籌備會，即席議決各案，經彙成本縣兵役宣傳實施辦法，推舉各機關首長分別負責辦理，並錄案分別函令督促進行在案。茲奉前令，自應遵照奉頒大綱辦理。查大綱內容與本府所議辦法尚無二致，為謀推行便利計，仍依本縣所議實施辦法辦理。惟本縣實施辦法未盡事宜及宣傳週起訖日期，而為奉頒大綱彰明示者，仍應由現負責人依照奉頒大綱所定辦理。除分別函令外，合行抄發原大綱一份，令仰遵照切實籌劃辦理，並仰將辦理經過情形於大會完畢後一日內擬具詳細報告呈府，以憑彙報為要！

此令。

計抄發擴大兵役宣傳週計劃大綱一份。

中華民國二十七年九月十二日

九一三

縣長

已制卡

附：渝西师管各县扩大兵役宣传周计划大纲

40

渝西師管區各縣擴大兵役宣傳週計劃大綱

第一條：本宣傳週定名爲渝西師管區 縣（市）擴大兵役宣傳週，在區舉行者定名爲渝西師管區 縣（市）第 區擴大兵役宣傳週。

第二條：舉行期間定於九一八起至九月二十四日止。

第三條：九一八上午七時全縣（市）舉行大會，下午一時起在城市化裝講演，夜間七時起火炬大游行。（重慶方面廣播講演，舉行週刊，必要時飛機飛赴各偏僻縣城鄉區散發傳單。）

第四條：九一九白晝上午七時起赴各鄉區化裝講演，夜間八時起放映抗敵電影（無電影院或無電影無法去到之縣城准付闕如）。

第五條：九二〇白晝上午七時起赴各鄉區化裝講演，夜間七時起表演有關民族思想之歌詠、新劇或舊劇（如無舊劇之縣城准付闕如，惟歌詠及新劇須飭當地學校當局負責如期表演）。

第六條：九月二十一日至二十四日由各校學生組隊分赴各鄉宣傳兵役，或慰問出征軍人家屬。

第七條 擴大兵役宣傳週籌備會之籌組，除師團管區司令部所在地之縣（市）由師團管區司令部召集各界，至晚究於九月七日前開會籌組，并詳細討論一切進行辦法外，其他各縣即由縣政府、縣黨部、抗敵後援會三機關會銜召集各界聯席會討論籌組成立。

第八條：每縣（市）各區署及黨部區分部、抗敵後援區分會共組（區籌備會

市縣根據本大綱盡可能範圍內召集本區民眾熱烈舉行（其儀式另定）

第九條、開會遊行，或化裝講演時，應向民眾盡量散發各種宣傳品。

第十條、宣傳品分告民眾書、標語、傳單、漫畫、兵役問答、征兵救國歌、兵役釋要七種。除兵役問答、征兵救國歌、兵役釋要由本部逕寄各縣翻印散發外，其餘四種，則由各該縣之籌備會自行計劃編印散發。

第十一條、各縣(市)宣傳經費，除照軍管區規定之數外，如有不敷之處，由當地負責，得由當地各機關團體商酌籌撥（區籌備會經費由縣(市)籌備會斟酌當地經濟狀況開會討論決定適宜辦法）

第十二條、各縣(市)就各地參加大會之各單位，除各機關各學校各部隊各法團應全體參加外，其餘應每戶派人參加。（或由各縣(市)斟酌情形決定代表參加）

第十三條、大會完畢後，每縣(市)各區籌備會，應將宣傳經過作一總報告呈報縣(市)籌備會。縣(市)籌備會亦應作一總報告連同各區總報告彙齊寄團管區司令部。各團管區司令部再將所屬各縣(市)區之總報告彙寄本部備查（區總報告於九月二十五日前寄到縣，縣總報告連同限於九月三十日前寄到團管區司令部，團管區司令部限于十月五日前彙寄到本部。）

第十四條、本大綱如有未盡事宜，得隨時修正之。

四川省政府关于抄发四川省军管区司令部兵役人员训练班第二期学员召集办法致璧山县政府的代电

（一九三八年九月十五日）

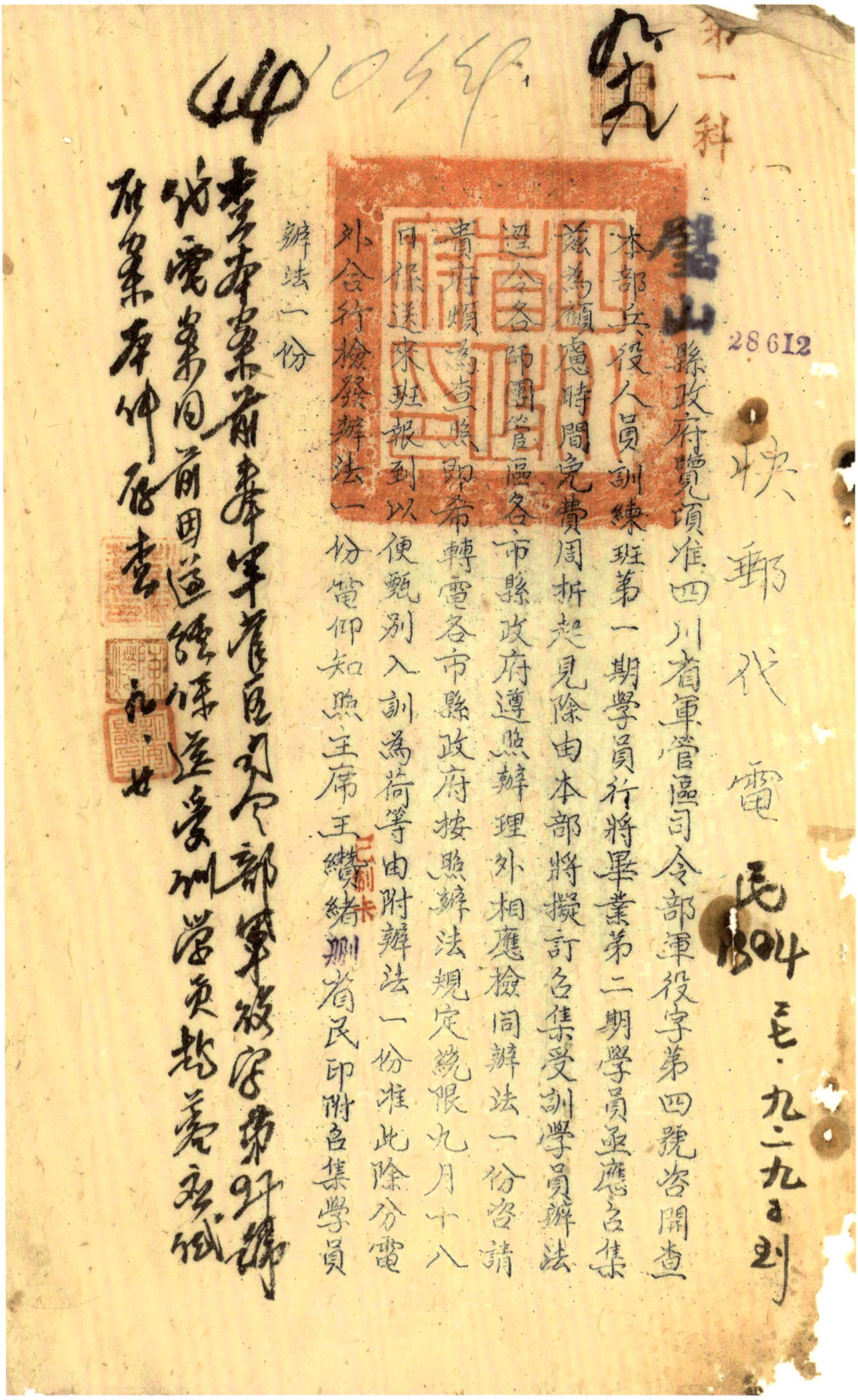
快郵代電

民1304

二七・九・二九 到

第一科

璧山縣政府覽：頃准四川省軍管區司令部渾役字第四號咨開：查本部兵役人員訓練班第一期學員行將畢業，第二期學員亟應召集。茲為顧慮時間免費周折起見，除由本部將擬訂召集受訓學員辦法逕令各師團管區各市縣政府遵照辦理外，相應檢同辦法一份，咨請貴府煩為查照，即希轉電各市縣政府按照辦法規定，統限九月十八日保送來班報到，以便甄別入訓為荷等由，附辦法一份，准此。除分電外，合行檢發辦法一份，電仰知照。主席王纘緒。刪。省民印。附召集學員辦法一份

辦法一份

65

四川省軍管區司令部兵役人員訓練班第二期學員召集辦法

第一　綱領

一、本辦法依據四川省軍管區司令部兵役人員訓練班組織條例第十七條之規定訂定之

二、第一期備取各學員與各(市)縣及各級兵役管區申送學員悉依此辦法

第二　學員

三、於全川各(市)縣政府保送受訓學員一人或二人師管區各保送三人團管區各保送二人來班分別應試

四、學員之保送各(市)縣政府須以現任之兵役科(股)職員為限各級管區以現任之部員及辦事員為限年齡須在二十歲至三十五歲者

第三　時限

五、訓練時間以一月為標準其教育計劃另定之

六、繼續開辦第二第三兩期第二期預定時間為九月二十日至十月二十日第三期預定為十一月一日至三十日

七、被召集之學員應於報到日前到達成都各機關應按所在地路程遠近及交通便利與否由各該召集學員之主管長官決定出發日期

第四　地址

八、受訓地點成都包家巷兵役人員訓練班

九、各召集學員旅費由各該原有機關按程發給准作正式報銷

一

第五 裝備

十、受訓學員應携帶之物品如附表一

第六 規定

十一、規定保送學員之機關須將所保送學員之履歷表三份交由學員帶來呈班備查

十二、各管區學員來班受訓期間其職務由該管主官指定適當人員暫行代理不給代理費回部時仍復原職

十三、各縣召集學員來班受訓時須由兵役人員訓練班考試委員施行體格檢查及學科考試考試及格後始准入班受訓考試科目如附表二

十四、學員於入班時應呈繳之件如附表三不呈繳齊全者不准入班

十五、學員受訓時應遵守本班各項規則如有故違應按輕重分別予與申誡懲罰或撤差

十六、學員於受訓期滿應按規定日期回到原有機關不得中途逗留或藉故他往

十七、學員在班受訓心得應書面按級呈報主管長官

十八、本辦法由軍管區司令部召集咨請省府轉致令各縣（市）遵照

46

四川省軍管區司令部兵役人員訓練班入班攜帶物品表

名稱	數量	備考
被蓋	一床	
臥毯	一床	
枕頭	一個	長約四十五公分寬約二十五公分
灰軍帽	一頂	
白色襯衣	二件	
白色短褲	二條	
青色布操鞋	二雙	
青色襪子	二雙	
白色面盆	一個	中徑約一市尺
絕白色面布	一張	
二號白色磁盅	一個	
牙粉	一瓶	
牙刷	一把	
皂盒	一個	
香皂	一個	

46-1

附記

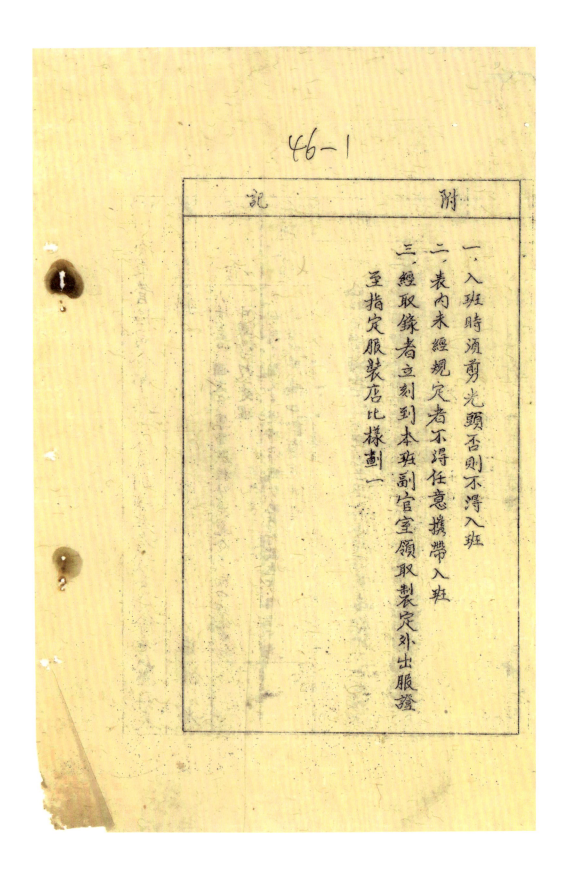

一、入班時須剪光頭否則不得入班
二、表内未經規定者不得任意攜帶入班
三、經取錄者立刻到本班副官室領取製定外出服證至指定服裝店比樣劃一

四川省軍管區司令部兵役人員訓練班考試委員會考試學科表

名稱	科目	備考
軍官	1、党義2、國文3、軍事教程4、典範令5、初中理化6、初中數學7、史理	
行政人員	1、党義2、國文3、軍事常識4、地方行政地方自治5、高中理化6、高中數學7、史理	

附記

一、各科目問題均在一百題以上至低限度須能答解到八十題以上

二、第一期即係準此考試故第二第三兩期亦準此辦理以歸劃一

附（四）四川省军管区司令部兵役人员训练班学员报到时应呈缴之文件表

四川省軍管區司令部兵役人員訓練班學員報到時應呈繳之文件表

名稱	數量	備考
保送機関之呈文及名冊	一件	名冊用藍格十行紙分職別姓名備考各欄
履歷表	三份	用國民政府銓敘廳最近格式並照規定貼最近半身光頭像片另帶像片三張書明機関及姓名於報到時呈繳

璧山县各界纪念「九一八」七周年暨举行扩大兵役宣传大会告民众书（一九三八年九月十八日）

13

璧山縣各界紀念「九一八」七週年暨舉行擴大兵役宣傳大會告民衆書

同胞們：

今天「九一八」是我們中華民族痛在垂危的一天。回憶七年前的今天，我們的敵人——日本軍閥，任意進兵佔領瀋陽，從而製造僞國，更進攻淞滬及長城各口，增兵華北，包庇走私，盤踞察北六縣，侵犯綏遠，以致去秋的強奪豐台車站，步步相逼。寢假而演成盧溝橋事變，爲舉世震驚之空前大規模的侵華軍事行動。明目張胆，不惜背棄國際信義，破壞一切和平條約，其勢非將整中國吞併不止。

中華民族自求解放的神聖抗戰以來，時已一年有餘，敵人不惜以海陸空的聯合力量攻佔上海，欲制我經濟命脈。並威脅我首都，欲要我作城下之盟。一面在平漢、平綏、津浦、三線分兵猛犯，一面封鎖我全部海岸、圖斷我國際來源。尤不惜轟炸各重要城市，摧毀平津京滬各大學，掃射逃難人民，殘殺中外護士，事實上証明了敵人的用心，凡足以毀我文明，亡我國家，滅我種族的殘酷手段，無所不用其極。所以我全國同胞，只有不惜任何犧牲，真正的國家總動員起來，把所有的人力物力集中，堅苦的抗戰，就是我們得到最後勝利的把握。可是單靠前線的將士們的血肉犧牲，還是不够，在後方未參加前線工作的一切民衆，也應具有犧牲必勝的信念。認爲在後方偷活是一種恥辱。要繼續死難奮鬥的精神，來貢獻國家，有力出力，有錢出錢。這是爭整個中華民族的繁榮。要知我們的犧牲愈大，我們的代價亦愈大。只要有一口氣，一滴血，我們的犧牲工作決不會停止。所以人人必須實行兵役，以增加武力。何况服兵役是國民應盡的義務，既可以達到充實武力，鞏固國防，解脫當前的國難，所謂復仇雪恥，念茲在茲也。

同胞們：我們要知道敵人的處心積慮，必欲亡我國家已非一日，大凡民族的能復興，國家的能強盛，其民族必須學得禦侮的本領，軍事的技能，最好在徵兵制度之下，人人實行當兵的義務。徵諸歐西各國，德之能勝法者，自一八三三年實行軍區制，採用徵兵法，使德意志成為兵國化，故能一戰而勝奧，再戰而勝法也。普法之戰後，法蘭西厲行國民兵役義務，卒能轉敗為勝也。他如意大利對國民的積極軍事訓練，蘇俄人民的整個實行軍事化，奧地利的舉國皆兵，美利堅的實行民兵制度，要皆賴民眾的武力，以為國防的基幹。尤以敵國的日本，自一八八八年的實行普遍義務兵役，戰時竟能動員三百萬之多，以我國四萬萬人口相較，以十分之一計之，應出民兵五千六百萬，以二十分之一計之，應出民兵二千二百五十萬，而我國現有常備兵額不過二百萬者，殆未普遍實行人人服兵役之所致耳。

同胞們：國家是全体國民所有的，一切權利賴國家的保護，我們能保衛國家，就是保護各人的生命財產，人人能盡當兵的義務，確是國民應有的責任，況茲全面抗戰以來，敵人的戰欲無厭，戰地延長勢至數千里。非動員數百萬以至數千萬民兵，源源接濟不可，此實有實行徵兵制的必要，俾能萬眾一心，為國效命，所謂要以血肉的犧牲，來奠定復興國家的基礎。

同胞們：九一八到今天已是七週年了，這七年當中，敵人給予我們多少悲痛，戰區擴大至十餘省，人民無為犧牲至百餘萬，我們要淤清這筆悲痛的債務，便要下最大的決心，用四萬萬五千萬人的熱血，在這一次抗戰中爭取收回。須知現在世界各國的徵兵，都無分階級，不分職業，一定的要服兵役，所以國強盛。我們的人口比各國多，我們的國勢未必不能比各國強，只須我們的自力更生，能夠繼往開來，負起建國建軍的使命。

二十七年九月十八日印發

璧山县兵役宣传队征兵救国歌（一九三八年九月十八日）

15

征兵救國歌

璧山縣兵役宣傳隊印

民國廿七年
九一八

七月裏來暑熱天，
蘆溝橋畔砲声喧，
請問甚麼一回事？
這是日軍打上前！

○ ○ ○ ○

同胞們，莫驚慌．
敵人打來為那樁？
若要問個根和底，
請听小可說端詳；
中國地大物又博，
財源豐富出產多，
敵人垂涎日已久，
大陸政策早定奪！

同胞們，莫害怕，
打倒敵人有辦法！
只要人人有志氣，
學会放槍不怕他．
要學放槍有机会．
斧鐮筆算齊放下，
如今政府正徵兵，
人要受訓莫念家，
打仗本領學會了，
那怕飛機來轟炸！

○ ○ ○ ○

同胞們，請放心，
從來生存要競爭！

得寸進尺無厭足！
一心要奪我錦綉山河！
君不見 東北四省奪去了，
四省同胞难過活；
又不見，飛機炸彈天上來，
戰區同胞乱奔躲．
妻室兒女都遭害，
仰天長嘆沒奈何！

○ ○ ○ ○

同胞們，莫心傷！
戰區領土並未亡！
全仗忠勇諸將士，
殺敗敵人沒收場！

當兵不是為那個，
是為中華民族求生存！
倘若是，國破家亡同歸盡，
子孫世世难翻身！
朝鮮安南亡國有榜樣，
要想恢復自由不可能！
請問還是亡國好？
還是爭氣做個人？

○ ○ ○ ○

同胞們，莫糊塗，
寧死不做亡國奴！
若是貪生又怕死，
敵人打來遭侮辱！

只可憐那無辜的民衆！
死的死，傷的傷！
殘足斷手叫爺娘！
同是娘生父母养！
受這活罪為那樁！
更可恨．近來日本鬼子到皖贛！
雄武揚威在九江！
敵人還想奪武漢，
要害同胞沒下場；
西南川省膏腴地，
鬼子不免要現光！

○ ○ ○ ○

妻女田產被搶去．
殺你比個猪狗還不如！
君不見，東北亡了同胞苦、
無故抓去遭殺戮！
死的方法不一樣，
或喂警犬或剜腹！
或用活埋或腰斬！
煤油灌鼻斬頭顱！
同是頂天立地漢，
何苦為人俎上肉！
可知『生存競爭』之大道，
優勝劣敗理不忽！

○ ○ ○ ○

同胞們，一條心，
快快自強振精神!
秉着良心和血性，
立志當兵去做人。
須知道，好男當兵志氣高、
為國為民是英豪!
君不見，木蘭從軍人稱道，
又不見，投筆從戎班定遠，
同留美名萬古標!
同胞們，莫心惱，
徵兵制度很普通;
我國三代就行過!
『寓兵於農』國勢隆，

自從秦漢專制起，
真正民兵不肯用，
君王只國家天下，
就把募兵來行通!
從此尚武精神落千丈，
外侮頻來應付窮;
尤以鴉片戰爭後，
割地賠款不通融!
現今列強都行徵兵制，
全國皆兵誰敢碰;
及齡男子到時候，
志願當兵以為榮!
若是男子不當兵，

遣人白眼不相容!
我國政府救亡有決心，
才把徵制來恢宏!
全國均設師管區，
徵兵正在辦理中，
徵兵募兵來比較，
真是兩相大不同;
我國民兵雖有二百萬，
打起仗來無補充!
全國若行徵兵制，
國防充實便稱雄!
有了武力就不怕，
收復失地定成功!

况且徵兵不是人人幹;
還要合格才得中!
假若被徵入伍後，
不但體格要堅實!
戰鬥技能還學通。
一旦敵人打來了，
就敢持槍去效忠!
槍林彈雨不在乎，
猛勇百戰如蛟龍。
同胞們，勿忘國難和國恥!
踴躍應徵去從戎!
禮義廉恥為國本;
擁護 領袖惟服從!

復仇惟有「鐵」和「血」!
荷槍實彈打前鋒!
衝!衝!衝!
衝到長白山上，
揚着青天白日滿地紅!
三民主義既實現、
民國萬年進大同;
士農工商各[illegible]，
共享太平[illegible]。

前去抗戰

壁山县各界兵役宣传大会为实行征兵制敬告全川父老书（一九三八年九月十八日）

19

為實行徵兵制敬告全川父老書

粤稽三代、軍賦出於井田、春蒐夏苗、秋獮冬狩、乘農隙而講武、習子弟而知兵、是以萬國衣冠、競朝帝闕、四方玉帛、爭貢王庭。迨及春秋、充推五霸、自秦迄漢、盛極一時。暨夫魏晉之世、兵制紊乱、清談相尚、輕武重文、遂啟五胡、終于亡滅、隋唐奮起、增設府兵、武功所至、古今莫及、旋更兵制、遂肇乱階、降及宋明、採用募兵、國勢凌夷、亡于胡虜。嗚呼、前車不遠、後軫方遒、近察西歐、尤多借鏡、威廉在位、任俾斯麥為相、力主擴軍、一戰敗奥、再戰敗法、歐洲戰役、厄於糧食、遂受制裁、希特勒執政、恢復徵兵、又稱强盛。至今列國、莫敢與京、徵募相形、盛衰相召、孰得孰失、瞭如指掌、我最高領袖、洞觀癥結、毅然徵兵、未及五年、風行全國、又復詳頒法令、釐定規章、出征有優待之條、士兵有保育之法、關懷無已、愛護有加、吾川中父老、允宜父詔其子、兄勉其弟、相將入伍、共執干戈、滅此跳梁、于馬朝食、勿畏葸而潛逃、勿偷生而苟免、已徵者自應相率入營、未徵者亦宜靜候召集、兩川多慷慨之士、請纓何讓終軍、四方切收復之懷、擊楫還思士雅、復興民族、是所望于諸君、痛刃倭奴、敢相期于此日。

壁山縣各界兵役宣傳大會印

二七、九一八、

渝西师管区璧山县第三区八塘乡扩大兵役宣传周报告表（一九三八年九月）

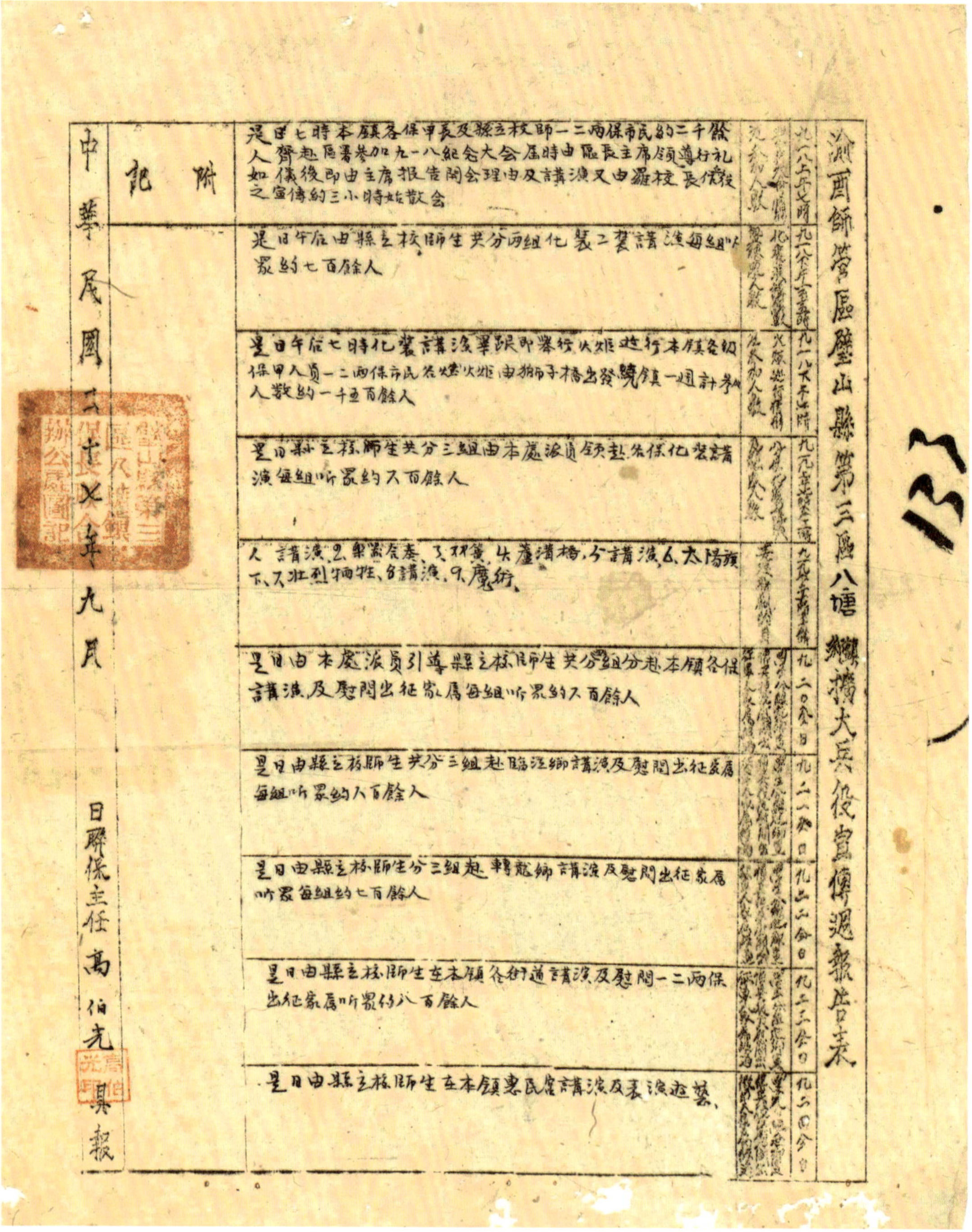

渝西師管區璧山縣第三區八塘鄉擴大兵役宣傳週報告表

是日七時本鎮各保甲長及縣立校師一二兩保市民約二千餘人齊赴區署參加九一八紀念大會屆時由區長主席領導行礼如儀後即由主席報告開會理由及講演又由羅校長作役之宣傳約三小時始散會

是日午后由縣立校師生共分兩組化裝二套講演每組聽衆約七百餘人

是日午后七時化裝講演畢跟即舉行火炬遊行本鎮各級保甲人員一二兩保市民各燃火炬由獅子橋出發繞鎮一週計參加人數約一千五百餘人

是日縣立校師生共分三組由本處派員領赴各保化裝講演每組聽衆約六百餘人

人、講演、2、樂器合奏、3、林黛、4、蘆溝橋、5、講演、6、太陽旗下、7、壯烈犧牲、8、講演、9、魔術、

是日由本處派員引導縣立校師生共分組分赴本鎮各保講演及慰問出征家屬每組聽衆約六百餘人

是日由縣立校師生共分三組赴臨江鄉講演及慰問出征家屬每組聽衆約八百餘人

是日由縣立校師生分三組赴轉龍鄉講演及慰問出征家屬聽衆每組約七百餘人

是日由縣立校師生在本鎮各街道講演及慰問一二兩保出征家屬聽衆約八百餘人

是日由縣立校師生在本鎮惠民宮講演及表演遊藝、

附記

中華民國二十七年九月　日

聯保主任高伯光填報

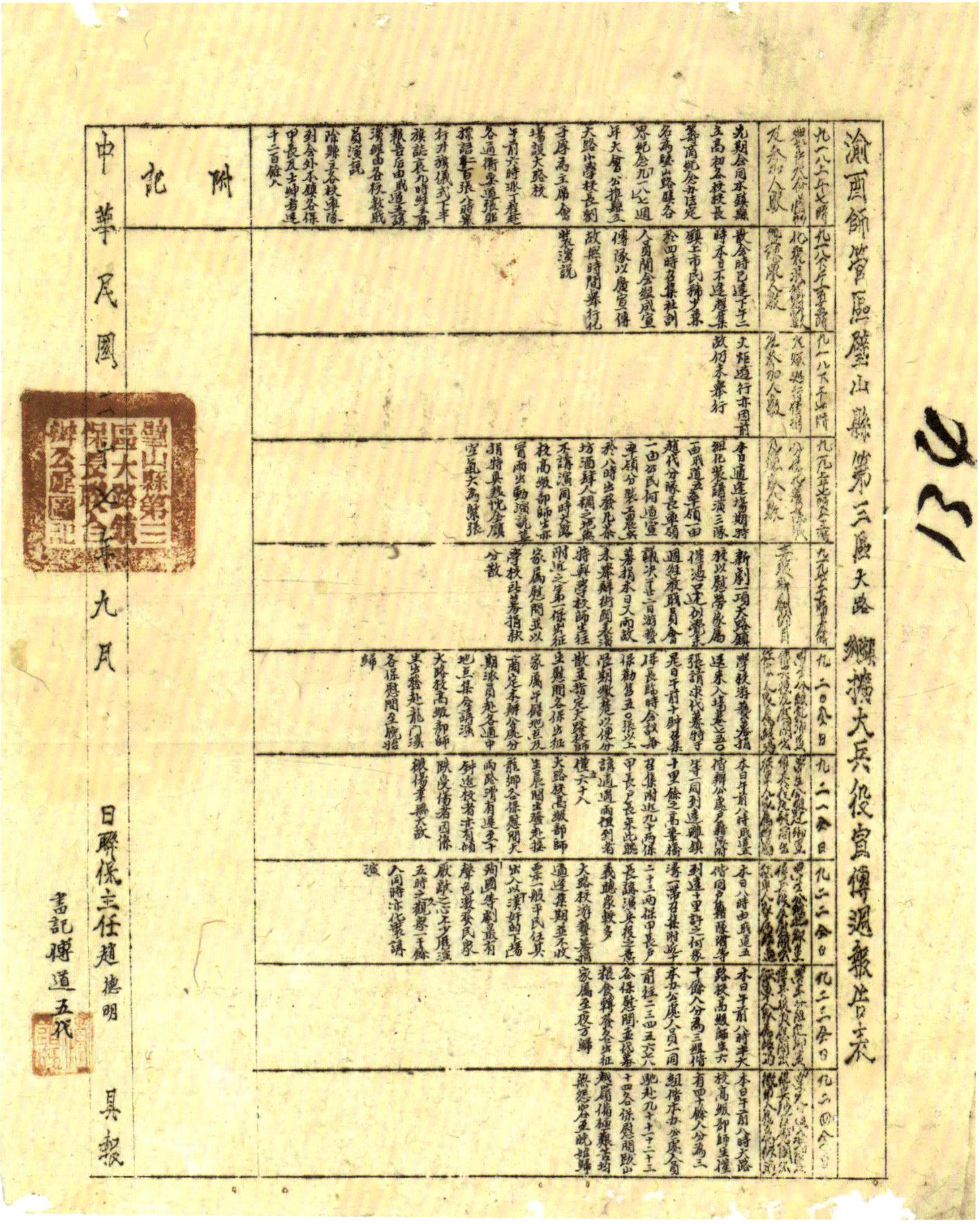

渝西师管区璧山县第三区大路乡扩大兵役宣传周报告表（一九三八年九月）

渝西师管区璧山县第三区扩大兵役宣传周报告表（一九三八年十月）

渝西師管區璧山縣第三區擴大兵役宣傳週報告表

九一八上午七時	舉行大會情形及參加人數	舉行大會參加人數：八塘二千餘人，依鳳六百餘人，大路（千二）百餘人，龍溪二百餘人，健龍三百餘人，青木二百餘人，大塘一百餘人，七塘八百餘人，臨江一百餘人，轉龍二百餘人。
九一八下午一至五時	化裝講演組數暨聽衆人數	八塘兩組聽衆千四百人。依鳳一組聽衆一百餘人。大路未舉行。健龍一百餘人。青木、大塘、七塘、臨江、轉龍，均未舉行。
九一八下午七時	火炬遊行情形及參加人數	是天八塘舉行。在區署集合，共參加一千五百餘人，各燃火炬，繞鎮一週，仍在原地解散。
九一九上午七時至十二時	分任化裝講演及聽衆人數	八塘分三組下鄉講演，聽衆約一千七八百人。大路適逢集期，亦分三組，輪派在茶坊酒肆及人稠之地講演。其餘鄉鎮，有實行，有未實行者。
九一九下午一時至五時	表演新劇節目	八塘技術節目：(1)講演，(2)樂器合奏，(3)雙簧，(4)[illegible]，(5)[illegible]，(6)太陽旗下，(7)壯烈犧牲，(8)鬼[illegible]。大路技術節目：(1)到前線去，(2)[illegible]國，(3)[illegible]，(4)漢奸的下場，(5)打倒日本，(6)救亡，(7)進行曲（團體操），(8)咪咪咪（表情操），(9)小小[illegible]（[illegible]），(10)小[illegible]到前線去（表情操）。其餘鄉鎮不詳。
九二〇全日	學生分組赴鄉宣傳兵役及慰問出征軍人家屬經過	(1)各校派定宣傳隊，分赴指定各保宣傳兵役及慰問出征軍人家屬。(2)本署派員分赴所屬鄉鎮督導進行。
九二一全日	學生分組赴鄉宣傳兵役及慰問出征軍人家屬經過	(1)各校派定宣傳隊，分赴指定各保，宣傳兵役及慰問出征軍人家屬。(2)本署派員分赴所屬鄉鎮督導進行。
九二二全日	學生分組赴鄉宣傳兵役及慰問出征軍人家屬經過	(1)各校派定宣傳隊，分赴指定各保宣傳兵役及慰問出征軍人家屬。(2)本署派員分赴所屬鄉鎮督導進行。
九二三全日	學生分組赴鄉宣傳兵役及慰問出征軍人家屬經過	(1)各校派定宣傳隊，分赴指定各保宣傳兵役及慰問出征軍人家屬。(2)本署派員分赴所屬鄉鎮督導進行。
九二四全日	學生分組赴鄉宣傳兵役及慰問出征軍人家屬經過	(1)各校派定宣傳隊，分赴指定各保宣傳兵役及慰問出征軍人家屬。(2)本署派員分赴所屬鄉鎮督導進行。
附記		1. 本宣傳週正適秋雨綿綿，各宣傳隊男女學生不辭天雨路滑，跋山越嶺，備極艱苦，均無怨容。 2. 尤以大路小學募集捐款，來[illegible]慰問出征軍人家屬之際，并助以實物，其辦法比較得體。 3. 此次宣傳兵役以後，已刺激民衆抗戰救國意志，抽調壯丁比較順利。

中華民國二十七年十月　日

區長彭[illegible]春　具報

璧山县第二区鹿鸣乡宣传工作报告表（一九三八年十一月六日）

璧山縣第二區鹿鳴鄉宣傳工作報告表 廿七、十一、六製

第一次

「九一八」紀念日早雨午晴各宣傳人員來本鄉聯保辦公處舉行紀念儀式後隨即召集全鄉民衆在本鄉大操場演講國難宣傳工作向民衆講明瀋陽事變經過是日因集場期間觀者尤增人民情緒頗為激烈。

第二次

1461

雙十節國慶日本鄉各議員午前八鐘在本鄉民
衆書報社舉行慶祝儀式後向民衆宣傳民國成立
武昌起義始末暨現在國难當前國民应如何紧張團
結抗战踴躍充服兵役各项午后一鐘时全体職員均赴丁家鎮
第二区浦塘抗战话劇社成立大会

璧山縣第二區來鳳鎮宣傳工作報告表 二七、十一、八、

九一八紀念日

1、事先籌備 本鎮民衆抗敵情緒，素極高漲，惟鄉前聯保主任相如，未從事領導工作，故無實際工作表現。九一八紀念日由民衆教育館發起組織來鳳鎮各界民衆紀念九一八七周年國恥大會籌備會，參加團体有學校二大隊、本鎮小學、商會、各同業公會、車站、郵局、救亡歌詠隊、兵役宣傳隊等，皆有計劃之活動。

2、紀念大會 舉行於九一八日午前十鐘在來鳳小學大操場，是日早晨微雨，於紀念會開始时，天已放晴，參加

141

1411

群眾。計五百八十餘人（軍校主任），主席團為軍校大隊長路灘川，民眾教育館長傅伯侯，學校校長張雨祥，會後全體遊行。

三、宣傳情形 （一）各街頭均大漫畫，（二）各揭示處均有大張連環漫畫，（三）標語由軍校訓育股擬訂，沿街張貼，（四）全市下半旗為東北被難同胞致誌哀，（五）歌詠會舉行抗敵歌詠，（六）演說隊沿街演說，（七）民眾教育館舉行九一八圖書展覽

四、民眾獻金 勸募組担任民眾獻金，九一八日起至次日止，獻金共二百九拾元另伍仙，匯交重慶時事新報，該報於十月三日將各單數目公布。

雙十節

1.紀念大会，舉行於是日午正十二鐘，由張雨祥主席

会後宣傳隊分別宣傳

2.火炬遊行　於是晚於六時半舉行，參加群众計六百餘人。

3.宣傳情形　(一)標語，(二)全鎮懸旗　(三)歌詠隊歌詠　(四)各街均張大漫画

璧山县第三区八塘镇联保办公处一九三九年元旦兵役扩大宣传工作报告表（一九三九年一月一日）

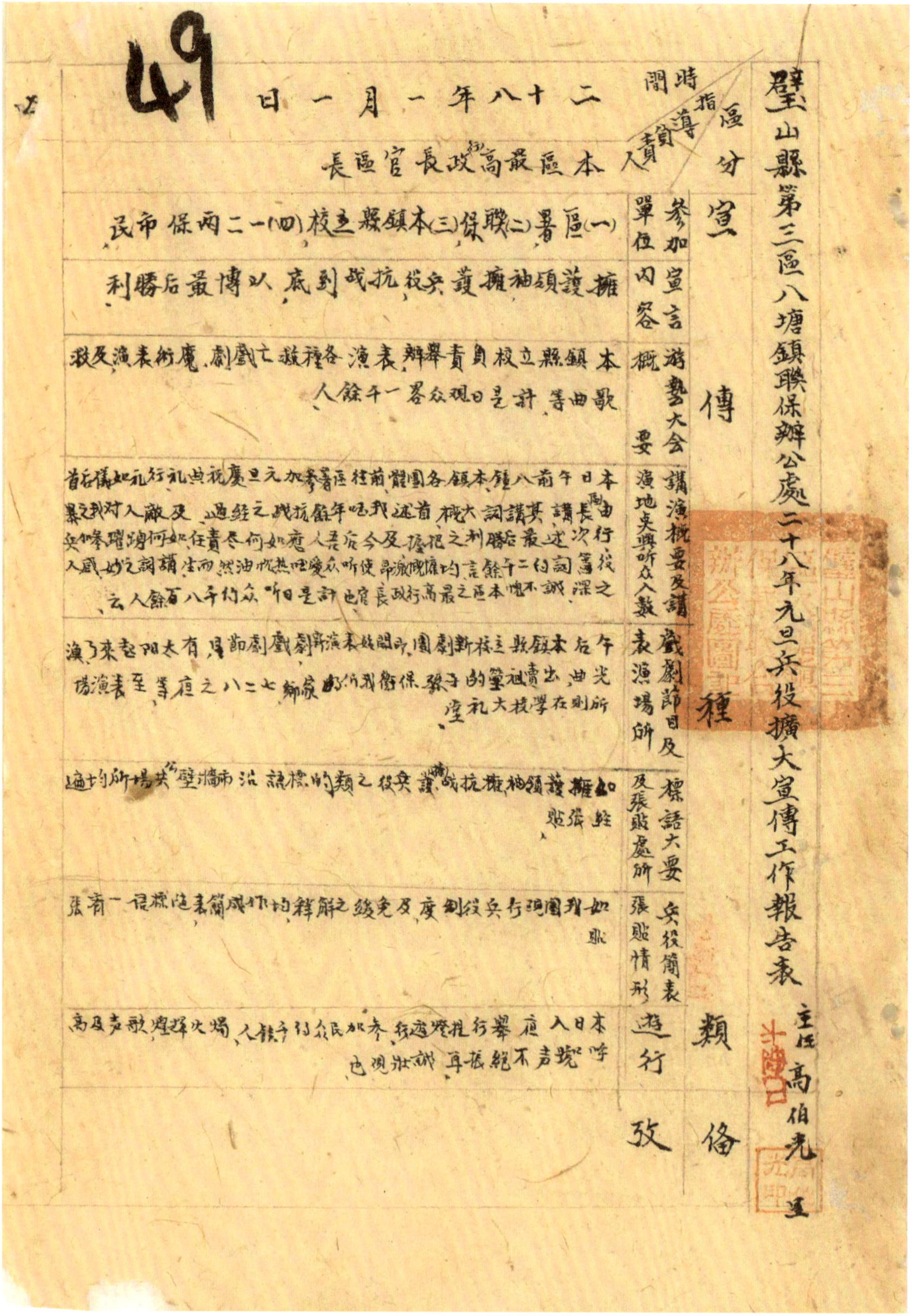

璧山縣第三區八塘鎮聯保辦公處二十八年元旦兵役擴大宣傳工作報告表

分區	指導負責人	本區最高行政長官區長
	時間	二十八年一月一日
宣傳種類	參加單位	（一）區署（二）聯保（三）本鎮縣立校（四）一二兩保市民
	宣言內容	擁護領袖擁護兵役抗戰到底以博最后勝利
	游藝大会概要	本鎮縣立校負責舉辦表演各種新戲、劇、魔術表演及歌曲等，計是日觀众一萬一千餘人
	講演概要及講演地点與听众人數	本鎮八時前往各團體參加區署元旦慶祝典禮，行禮如儀后首由區長講其大意，首述我抗戰年餘之經過及敵人對我之[illegible]
	戲劇節目及表演場所	[illegible]
	標語大要及張貼處所	如擁護領袖擁護抗戰兵役之類的標語沿[illegible]壁[illegible]場所均遍貼
	兵役簡表張貼情形	[illegible]
	遊行	本日入夜舉行提燈遊行，參加民众[illegible]人，[illegible]口號聲不絕耳[illegible]
	備致	

主任 高伯光 呈

璧山县政府第三区区署一九三九年元旦兵役扩大宣传工作报告表（一九三九年一月一日）

璧山縣政府第三區區署二十八年元旦兵役擴大宣傳工作報告表

區長彭盛春 填報

區分：指導負責人 彭盛春、冉元輔、彭維德、高伯先、羅安志

參加單位：第三區署、第三區隊部、區黨部、八塘聯保、八塘小學、抗敵後援分會、幹部宣傳隊

宣言內容：第三區領導全民繼續出錢出力完成抗戰建國之任務

宣傳種類

遊藝大會概要：由抗敵後援支會及八塘小學員生共同表演各種救亡歌曲魔術國術話劇等

講演概要及講演地點：講演概要：護抗戰到底，堅定最後勝利之自信心，鼓勵參加兵役予打擊者以打擊，復興中華民族。講演地點：八塘鎮公共體育場。聽眾約一千三百餘人

戲劇節目及場所：1.抗戰建國進行曲（內分甲、民族公敵；乙、怒吼吧中國；丙、我為自由和平；丁、漢奸恨；戊、中國萬歲），在八塘鎮大眾俱樂部

標語大要及張貼處所：「要人人實行當兵才能打倒日本，破除好男不當兵之自救觀念，建立好男要當兵之自強觀念，全民總動員爭最後的勝利」，張貼本區各鄉鎮標語播示處

兵役簡表張貼情形：繕寫兵役簡表十一張，分貼所屬各鄉鎮公所門首

遊行：是日午后六時舉行火炬遊行，參加人員及男女生共七百一十三人

備考：一月二日及三日由區署分三組出發到各鄉鎮指導宣傳。第一組彭維德指導區域八塘、臨江、轉龍；第二組冉元輔指導區域依鳳、大路、龍溪、接龍；第三組鄭同指導區域七塘、六塘、青木

附：是日并舉行獻金運動一日，共收各界獻金法幣壹拾柒元伍角整，隨表呈繳，請予轉匯軍委會

二十八年一月一日

璧山县第三区转龙乡一九三九年元旦兵役扩大宣传工作报告表（一九三九年一月十一日）

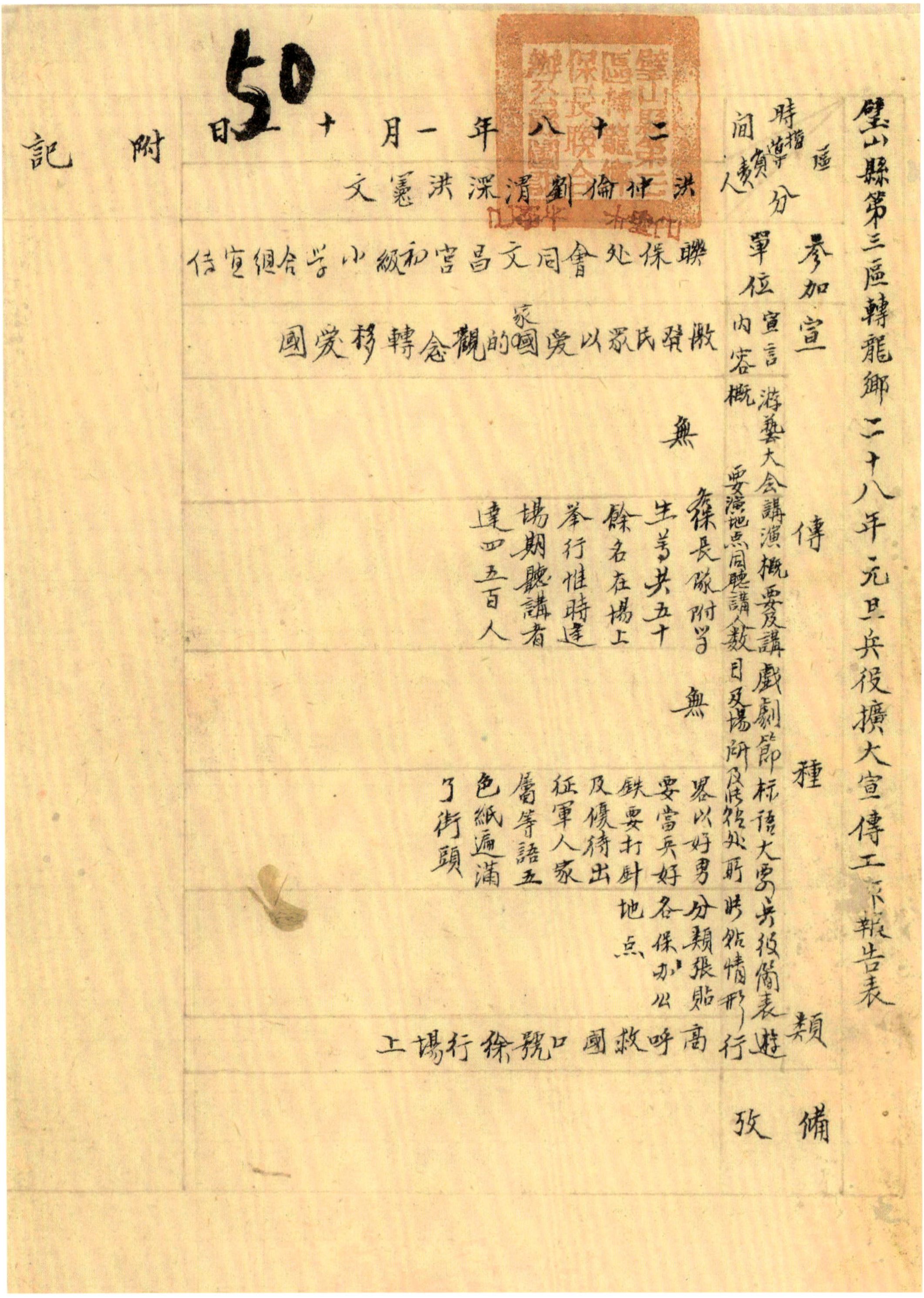

璧山縣第三區轉龍鄉二十八年元旦兵役擴大宣傳工作報告表

區分 \ 種類	宣傳	備攷
時間	二十八年一月十一日	
指導負責人	洪仲倫 劉渭深 洪憲文	
參加單位	聯保處會同文昌宮初級小學合組宣傳	
宣言內容概要	激發民眾以愛國家的觀念轉移愛國	
游藝大會講演概要	無	
講演地點同聽講人數目及場所	叅保長隊附學生等共五十餘名在場上舉行惟時逢場期聽講者達四五百人	
戲劇節	無	
標語大要	畧以好男要當兵好鐵要打釘及優待出征軍人家屬等語五色紙遍滿了街頭 分類張貼各保办公地点	
兵役簡表		
遊行時的情形	高呼救國口號徐行場上	
附記		

璧山县立丹凤小学关于报送一九三九年元旦纪念本校组织兵役宣传办法及经过情形致璧山县政府的呈（一九三九年一月十三日）

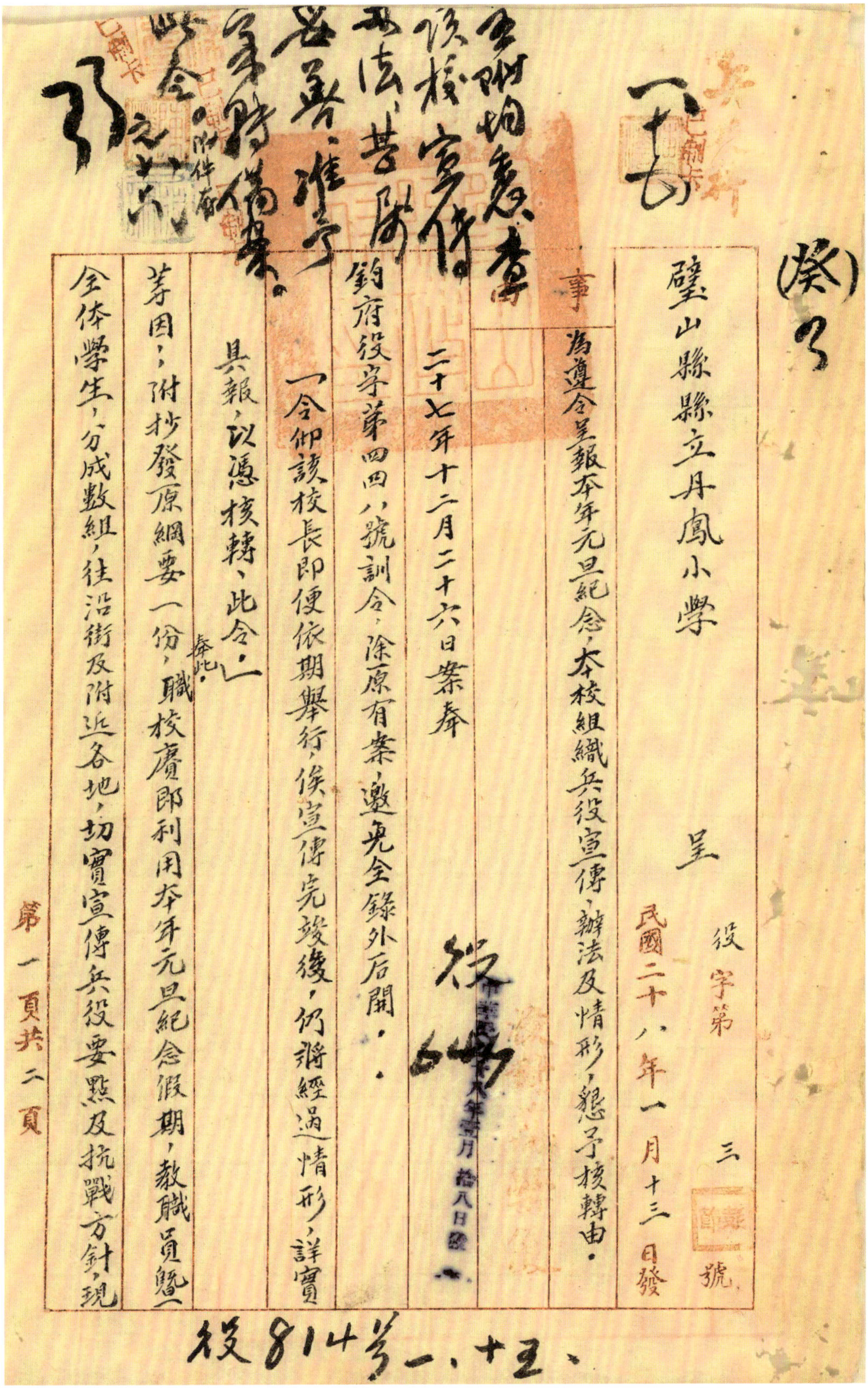
璧山縣縣立丹鳳小學　呈　役字第　三　號

民國二十八年一月十三日發

事由：為遵令呈報本年元旦紀念，本校組織兵役宣傳辦法及情形，懇予核轉由。

二十七年十二月二十六日案奉

鈞府役字第四四八號訓令，除原有案，邀免全錄外，后開：

「一令仰該校長即便依期舉行，俟宣傳完竣後，仍將經過情形，詳實具報，以憑核轉，此令。」

等因；附抄發原綱要一份，奉此。職校遵即利用本年元旦紀念假期，教職員暨全体學生，分成數組，往沿街及附近各地，切實宣傳兵役要點及抗戰方針，現

第一頁共二頁

役814号一、十五、

34

已先竣，理合將此次宣傳辦法及經過情形，另詳實繕錄一份，隨文呈報

鈞府，俯賜核轉，指令祇遵。

謹呈

璧山縣縣長彭

計附兵役宣傳辦法及經過情形

璧山縣立丹鳳小學校長謝紹伯

謝紹伯印

中華民國二十八年一月十三日

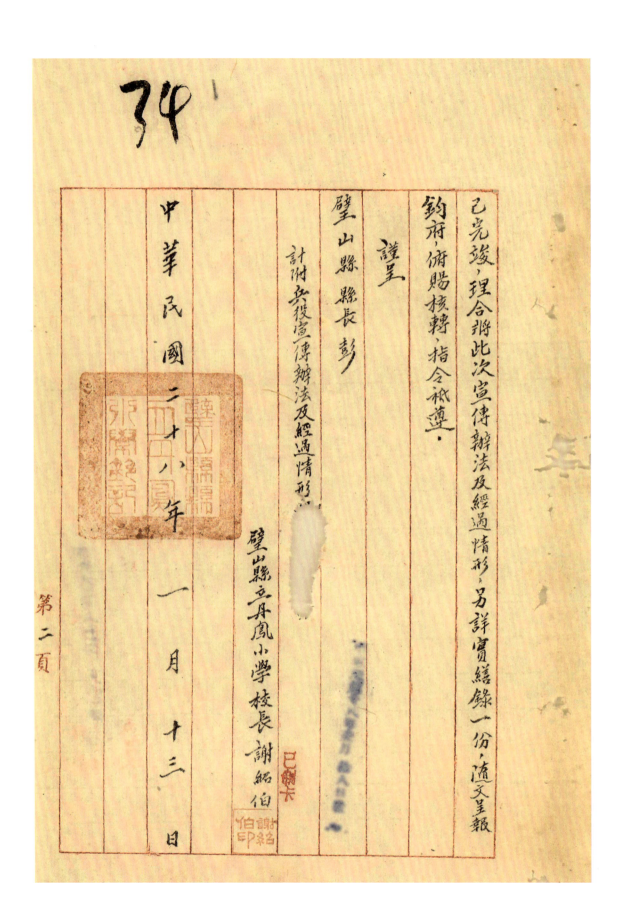

第二頁

璧山縣縣立丹鳳小學二十八年元旦紀念舉行兵役宣傳辦法及經過情形撮要書　二十八年一月　製

（甲）概況、本校地處僻壤，元旦紀念，無他機關法團，可以聯合組織擴大兵役宣傳，只就本校各級學生二百九十餘人，分成數隊，各隊以教職員督率之，特編抗戰傳單及標語等數百張，貼於街衢和通道之地，以便民衆閱看，激發其意志，復分頭講演兵役法規，飭令當地民衆旁聽，藉以普及人民兵役智識，而增加抗戰力量，其

宣傳辦法，分市鎮及鄉村兩點，其經過情形，撮要如左

(1)市鎮　本年元旦，適為本鎮集期，人山人海，宣傳隊於正午時由校出發，選擇街上適中地點，輪流講演，彼時以童軍維持市面秩序，禁止茶房酒店喧嘩，街道行人必須止步，飭其一律靜聽，藉以喚起民衆，樂於當兵，以期兵員補充順利，加強抗战能力，並以當今抵抗日寇，恢復失地，完整版圖，直接保國，即是間接保衛自己的身家，似乎當地民衆，經此次講演後，頗有明瞭其意義者，

36

抵抗決心，因之而愈更興奮。

(2)鄉村

鄉村民衆，未曾集合，本校特組織雅樂隊，導之前行，經過途中，宣傳旗幟，隨風飄颻，鼓音歌聲，若斷若續，故使民衆驚異，而群起觀看，追集合多人圍觀時，本校員生，賡即輪流講演，兵役要点及抗戰計劃，與夫最後勝利，必屬於我的鉄証，當時聽者皆鼓掌歡呼中華民國萬歲，似乎一般鄉民的民族意識，與愛國觀念，經此次宣傳後，油然而生。

璧山县立来凤小学关于报送一九三九年元旦扩大兵役宣传情形致璧山县政府的呈（一九三九年一月十八日）

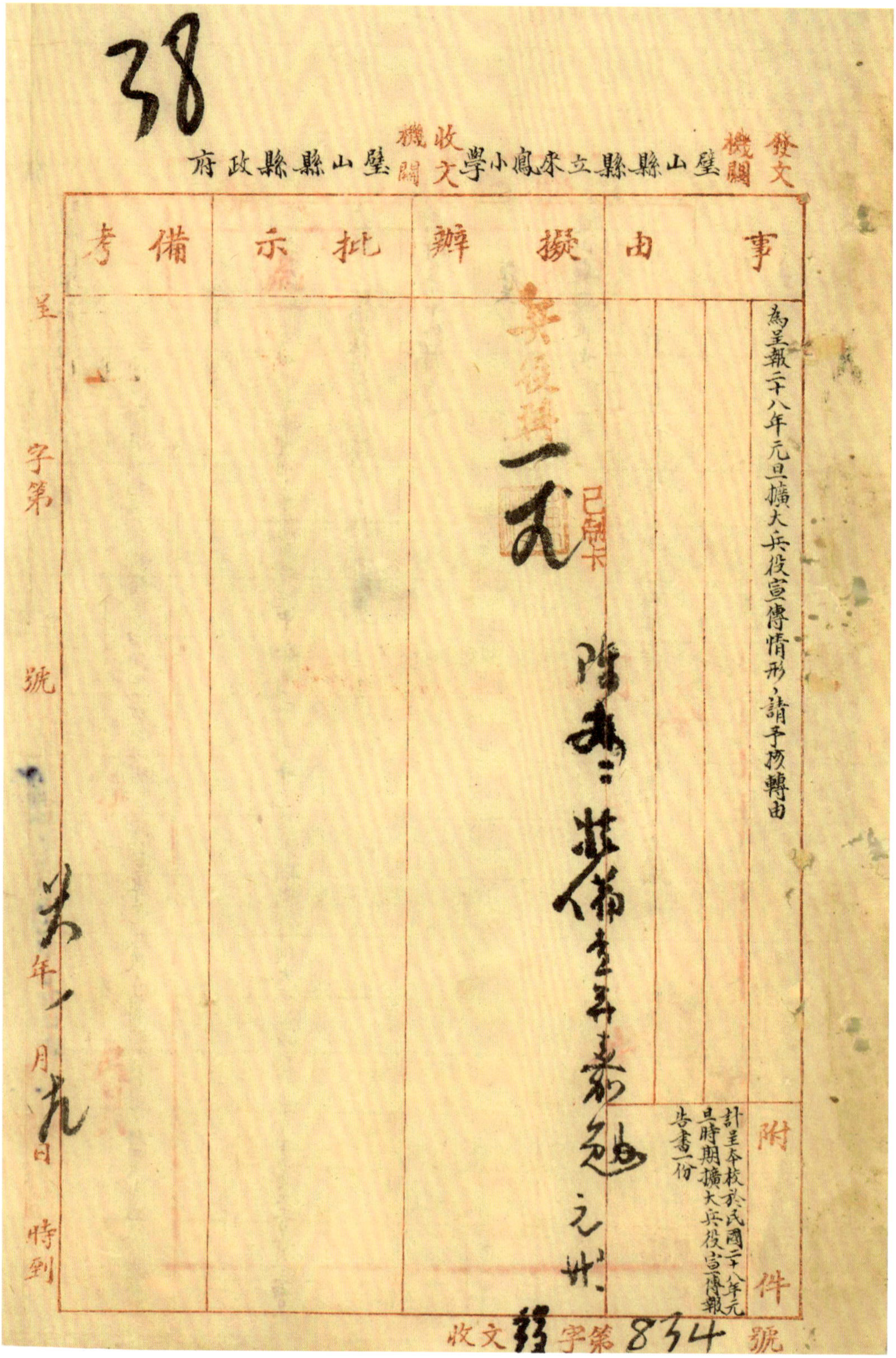
38

發文機關 璧山縣立來鳳小學

收文機關 璧山縣縣政府

事由	擬辦	批示	備考
為呈報二十八年元旦擴大兵役宣傳情形，請予核轉由	兵役科		

附件：計呈本校於民國二十八年元旦時期擴大兵役宣傳報告書一份

呈 字第 號　年一月九日 時到

收文 字第834號

38-1

案奉

鈞府役字第四四八號訓令，後開：

「合行抄發原綱要令仰該校長即便遵照，依期奉行，宣傳完竣後，仍將經過情形，詳實具報，以憑核

轉！此令。」

等因，奉此，隨即從事籌備，并利用慶祝中華民國二十八年元旦假期舉行擴大兵役宣傳三天，（十二月三十一日、一月一、二兩日）

茲將是時宣傳之經過情形，詳實呈報

鈞府，請予核轉備查！

謹呈

璧山縣縣長彭

計呈本校於民國二十八年元旦時期擴大兵役宣傳報告書一份

39

璧山縣縣立來鳳小學校長張雨祥

已制卡

38-1

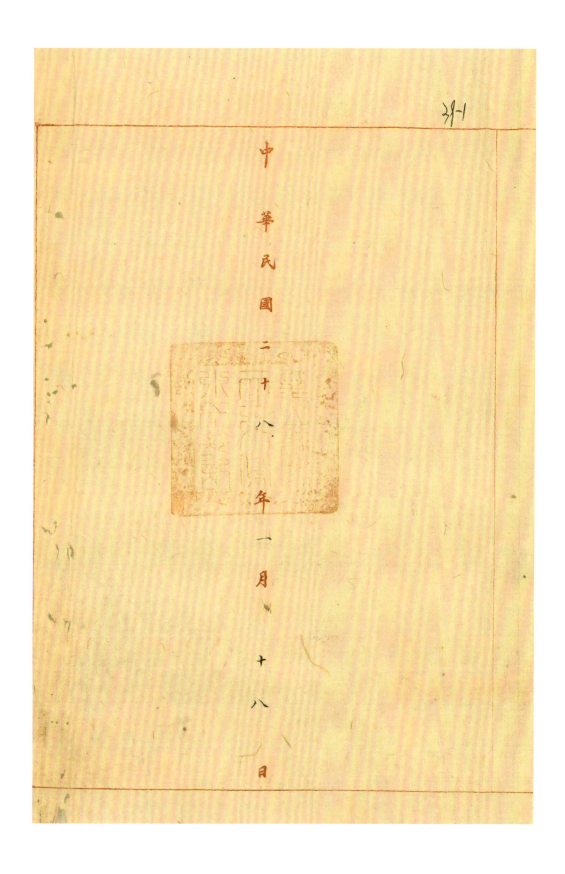

中華民國二十八年一月十八日

附：璧山县立来凤小学于一九三九年元旦时期扩大兵役宣传报告书

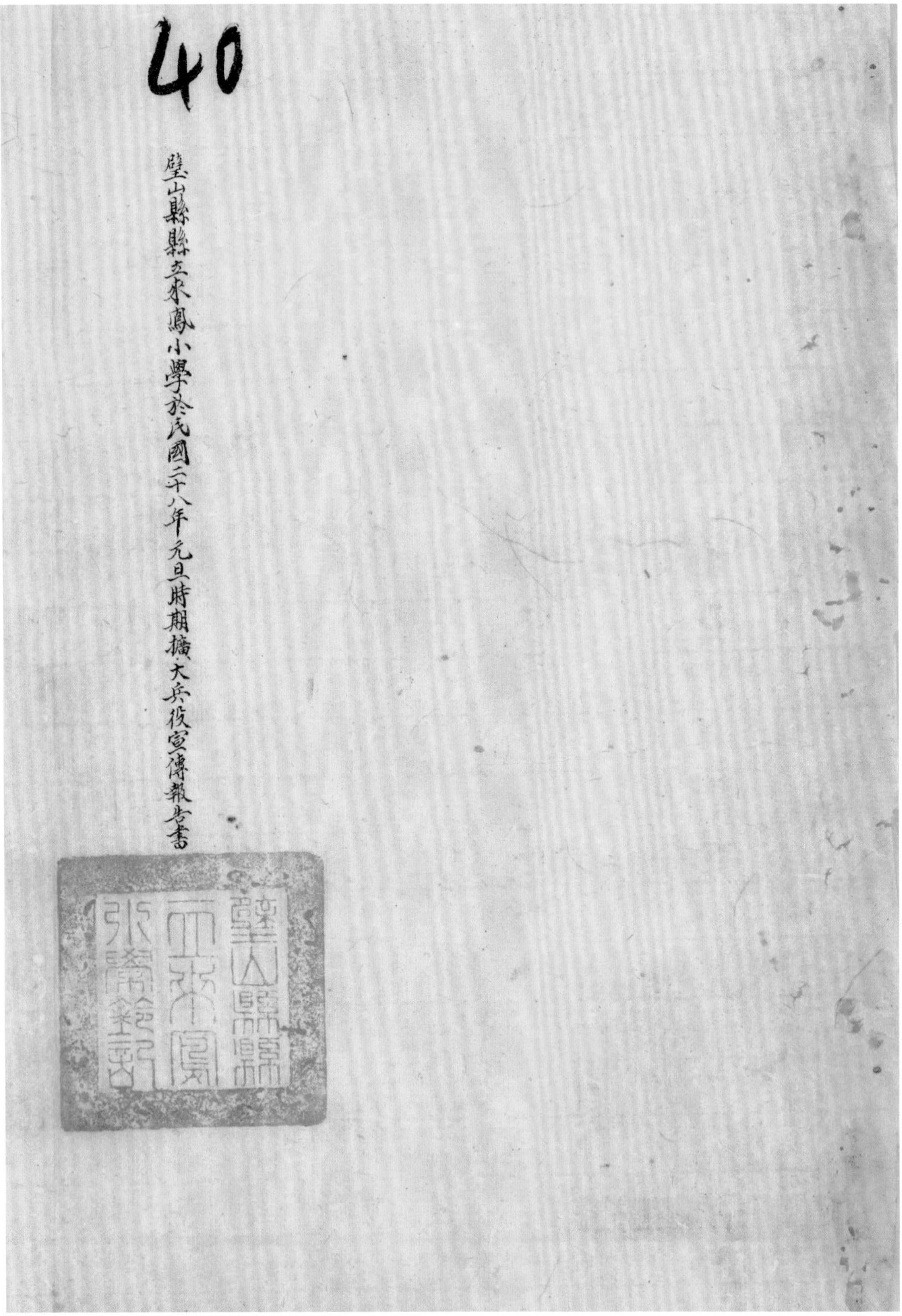
40

璧山縣縣立來鳳小學於民國二十八年元旦時期擴大兵役宣傳報告書

41

璧山縣縣立來鳳小學於民國二十八年元旦時期擴大兵役宣傳報告書

一元旦以前之宣傳概況

欲使民衆明瞭倭寇無理侵畧我國之野心，藉以激動同仇敵愾共申撻伐之情緒，實有賴於努力宣傳，故本校早已從事多方宣傳：計文字方面之宣傳，則有抗戰壁報，每週出版兩大張；口頭方面之宣傳，則有歌詠隊，和講演隊；戲劇方面之宣傳，則有話劇社，皆每逢此鎮集期，由本校教職員率領出校沿街宣傳。

二元旦時期擴大兵役宣傳之人數

茲為喚醒民衆踴躍當兵殺敵，以使役政推行極其順利，則担任兵役宣傳之人數，當益多益善。故本校以全體教職員一十九人及高級全體學生一百二十一名，合計一百肆拾人，協同担任元旦時期兵役宣傳工作。

417

三、元旦時期擴大兵役宣傳之組織

以壹百肆拾人分頭組織左列各隊：

(一)講演隊

(二)歌詠隊

(三)話劇隊

(四)文字宣傳隊

四、元旦時期擴大兵役宣傳之地域

宣傳之地域如次：

(一)來鳳鎮東街

(二)來鳳鎮西街

42

(三)上河壩街
(四)上橋街
(五)距街十里路以內之鄉間
五元旦時期擴大兵役宣傳之材料
宣傳之材料如次：
(一)自「九一八」以來倭寇侵略我國之簡要事蹟
(二)軍政部管區司令部頒佈之兵役法規
(三)現代國民必讀的「兵役須知」
六元旦時期擴大兵役宣傳之時間
宣傳時間如左：(係利用慶祝元旦假期)

421

(一)二十七年十二月三十日

(二)二十八年元旦日

(三)一月二日

七元旦以後之宣傳工作

我國抗戰未獲最後勝利以前，本校抗敵宣傳之工作，絕對不能停止。今學生於寒假中做兵役宣傳工作事件，茲已着手籌備，待工作後，再行呈報。

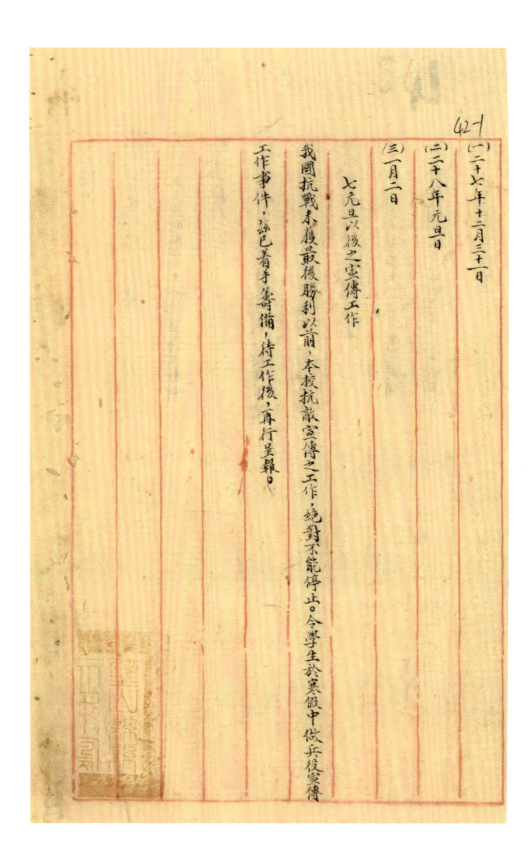

璧山县第一区一九三九年元旦扩大兵役宣传报告表（一九三九年一月）

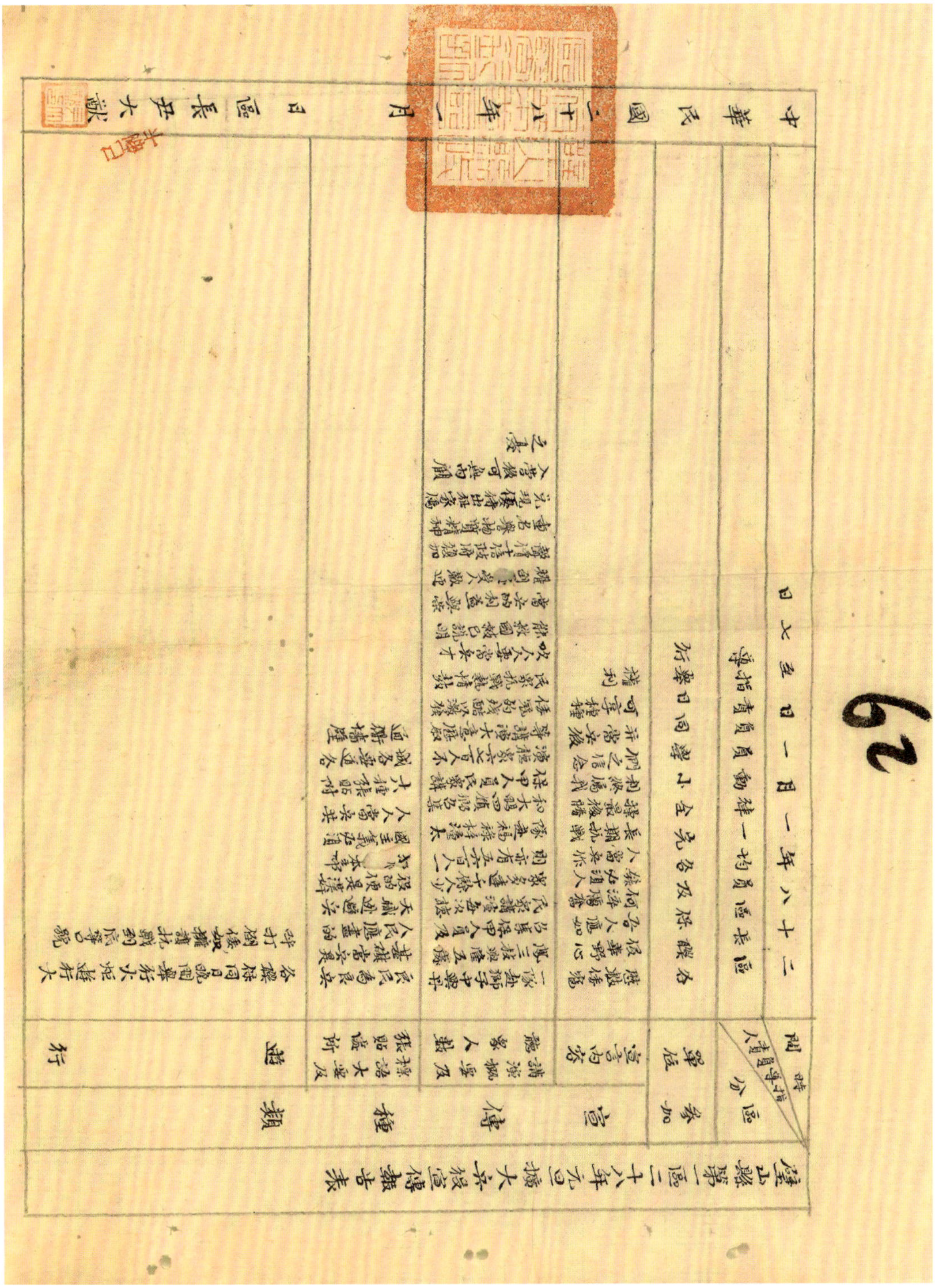

璧山縣第一區二十八年元旦擴大兵役宣傳報告表

區分		
時間		二十八年一月一日至七日
指導負責人		區長區員均一律動員負責指導
參加單位		各聯保及各完全小學同日舉行
宣傳種類	宣言內容	歷數倭寇侵華野心，吾人應如何奮勇殺敵，如謂人人當兵，作長期抗戰，操最後勝利，將屬我們之信念，並當兵後可享種種權利
	講演概要及聽眾人數	一隊赴獅子中興丹鳳三鎮與唐五隊各保保甲人員及民眾講演，每次聽眾多達千餘人，少則亦有五六百人；一隊與福祿梓潼太和大鵬四鎮鄉召集保甲人員民眾講演，聽眾六七百人不等。講演大意歷敘倭寇的殘酷，以激發民眾抗戰熱情，鼓吹人人要當兵才能救國救己，說明當兵的利益與榮耀，發揚精神，尊重名譽，兌現優待出征家屬，入營後可無內顧之憂
	標語大要及張貼處所	良民為良兵，甚旗當兵真，人民應盡的天職，逃避兵役的便是漢奸，打倒日本帝國主義必須人人當兵，共六種，張貼附城各要道各通衢牆壁
	遊行	各聯保同日晚間舉行火炬遊行，大呼打倒倭奴、擁護抗戰到底等口號

中華民國二十八年一月　日

區長尹大猷

璧山县第一区宣传队一九三九年元旦兵役宣传工作报告表（一九三九年一月）

璧山縣第一區宣傳隊二十八年元旦兵役宣傳工作報告表

時間	一月一日至七日
宣傳方式	1. 集體宣傳——到各鎮鄉召集各級民衆講演 2. 文字宣傳——告各級民衆書除張貼各要道外並分發各保甲長 3. 開會宣傳——到各鎮鄉召集各保甲人員及附近兵監委等解釋兵役法令
工作會議決事項	1. 組織宣傳隊——本署職員組織兩宣傳隊分赴各鎮鄉宣傳兵役 2. 各聯保職員組織一宣傳隊到每三保適中地點召集各住戶宣傳 3. 各完全小學職員組織一宣傳隊召集附近場及街保住戶宣傳
附記	
地點	各鎮鄉
宣傳內容概要	1. 當兵是人民應盡的天職 2. 當兵為無上光榮的事業 3. 征兵制度是強國的基本條件 4. 建軍必先實行征兵制 5. 壯丁應享受的優待 6. 當兵即是衛國救己
已出征連長以下軍人家屬查訪及慰問並辦理優待情形	區署宣傳隊聯保職員及各保長分組查訪出征軍人家屬並給與手巾綢緞横批一張以示慰意並立發給積谷

中華民國二十八年一月 日

區長尹大猷

璧山县政府关于转发中央及地方党部委员及政府机关长官以身作则先送子弟参加兵役致璧山县立职业中学的训令

（一九三九年二月十六日）

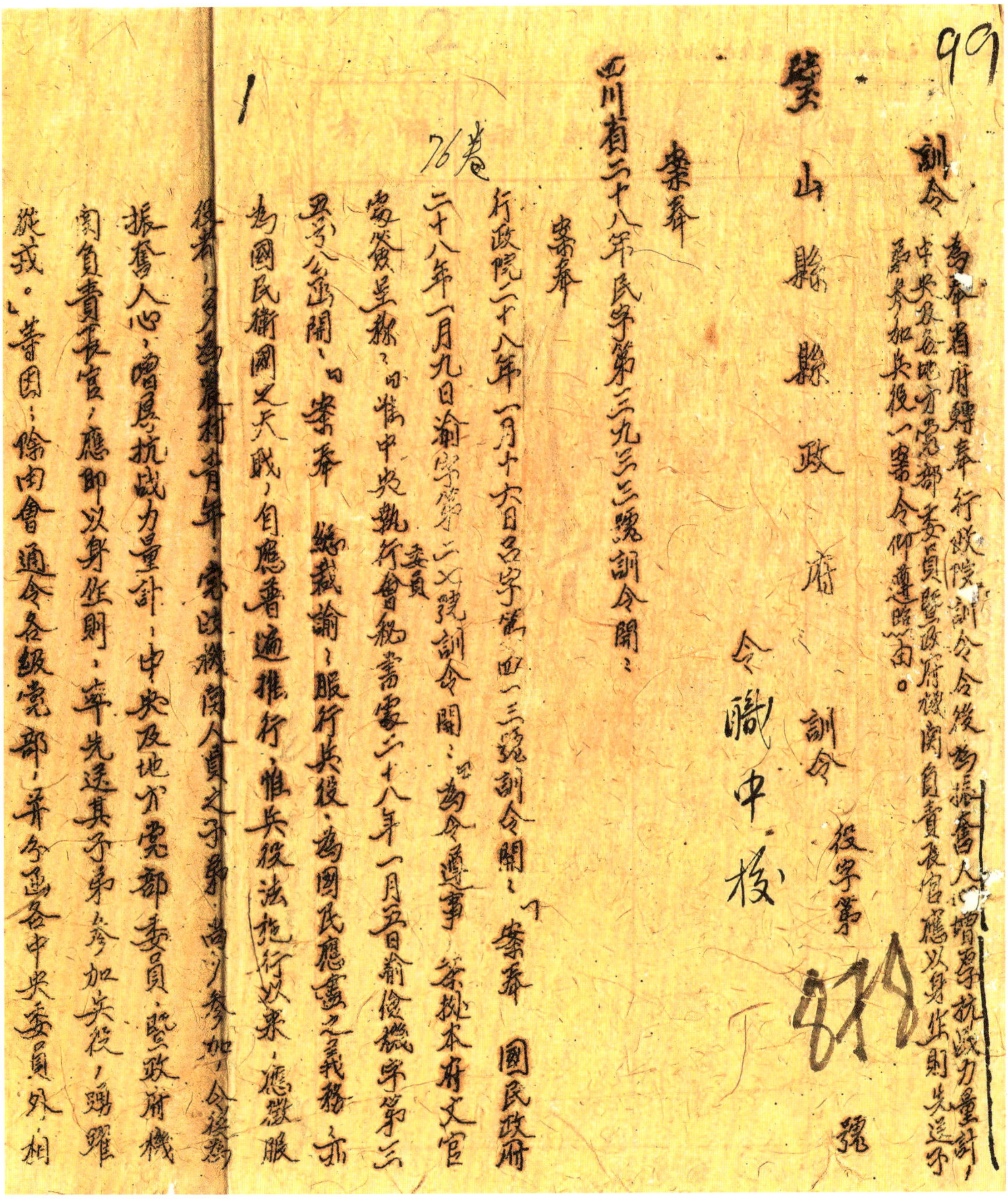
99

訓令 為奉省府轉奉行政院訓令令發為振奮人心增厚抗戰力量計，中央及地方黨部委員暨政府機關負責長官應以身作則先送子弟參加兵役一案令仰遵照由。

璧山縣縣政府訓令 役字第 878 號

令 職中校

四川省二十八年民字第三九三三號訓令開：

案奉

行政院二十八年一月十六日呂字第四一三號訓令開：案奉國民政府二十八年一月九日渝字第二七號訓令開：為令遵事。案據本府文官處簽呈稱：准中央執行委員會秘書處二十八年一月五日渝機字第三五號公函開：案奉總裁諭：服行兵役，為國民應盡之義務，亦為國民衛國之天職，自應普遍推行，惟兵役法施行以來，應徵服役者，多為農村青年，黨政機關人員之子弟，尚少參加，今後為振奮人心，增厚抗戰力量計，中央及地方黨部委員，暨政府機關負責長官，應即以身作則，率先送其子弟參加兵役，踴躍從戎。等因。除由會通令各級黨部，並分函各中央委員外，相

1

76卷

應函達，即希查照轉陳，分行中央暨各省市政府，及所屬各機
關負責長官遵照辦理具報，如已有子弟參加兵役，并應即
開具名單，隨時呈報備查。」等由，謹簽請鑒核。」等情，據此
應准照辦，除分令外，合行令仰遵照，并轉飭所屬一體遵照
此令。」等因，奉此，除分令外，合行令仰遵照，并轉飭所屬一體遵
照。此令。」等因，奉此，除分令外，合行令仰該府即便遵照，并
轉飭所屬一體遵照。此令。」
等因，奉此，查聯保保甲人員子弟，應依法服役，各級監查委員適齡者，
應一律徵集，地方機關團體人員子弟，不准藉詞規避兵役，曾經本府
通令在案，茲奉前因，除分令外，合行令仰該校即便遵照，將所有應
服兵役子弟儘先送征，以為民衆表率為要！

此令。

中華民國二十八年二月十六日

縣長

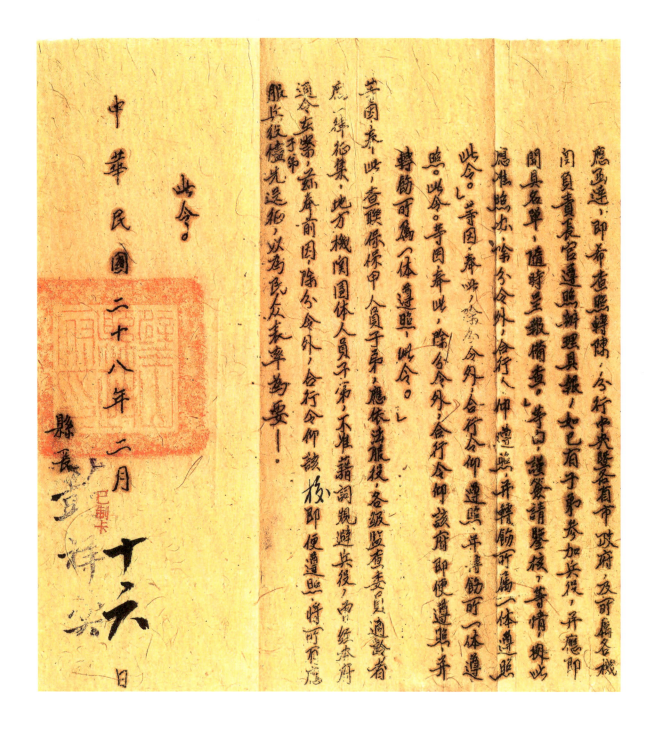

已制卡

中国国民党四川璧山县执行委员会关于转发五月节抗战宣传大纲及宣传标语致璧山县救济院的公函
（一九三九年四月二十九日）

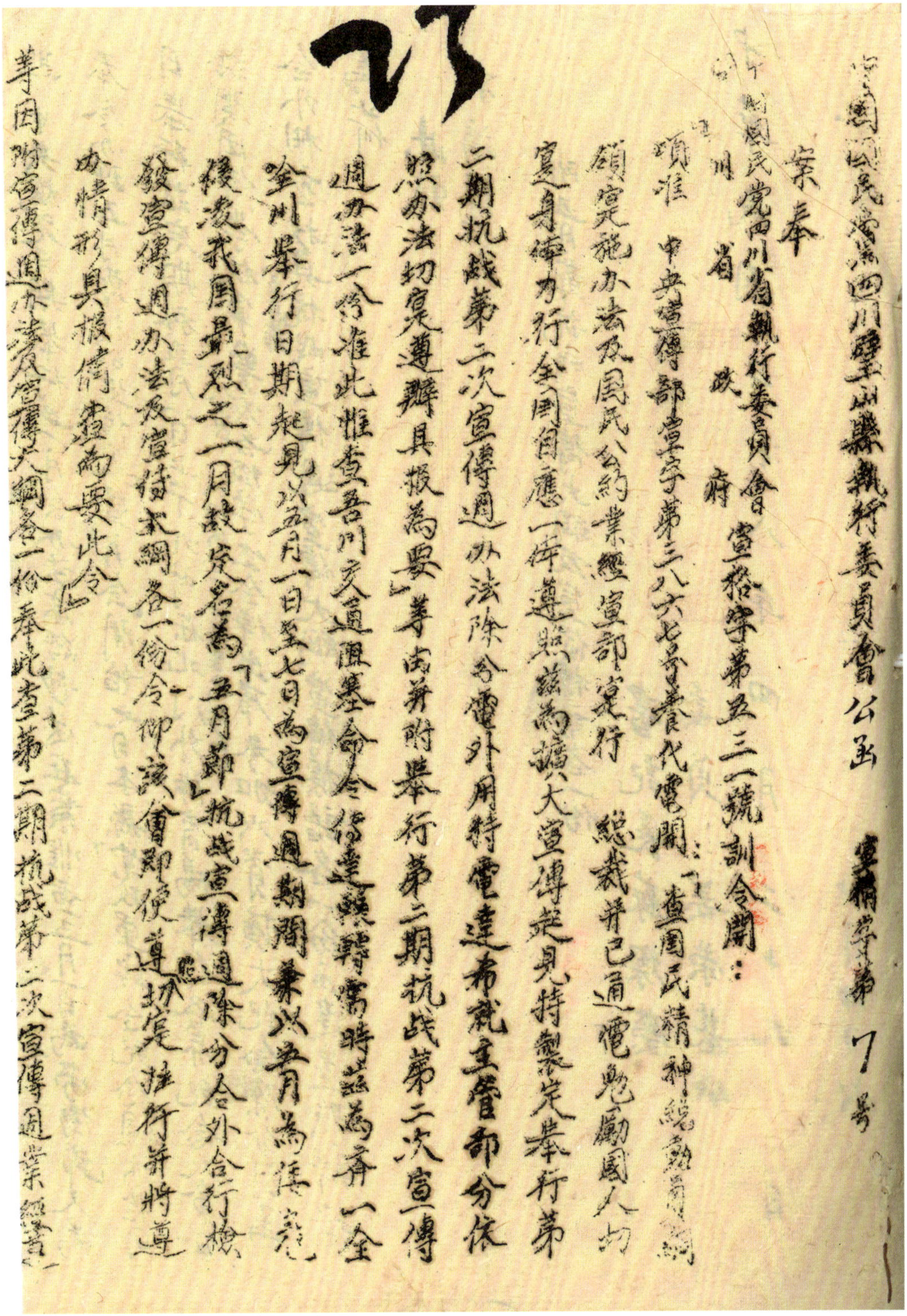
中國國民黨四川璧山縣執行委員會公函　宣稱字第7号

案奉

中國國民黨四川省執行委員會宣裕字第五三一號訓令開：

「頃准 中央宣傳部宣字第三八六七號養代電開：「查國民精神總動員綱

領實施辦法及國民公約業經宣部定行，總裁並已通電勉勵國人切

實身體力行，全國自應一律遵照。茲為擴大宣傳起見，特製定舉行第

二期抗戰第二次宣傳週辦法，除分電外，用特電達，希就主管部分依

照辦法切實遵辦具報為要」等由，並附舉行第二期抗戰第二次宣傳

週辦法一份，准此。惟查吾川交通阻塞，命令傳達較遲，需時茲為齊一全

川舉行日期起見，以五月一日至七日為宣傳週期，兼以本月為偉大紀

念，復次我國最烈之一月，茲定名為「五月節」抗戰宣傳週，除分令外，合行檢

發宣傳週辦法及宣傳大綱各一份，令仰該會即便遵照切實推行，並將遵

辦情形具報備查為要。此令」

等因，附宣傳週辦法及宣傳大綱各一份。奉此，查第二期抗戰第二次宣傳週業經

照中央規定日期舉行五一月会办法亦經抄送在案惟查五月一日為勞働節又為奉令办理「五月節抗战宣傳週」暨月会開始之日本縣黨政軍學会紀念週亦据同日舉行茲定期於五月一日上午九時在北门外体育場舉行各界紀念大會並各機關团体、学校、軍警及各級学生(初小二年級生免参加)全体出席参加以資擴大紀念除分别函令外相應抄具「五月節抗战宣傳週」宣傳大綱宣傳標語各一份函達查照辦理為荷

此致

救濟院

附五月節抗战宣傳大綱及宣傳標語各一份

書記長 蘇燦瑩

委員 姜榮基 代

中華民國二十八年四月二十九日

四月卅日收

「五月節」抗戰宣傳週宣傳大綱．

此項宣傳大綱，應包含左列四点：

（一）国民精神總動員之理論及実施

（二）二期抗战之敵我比較及国内外局勢

（三）国恥畧史

（四）革命政府成立紀念

茲按照次序畧述於左

（一）国民精神總動員宣傳大綱

一、總裁手訂之国民精神總動員綱領，由已大會印發，各地宣傳應以綱領為主．

二、全綱領以救国之道德為中心，道德中又以忠孝為中心，應就忠孝特别闡揚，發揮對国家盡其至忠，對民族行其大孝之二語，尤應充分發揮。總裁五十生日感言：「……中国立国之道，自来皆以孝為本，惟孝莫大於尊親，其次曰不辱，所謂尊親，謂当一發揚光大吾祖先黄帝之遺緒，所謂不辱，謂當勿貽父母以隕越之羞」一段，更足闡明忠孝之一致性，足以証明「戰陣不勇非孝也」之古説。

三、理論之闡揚應説綱領与条目之関係．

（二）敵我比較及国内外局勢

[illegible]於「宣傳敵人政畧战畧失敗，与我軍愈战愈強之実情，幷先「肅清国际上之依賴心理，[illegible]及中途妥協之幻想」，已載於実施事項之第三項，而政治部頒发之二期抗战宣傳大綱亦可参閲，茲略述於左：

一、二期抗战中，我失地虽多，而敵之消耗不少，我之目的已達，而敵則战畧失敗，敵人[illegible]之組[illegible]，而近衛新秩序協同体等讕言，已因總裁之駁斥，而招国际之反感，此又敵人政略上之失敗也。在二期抗战中，敵人因佔领地方之加多，兵力之分配愈难，又因進攻地帶多係山岳，交通不便，新式兵器無法使用，我在兵員及武器之补充上，因人口之衆多，国际之多助，均不成問題，此又我愈战愈強之明証也。

二、歐洲局勢，近因德之併捷，意之兼阿，而英法態度轉趨強硬，憂時之士以為歐戰爆發[illegible]歐洲真正和平，固有利於中国，一旦陷於战争，亦於中国無損，以陣線之分明援助之具体而论，较之迂就隐忍委曲求全之国际局势，毋宁谓为更有利于中国也。

（三）国耻略史

五月一日之国耻，如五九、五卅、五三，均最着者，而五九与五三，均日寇侵略所造成。

一、五九之经过：民国三年冬，当欧战爆发而袁贼酝酿帝制之时，日寇藉口攻德，派兵占我青岛，进迫济南。北方政府请其退兵，日寇反于四年一月十八日午后运向袁贼提出二十一条，内容共分五号，略述如左：

第一号（计四条）全为山东权利。

第二号（计七条）要求南满及东蒙之优越地位。

第三号（计二条）要求合办汉冶萍公司。

第四号（计一条）中国不得承认租让沿海港屿于他国。

第五号（计七条）聘用日人为雇问，与日人合办警察军械厂，建筑华南铁路等项。

同年五月七日又提出最后通牒，袁贼以帝制薰心，为其屈服，卒于九日签字，但我国民众，永誓否认。

二、五三之经过：民国十七年我革命军北伐，五月一日克复济南，三日日兵借口商务被捣，攻击我兵，勒令缴械，惨杀交涉员，断绝交通，并由青岛调兵增援，七日辄提出苛酷条件，不待答复，轰击济南城，破坏兵工厂，估据营房十日，城陷，阻挠北军沿铁路北上，军队只而绕道渡河。后又于六月六日炸死张作霖，又阻止张学良易帜服从国民政府。

综观五九之役，系日寇以虚声威胁，贿我北京卖国政府，使我国不战而屈。五三之役，则唯惧我国统一，故不惜竭力破坏，嗣因我国统一成功，建设猛进，故于民二十年造成九一八事变，又于廿六年造成七七事变，此皆日寇一贯之政策。吾侪唯有努力抗战，支持而后国耻可雪。

（四）革命政府成立纪念

一、经过事实：民国十年，军阀政客毁法乱纪，总理于是年五月五日在广州就任非常国会所推选之非常大总统，成立革命政府。

二、应阐述革命政府与国民政府之一贯精神，勖勉人民拥护国民政府抗战到底。

25

三、應闡述總理元旦任臨時大總統與民十就任非常大總統之一貫精神，克服當前之困难，爭取最後之勝利。

四、總裁手訂之国民精神總動員綱領及其實施办法，為实行總理遺教心理建設之具体方案，凡我国民，尤宜实践，以奠必勝之基礎。

國民精神總動員標語

1、要抗戰必勝建國必成必須實行國民精神總動員！

2、國家至上民族至上！3、軍事第一勝利第一！

4、意志集中力量集中！5、忠孝仁愛信義和平是救國的道德！

6、人人要對國家盡其至忠，對於民族行其大孝！

7、人人要堅定對於三民主義的信仰！

8、人人要為實現三民主義而奮鬥！

9、改正醉生夢死的生活！10、養成奮發蓬勃的朝氣！

11、革除苟且偷咹生的習慣！12、打破自私自利的企圖！

13、糾正紛歧錯雜的思想！14、肅清貪官污吏！

15、绝对愛護國家民族！ 16、同心協力抗戰到底！

17、人人要坚定三民主義的信仰！

18、人人要為實現三民主義而奮鬥！

19、一心一德志擁護政府打跑日本鬼！

20、不可自私自利做損害國家的事！

21、只要打跑日本鬼大家才能過好日子！

22、拚命做工不可偷懶，努力種地增加收成！

23、好好做買賣不可高抬物價！

24、不做漢奸和日寇的順民！ 25、不参加漢奸組織！

26、不做日寇和漢奸的官兵！ 27、不替日寇和漢奸帶路！

28、不替日寇和漢奸打听消息！ 29、不替日寇和漢奸做工！

30、不用日寇和漢奸銀行的鈔票！

31、不買日寇的東西！

32、不賣粮食和一切物品給日寇和漢奸！

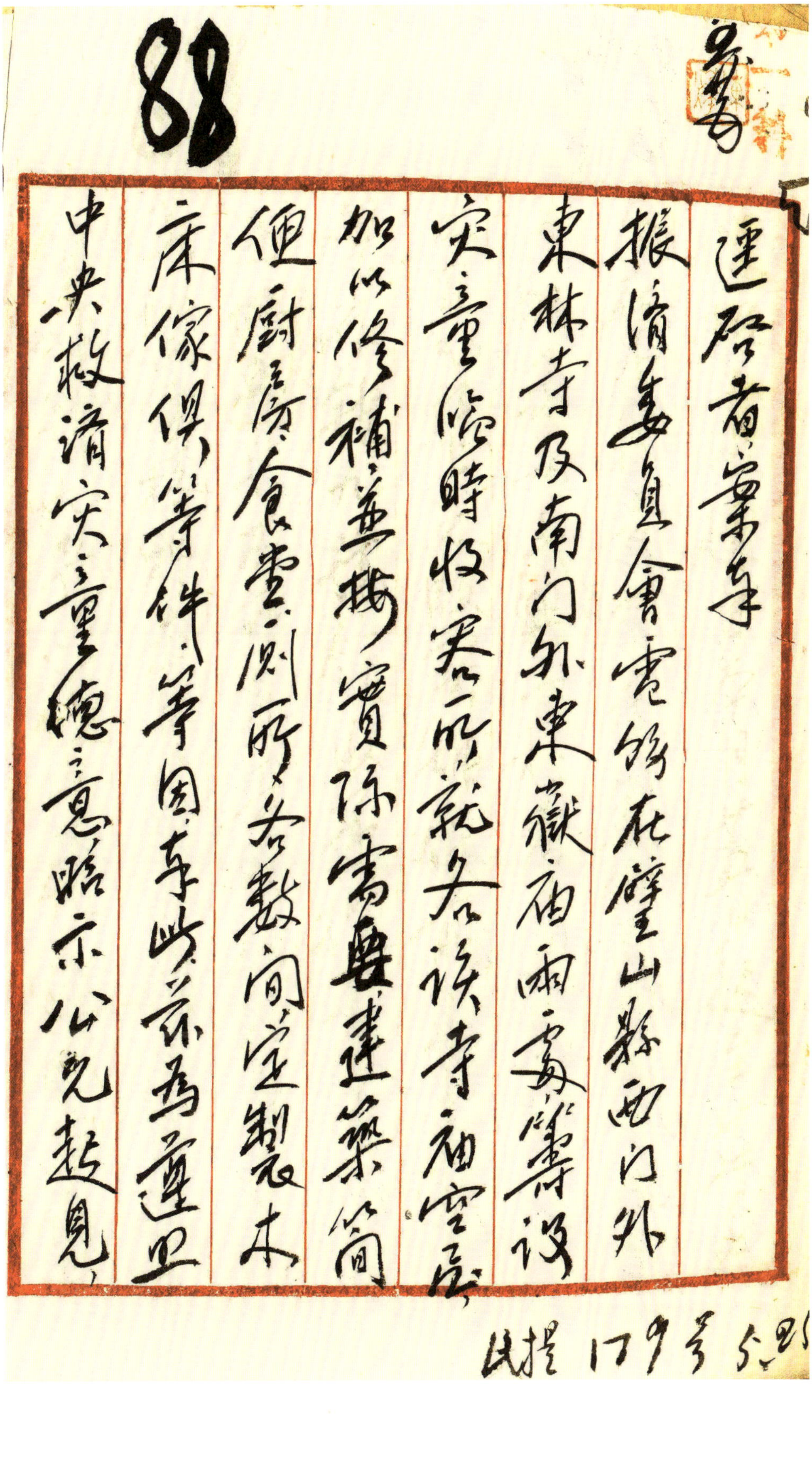
88

逕啓者：案准
振濟委員會電飭在璧山縣西門外
東林寺及南門外東嶽廟兩處籌設
災童臨時收容所，就各該寺廟空房
加以修補，並撥實際需要建築簡
便廚房、食堂、廁所各數間，定製木
床、傢俱等件，等因；奉此，茲為達到
中央救濟災童德意，昭示公允起見，

民提179号 5.25

09 89

擬招工投標，自本月廿五日起至廿七日止，凡在本縣素有建築經驗之營造人，並願承包上項工程者，須取具本城五百元以上之殷實鋪保，前來南街華壁旅館九號領取承攬書，連經上述兩處地點與本所負責人接洽，估計承攬價格，於本月廿八日以前投送華壁旅館九號，以便定期邀同本縣

90

09

各機關代表當眾開標，以估價最低者為承攬人，限中標後兩星期內備築完竣，既經承攬，無論因何理由，不得拖宕延期，並不得偷工減料，希當囑咐，如敢故違，定予送縣府嚴懲。除開標日期及地點，由本所另行通知各該投標人外，相應煩請貴府代為佈告週知，實紉公誼。此

91 094

致

璧山縣政府

賑濟委員會委員兼

空襲重傷臨時收容所主任李崇廷

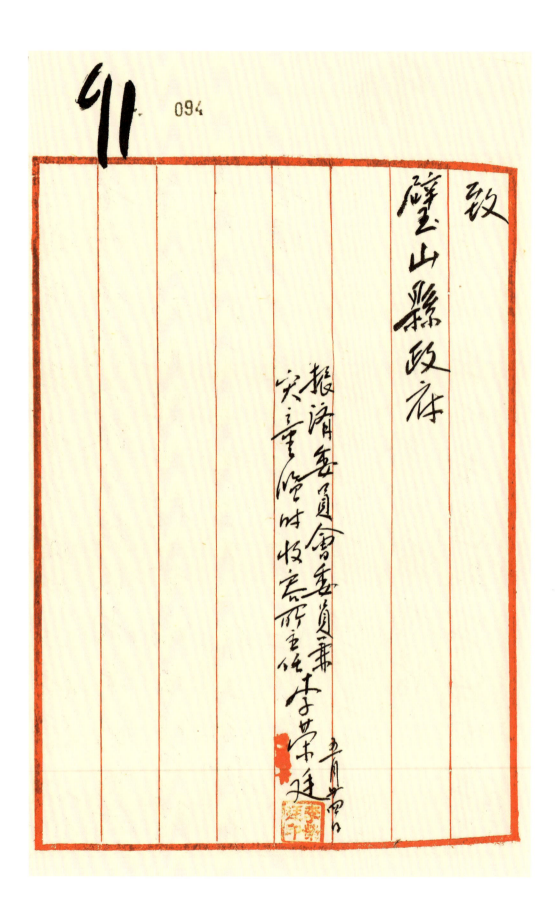

五月廿四日

璧山县政府第三区区署关于抄发汉奸侦察军情使用办法致临江乡联保办公处的训令（一九三九年五月二十九日）

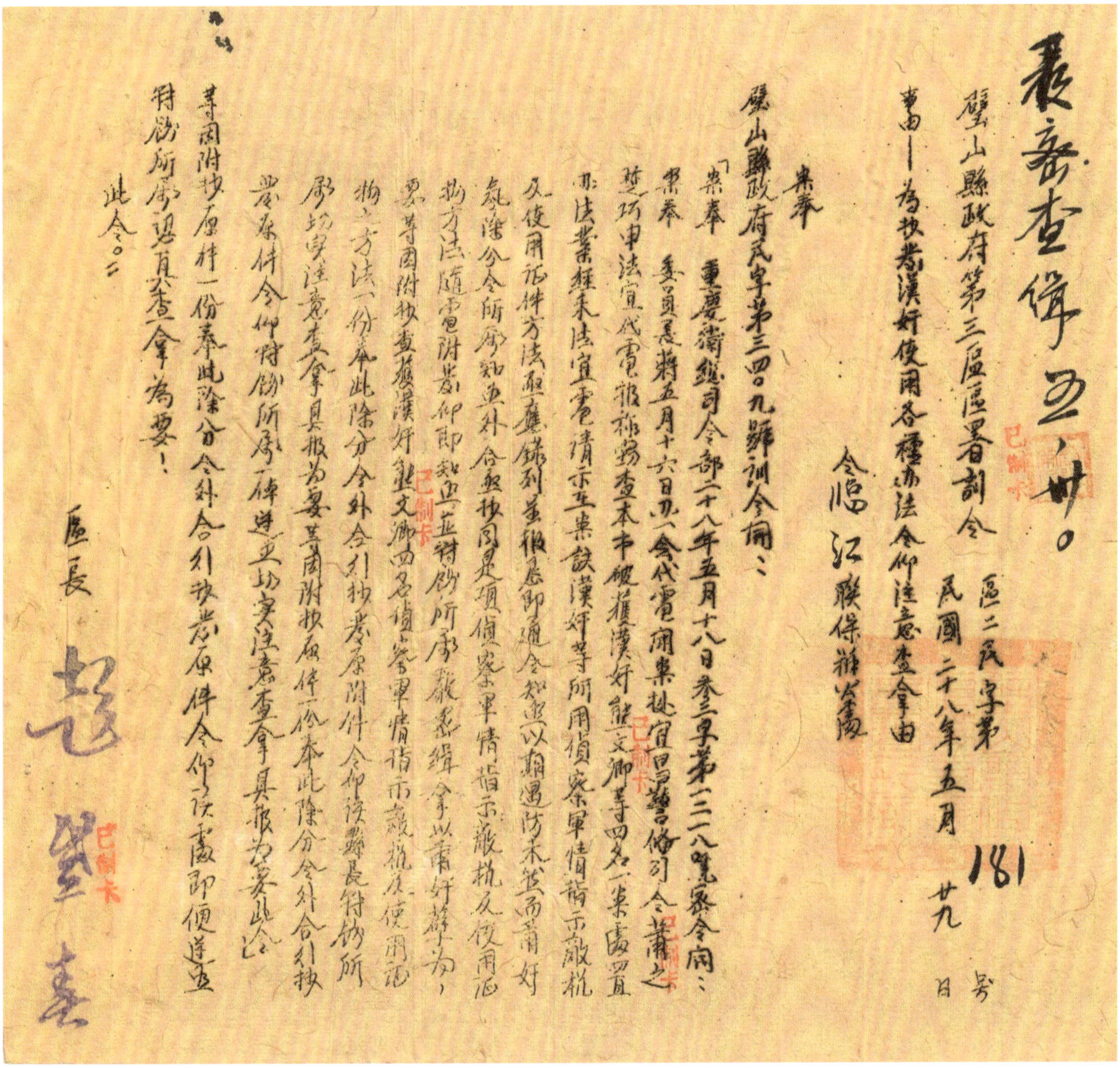

最密查件五八廿〇

璧山县政府第三区区署训令

区二民字第181号

事由——为抄发汉奸使用各种办法令仰注意查拿由

民国二十八年五月廿九日

令临江联保办公处

案奉

璧山县政府民字第三四九号训令开：

「案奉重庆卫戍司令部二十八年五月十八日参三字第一二二八号密令开：

案奉委员长蒋五月十六日巴一侍代电开：案据宜昌警备司令萧之楚巧申法宣代电报称：务查本市破获汉奸熊文卿等四名一案处置办法，业经来陆宣电请示在案。该汉奸等所用侦察军情指示敌机及使用各种方法取巧，铺列呈报，恳即通令知照，以期遇防未然而肃奸氛。除分令外，合亟抄同是项侦察军情指示敌机及使用各种方法，随电附发，仰即知照，并转饬所属严密缉拿，以肃奸萌为要。等因；附抄查获汉奸熊文卿四名侦察军情指示敌机及使用各种方法一份。奉此，除分令外，合行抄发原附件，令仰该县长转饬所属切实注意查拿具报为要。等因；附抄原件一份。奉此，除分令外，合行抄发原件，令仰转饬所属一体遵照切实注意查拿具报为要。此令。」

等因；附抄原件一份。奉此，除分令外，合行抄发原件，令仰该处即便遵照转饬所属认真查拿为要！

此令。

区长

附：汉奸侦察军情指使敌机及使用之办法

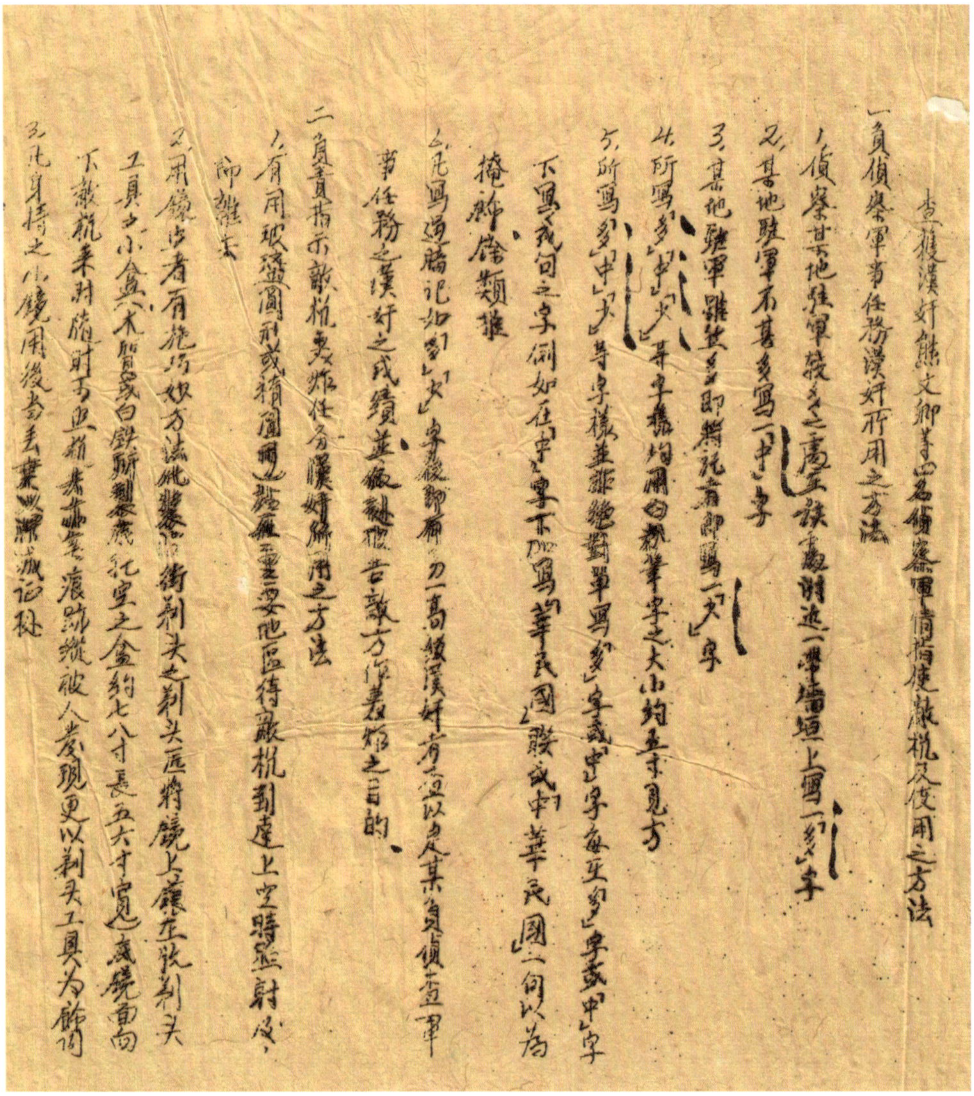
查獲漢奸熊文卿等四名偵察軍情指使敵機及使用之方法

一、負偵察軍事任務漢奸所用之方法

1、偵察某地駐軍後之處，於該處附近一帶牆壁上寫一「多」字

2、某地駐軍不甚多，寫一「中」字

3、某地駐軍雖甚多，即無死者，即寫一「火」字

4、所寫「多」「中」「火」等字，均用白粉筆，字之大小均五寸見方

5、所寫「多」「中」「火」等字樣，並非單獨寫「多」字或「中」字，每在「多」字或「中」字下寫之成句之字，例如在「中」字之下加寫「華民國」，或「中華民國」一句以為掩飾，餘類推

6、凡寫過牆記，如「多」「火」字後，即有一高級漢奸前往以及某負偵查軍事任務之漢奸之成績，並密報告敵方作轟炸之目的。

二、負責指示敵機轟炸任務漢奸所用之方法

1、有用玻璃圓形或橢圓形之鏡面，在重要地區待敵機到達上空時照射反光飾誰法

2、用鏡光者有很巧妙方法，他們裝作街剃頭之剃頭匠，將鏡上蓋在他剃頭工具之小盒（木質或白鐵所製）之底，此盒之盒約七八寸長，五六寸寬，於鏡面向下，敵機來到臨時可立翻轉，並無痕跡，縱被人發現，更以剃頭工具為飾詞

3、凡身持之小鏡，用後當丟棄，以滅證據

〤、有用石灰畫成一方圈，約一尺半寬，方中畫直綫三条。

〥、有用石灰畫一方圈，內寫外國字母。

〦、凡畫石灰方圈者，多集于用外國文（英法德不拘）拼寫畫者之姓名，用作他高級漢奸路綫之參考。

〧、凡畫石灰方圈者，並不限定每畫四個數，祗以數目為度。

〨、在敵軍服務所有並鏡子及畫圖者之漢奸，並無定額，祗視漢奸人數分配情形而定。

三、漢奸所使用銅錢之暗號

〡、服指揮漢奸散黨服指揮之款項，須查驗服指揮之者有無聽花銅錢為憑證。

〢、漢奸所使用之銅錢，同一地區並非一種，如甘肅漢奸順治錢，錢料不同，編號都按順序。

〣、銅錢上並不加刻數目字，祗須持有該項銅錢之漢奸報名號數，與編號為準則。

四、漢奸使用之收音機

〡、漢奸近使用一種寬五六寸、高三四寸之收音機，機身小巧，攜帶極便，有時放置小木箱或小皮盒，有時亦可纏於腰間。

璧山县动员委员会奉令组织巡回宣传团暨举行精神总动员会议记录（一九三九年五月三十日）

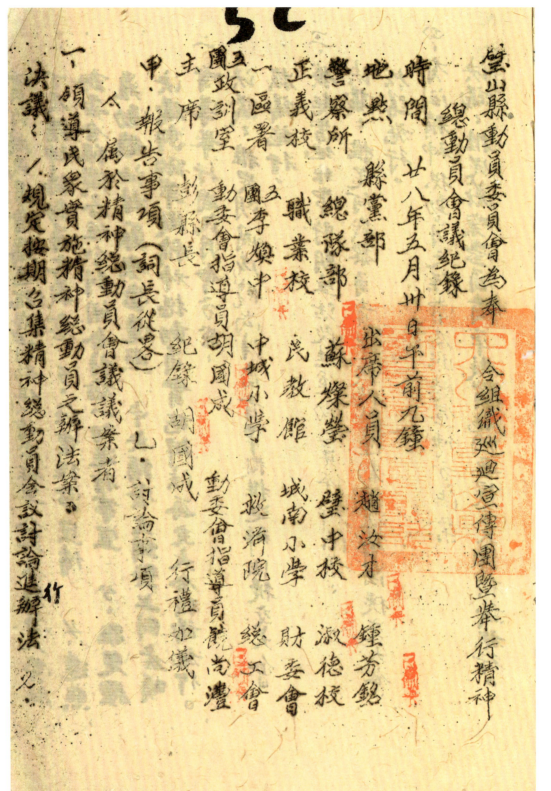

璧山縣動員委員會為奉令組織巡迴宣傳團暨舉行精神
總動員會議紀錄

時間 廿八年五月卅日午前九鐘

地點 縣黨部 出席人員 趙汝才 鍾芳銘

警察所 總隊部 蘇燦鎣 璧中校 淑德校

正義校 職業校 民教館 城南小學 財委會

一區署 團李煥中 中城小學 救濟院 總工會

團政訓室 動委會指導員胡國成 動委會指導員饒尚灃

主席 彭縣長 紀錄 胡國成 行禮如儀

甲、報告事項（詞長從略） 乙、討論事項

太 屬於精神總動員會議議案者

一、領導民眾實施精神總動員之辦法案。

決議：1.規定按期召集精神總動員會議討論進行辦法之

實行國民月會講述抗戰情形優待出征軍人家屬慰勞入營壯丁及精神總動員之義意　3、注重經常宣傳　4、遵照動委會組織各組分别開會討論一切進行事宜　5、推定羅鼎勛趙汝材蘇燦堂遵照　中央頒發大綱暨上列各項決議斟酌草擬精神總動員實施辦法再交大會核議施行。

二、督導舉行國民月會方案；

決議：推定胡國成饒尚汴負責草擬推進辦法提交大會核議施行。

三、發起當地非常時期生活改進運動之具体辦法案；

決議：推定何彧黎負責草擬改進運動具体辦法提交大會核議施行。

四、有關精神總動員之經常及臨時宣傳方法案

決議：推定蘇燦堂負責草擬實施綱要提交大會核議施行。

55

五、以上各種草案限於何時收齊交議案

決議：定本週星期六日（六月三日）一律送交本會核議施行。

六、國民月會如何召集舉行案

決議：由動委會通知黨政軍及各學校分别召集所屬於每月一日遵照規定舉行。

七、城區聯合紀念週如何規定舉行案

決議：規定每兩週舉行一次，由黨政軍輪流召集并担任主席，再請縣政府通令各區鎮鄉主持人就各該地分别舉行。

八、關於組織巡迴宣傳團議案着

一、奉令本縣亟應組織巡迴宣傳團，提請討論辦法案。

決議：遵令組織，并聘請何鉞黎為團長，張世俊、饒尚沛、張君惠、呂鳳翔、張雨祥、陳蘋洲、葉用臧、唐耕禄、李夢華、鍾鼎勳、黄武九、吳天文、陳錫封、蘇爍壁、胡耘中、姜崇基胡國成爲委員。

二、本團一切進行事宜如何決定案

決議：由何戡黎蘇燦瑩負責訂區辦理。

附註　本議案送達後，即希各有關負責人分別查明辦理，除巡迴宣傳團聘書另備外，其餘均不再行通知。

璧山县动委会老人宣传队告民众书（一九三九年六月五日）

璧山縣動委會老人宣傳隊告民衆書

親愛的弟兄姊妹们！當此二期抗戰中，全國民衆應總動員了，看！壯丁们踊赴前方殺敵，婦人孺子们也在後方努力工作，增加生産建設以補助抗戰，我们呢？我们雖然老朽衰頹，也不敢苟且偷安，坐以待斃，已於六月五日在璧山縣黨部地點宣誓成立了這个老人宣傳隊，我们的工作，是根據黨國　領袖的策劃主張，和報章雜誌所記載國内與國外間的正確言論，於茶餘飯後將各項消息轉告，各界同胞，藉以醒悟後生；遇有擴大紀念會，或鎮鄉集期，就集隊宣傳，以喚起民衆，参加抗敵救國的工作，我们本着有力出力的作風，年老人力雖無多，但不敢苟全這些須微末的精神，要勉盡國民一份子的力量，古人云：「一息尚存，志不稍懈」願全國少年同胞，尤其本縣各鎮鄉的婦孺老幼大家一致奮發起来，貢献力量，萬衆一心，一齊對付敵人，争取最後勝利！其次我们汲汲所欲言者，莫重於禁煙與兵役，煙毒翦我種，害我族，人皆知之，前政府雖三令五申，限期禁絶，久而生玩，等於具文，今重慶市决於七月一號起，實行禁售，禁吸，中央法令，统限二十九年度全國煙毒一律禁絶，敢有違反，一被查獲，決定按律懲辦，我们有癮的弟兄姊妹们！要恨心趁期脱此黑籍，幸勿視爲尋常公事，祇是說得厲害，毫不兑現，現在全國行政统一，凡有言出法隨，不像從前防區時代，省府與地方長官，還得暗中弄弊，希圖漁利，陽奉陰違了，種煙，吸煙，以及買賣嗎啡精，海螺徜的人们！提快覺悟轉来，經營正業，若再執迷不悟，一經查獲受處，那就悔之晚矣！呀！至於兵役呢！當兵：是無上光榮的事業，自厲行徵兵制度以来，各鎮鄉抽調壯丁，已有數次；其志願當兵的受特别優待，被抽被調的壯丁，政府也須有優待條例，各地已遵照施行，復受社會的擁戴，並得鄉村的扶助，現值栽秧時間，城南鄉有父子二人，並服兵役，家中種田數十畝，已由保長指派農人十數人帮同栽插，不供伙食，不受薪資，將来收獲，也是先將服兵役者的一家收獲完善，然後才去收獲自己的莊稼 這團結一致的真精神可見一斑了，真算是全國精神上的總動員了！請大家不要歧視兵役，希圖逃避，干犯國法罷！關於生產建設與新生活運動的事，留待下期再談！

末了！

我们的口號就是！

我们要老當益壯！

我们要如桂薑之性越老越辣！

各地老年人，一致動員起来，争取民族的生存！

我们要立下父死子繼，兄終弟及的大願與倭寇抗戰到底!!!

我们要本鞠躬盡瘁之精神，負起抗敵救國的宣傳責任，死而後已！

我们決不說「吾老矣不能用也」的頹廢話！

總裁萬歲！

中華民國萬歲！

二八，六，五， 印發

璧山县政府关于抗战建国标语内容暨张贴处所须注意改正致璧山县救济院的训令（一九三九年六月十九日）

訓令 為關於標語內容暨張貼處所須注意改正令仰遵照由

璧山縣縣政府訓令 民字第3520號

令 救濟院

頃准

軍事委員會政治部整理標語科員尚鐵來府面談此後一切標語須依其所發標準為內容而張貼處所亦須適合等語并撿送標語標準一份准此除分别函令外合行令仰該院即便知照此後關於標語內容暨張貼處所務須注意確切改正為要！

此令。

附標語標準一份

中華民國二十八年六月　日

縣長 武祥寰

中華民國廿八年六月廿九日發

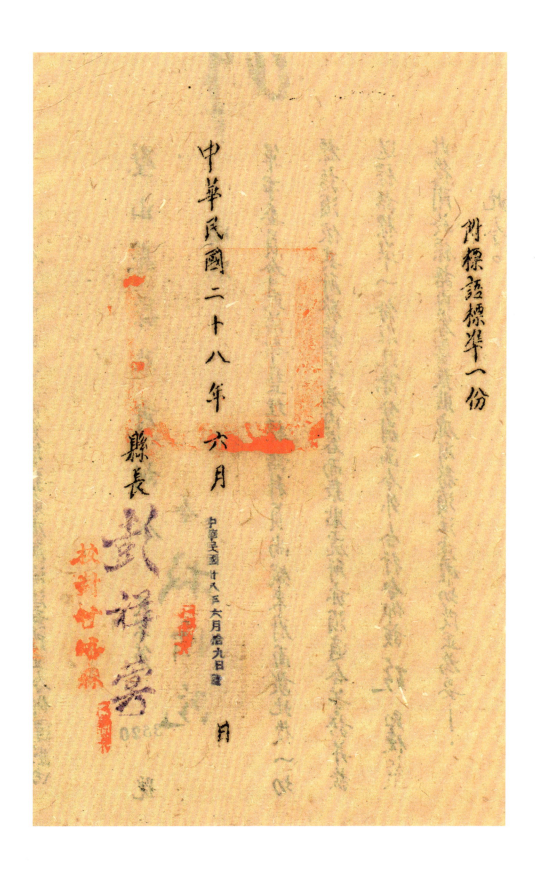

校對

附：抗战建国标语

50

抗戰建國標語

壹 對一般民衆

一、實行三民主義！
二、擁護國民政府！
三、服從 最高領袖！
四、復興中華民族！
五、堅定抗戰必勝信念！
六、遵守國民公約！
七、實行國民精神總動員！
八、國家至上、民族至上。
九、軍事第一、勝利第一。
十、意志集中、力量集中。
十一、養成積極建國的精神！
十二、發揚中華民族固有道德。
二二、節約獻金、充實抗戰力量！

十三、精誠團結粉碎日寇一切陰謀。
十四、打倒日本帝國主義、實現東亞真正和平！
十五、抱定犧牲決心、爭取整個民族的自由獨立！
十六、精誠團結、艱苦奮鬥、完成抗戰建國大業！
十七、有錢出錢、有力出力！
十八、有錢出錢、購買軍需建設公債！
十九、有力出力、當兵殺敵！
二十、實行軍民合作公約、打倒日本帝國主義！
二一、節省無益消耗、加緊戰時生產！
三六、婦女要到傷兵醫院服務去！

二三、發展農村經濟、充實抗戰力量！

二四、協助難胞、開墾荒地！

二五、發展農村手工業！

二六、不要壟斷居奇、提高物價！（城市用）

二七、肅清漢奸！（戰地用）

二八、救護傷兵、為傷兵服務！

二九、肅清漢奸、鞏固後防！

三十、救濟被難同胞！

三一、愛護負傷將士！

三二、優待抗戰軍人家屬！

三三、智識青年到農村服務去

三四、智識青年要踴躍從軍為民衆表率！

三五、

三七、加強戰時兒童教育、培養民族新生命！

三八、保育難童、培養抗戰力量！

三九、到敵人後方參加游擊戰去！

四十、加強戰時民衆教育、消滅文盲！

四一、動員全國人力、物力、財力、參加抗戰！

四二、疏散都市人口、避免無謂犧牲！（城市用）

四三、厲行禁烟、培養抗戰力量！

四四、加緊團結、持久抗戰、爭取最後勝利！

貳　對士兵

一、衛國保民是革命軍人天職！

二、守土殺敵、是光榮的事業！

51

三、為國家盡忠、為民族盡孝！
四、犧牲個人一切、爭取民族生存！
五、為民族生存、世界和平而奮鬥到底！
六、英勇奮鬥完成抗戰建國大業！
七、堅定必勝信心抗戰到底！
八、持久抗戰、爭取最後勝利！
九、親愛團結、盡忠職守！
十、儉樸廉潔刻苦耐勞！
十一、嚴肅軍風紀、提高革命精神！
十二、抱最大决心、懷必勝信仰、持久奮鬥！
十三、鬭勝不驕、鬭敗不餒、再接再厲！
十四、軍民合作、驅逐倭寇！
十五、厲行軍隊政治紀律、不拉夫、不擾民！
十六、实行軍民合作公約、秋毫無犯！
十七、嚴守紀律、服從命令！
十八、精誠團結、堅持抗戰粉碎日寇陰謀！
十九、驅逐日寇建設東亞真正和平！
二十、实行軍人精神總動員！
二一、提高政治教育、精神武裝起來！
二二、加强技術學習、提高戰鬥能力！
二三、優遇俘虜、加强瓦解敵軍工作！
二四、持久抗戰、消耗敵人力量！
二五、愛惜子彈騾馬、保持抗戰力量！
二六、实行新生活、切实做到迅速確实簡樸整齊！
二七、提高警惕、嚴防漢奸探的活動！

叁 兵役

一、服行兵役、是國民的神聖義務！
二、當兵殺敵是最光榮的事業！
三、建國必先建軍、保家必先保國！
四、全國抗戰力量在 蔣委員長領導之下集中起來！
五、厲行徵兵制度、努力建軍、爭取最後勝利！
六、智識青年要踴躍從軍為壯丁表率。
七、全國青年武裝起來、為死難同胞報仇！
八、入營受訓、準備上前線殺敵去！
九、好鐵才打釘、好男才當兵！
十、好男兒要當兵殺敵！

二

一一、尊敬抗戰將士、慰勞入營新兵！
一二、優待抗戰軍人家屬！
一三、協助抗戰軍人家屬！
一四、實行兵役制度、切實做到平等平均平允三原則！（限於兵役機關及區公所所在地）
一五、嚴懲藉征兵舞弊人員！ 仝右
一六、嚴密監督兵役人員！ 仝右
一七、逃避兵役是最可恥的犯法行為！
一八、逃避兵役者是中華民族的敗類！
一九、加強壯丁訓練、提高戰鬥能力！
二十、良民是良兵基礎、良兵是良民模範！

璧山县政府关于切实清查可疑之人致临江乡联保办公处的训令（一九三九年六月二十一日）

訓令為切實清查可疑之人以防奸宄活動仰遵照辦理由

璧山縣縣政府訓令 民字第 號

令 臨江 联保主任

3534

案據本府特務長王用修簽呈稱：

「竊查特務工作在此非常時期應特別注意漢奸活動查漢奸到達各處首必往於旅館次則租住民房如對旅棧戶口不加嚴密偵查則漢奸易於藏匿盜匪易於溷跡茲擬具檢查旅棧及抽查戶口之辦法如下：

（一）偵查旅棧允令警甲每日查閱各旅棧循環簿時請通知職會同查攷如有旅客填簿不清或有可疑者即會同徹查倘有不法之證據准即送案訊辦。

（二）城內外之戶口祈令區署轉飭各聯保調查清楚如有可疑之戶口應將可疑之要點註於備攷欄內再由職會同偵查（至各戶籍

員應有月特務常識，不得招謠斂財，挾嫌誣報。以上所擬是否可

行，理合簽呈核奪示遵。謹呈。」

等情。據此。查渝市被炸之後，疏散來境人口日多，若不事先嚴為

防範，一旦奸宄潛入，或則擾亂後防治安，或則指示敵機目標，意外發

生損害，何堪設想。茲援前情，除令警察所切實清查旅棧外，合亟

令仰該主任轉飭所屬切實清查戶口，遇有可疑之戶，一面將可疑之點，經

速具報，一面秘密派人監視該戶行動，以便本府派員偵查。事關戰時

治安要政，幸勿玩誤為要！

此令。

中華民國二十八年六月　日

縣長

交此隊長遵辦

交照办。六、廿六。

璧山县七七抗战建国二周年纪念大会关于抄送纪念大会办法及施行细则致璧山县救济院的通知（一九三九年七月三日）

44

璧山縣七七抗戰建國二週年紀念大會通知

逕啟者：本縣七七抗戰建國二週年紀念大會辦法，業經籌備會決議交印轉知有案。除分函外，相應抄錄原案及施行辦法，函達貴院，即希查照辦理為荷。此致

救濟院

鑒

璧山縣七七抗戰建國二週年紀念大會

啟

七月三日

籌備會決議案：

一、本大會參照中執委會命令舉行之。

二、推黨部、縣府、軍訓部、補五團、民教館、一女校、一區署為籌備委員

三、舉行獻金救國運動（細則附後）

四、游藝事項合併在宣傳勸募時舉行，不另擴大辦理。

五、大會經費以動委會宣傳組七月份經費撥出，不足時由與會各機關担負之。

六、祭奠文推饒尚洋負責，儀式另定之。
七、縣府轉飭各重要區鎮同時舉行該項紀念會。
八、推葉用誠、何甚銘等計劃獻金事宜，何耀長、警察所負佈置會場事宜，宣傳組負宣傳事宜。
九、推商會及各同業公會發動商場及工廠之勸募，推淑德女中、男中、正則、縣女小、職中各負獻金台主任。
十、其他未議事項由籌備會設計公佈施行。

施行細則：

一、七月七日，下半旗誌哀，一律停止娛樂，素食一日。
二、午前八時至九時半，開始宣傳。
三、午前十時各機關、各學校、各團體，齊集車站參加追悼及抗戰建國兩陣亡之無名將士及死難同胞（儀式另紙）舉行公祭典禮（全體國民均須肅立致敬）。
四、公祭畢各宗教團體（佛教、耶、回）舉行祈禱式禮儀。
五、公祭後分區開始宣傳勸募獻金及慰問出征軍人家屬。
六、午后六時，徵募人員在黨部會集繳獻金。
七、遇雨請自備雨具。

七月四日收

璧山县马嘶实验乡乡公所关于报送组织暑期师生兵役宣传队及计划各情致璧山县政府的呈

（一九三九年七月十九日）

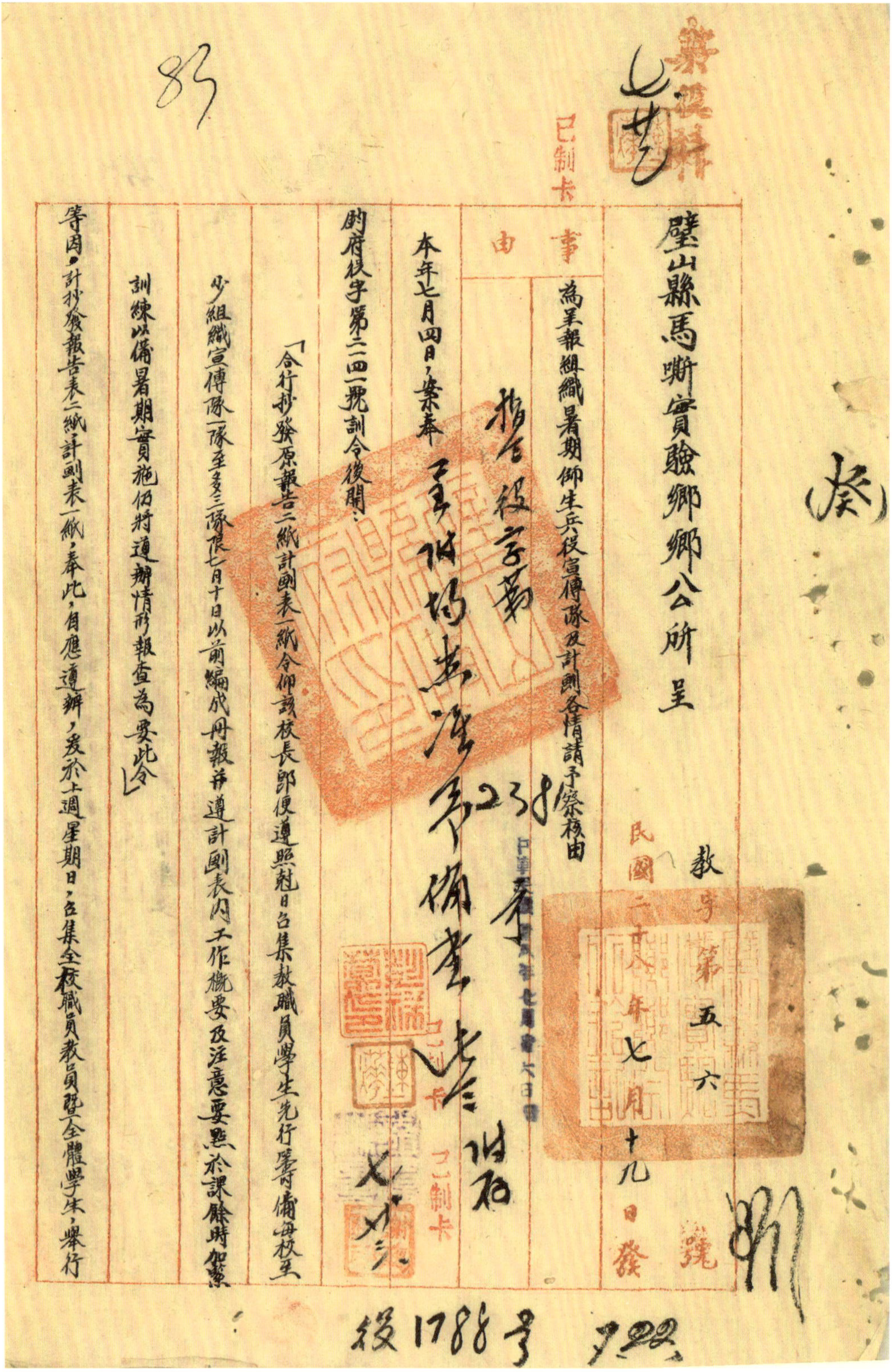
璧山縣馬嘶實驗鄉鄉公所 呈

教字第五六號

民國二十八年七月十九日發

事由：為呈報組織暑期師生兵役宣傳隊及計劃各情請予察核由

本年七月四日，案奉

鈞府枝字第二四一號訓令後開：

「合行抄發原報告二紙計劃表一紙，令仰該校長即便遵照剋日召集教職員學生先行籌備每校至少組織宣傳隊一隊至多三隊，限七月十日以前編成冊報，并遵計劃表內工作概要及注意要點，於課餘時間加緊訓練，以備暑期實施，仍將遵辦情形報查為要，此令。」

等因，計抄發報告表二紙，計劃表一紙，奉此，自應遵辦，爰於十週星期日，召集全校職員教員暨全體學生，舉行

831

籌備會議，職

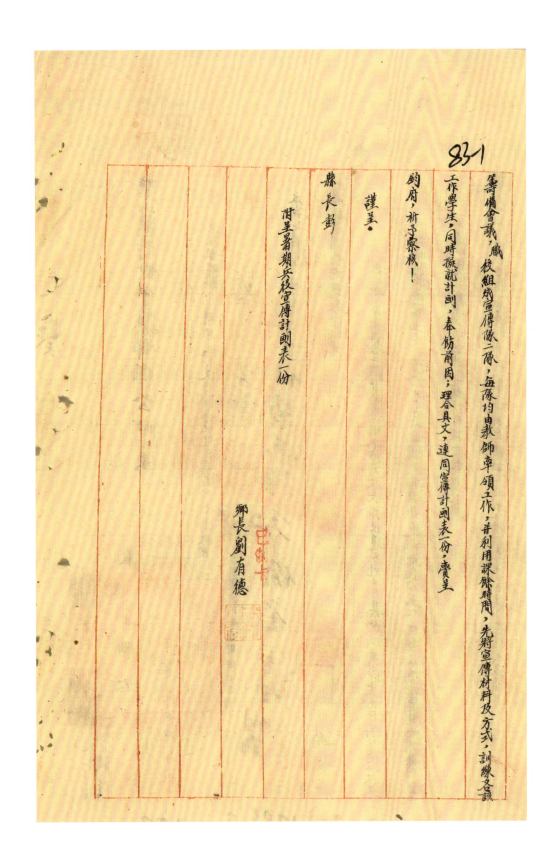

校組成宣傳隊二隊，每隊均由教師率領工作，並利用課餘時間，先將宣傳材料及方式，訓練各該工作學生，同時擬就計劃，奉飭前因，理合具文，連同宣傳計劃表一份，賫呈

鈞府，祈予察核！

謹呈

縣長彭

附呈暑期兵役宣傳計劃表一份

鄉長劉有德

附：璧山县马嘶实验乡乡农学校暑期兵役宣传计划表

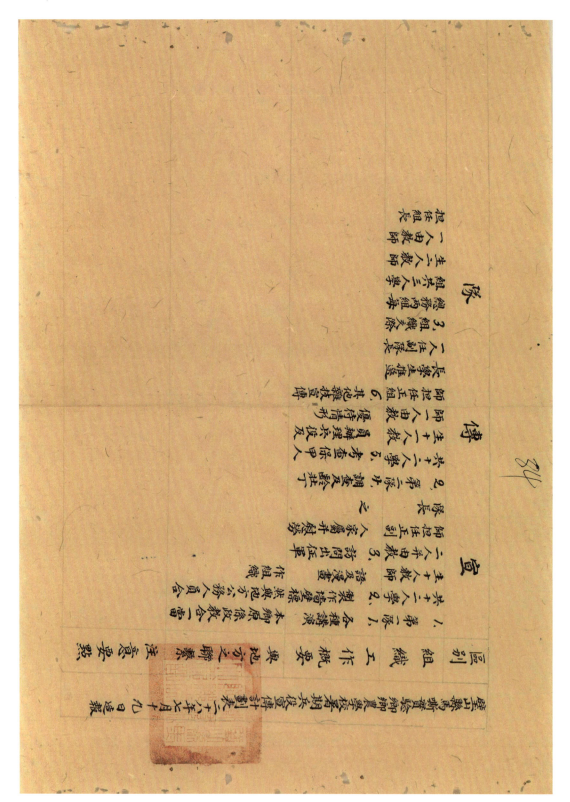

84

璧山縣馬嘶實驗鄉鄉農學校暑期兵役宣傳計劃表 二十八年七月十九日造報

區别	組織	工作概要	與地方之聯繫	注意要點
宣傳隊	1. 第一隊共十二人，學生十人，教師二人，并由教師担任正副隊長之 2. 第二隊共十二人，學生十一人，教師一人，由教師担任正組長，學生推選一人任副隊長 3. 組織支隊總務兩組，每組共三人，學生二人，教師一人，由教師担任組長	1. 各種講演 2. 製作墻壁標語及漫畫 3. 訪問出征軍人家屬并慰勞 4. 調查及齡壯丁 5. 考查保甲人員辦理兵役及優待情形 6. 其他雜技宣傳	本鄉原係政教合一，當然與地方公務人員合作組織	

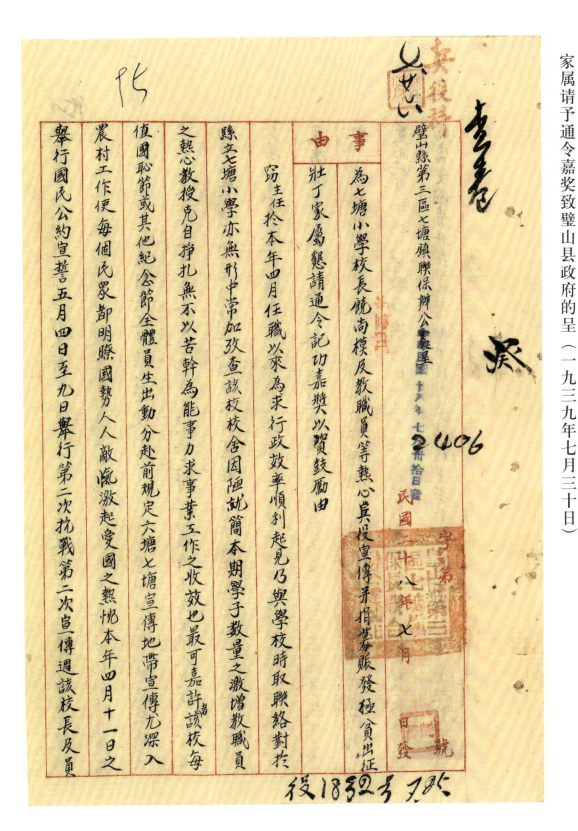

璧山县第三区七塘镇联保办公处关于陈明七塘小学校长饶尚模及教职员等热心兵役宣传并捐募赈发积贫出征壮丁家属请予通令嘉奖致璧山县政府的呈（一九三九年七月三十日）

璧山縣第三區七塘鎮聯保辦公處呈

民國二十八年七月 日發 字第 號

事由：為七塘小學校長饒尚模及教職員等熱心兵役宣傳并捐募賑發極貧出征壯丁家屬懇請通令記功嘉獎以資鼓勵由

竊主任於本年四月任職以來，為求行政效率順利起見，乃與學校時取聯絡，對於縣立七塘小學亦無形中常加攷查。該校校舍因陋就簡，本期學子數量之激增，教職員之熱心教授，克自掙扎，無不以苦幹為能事，力求事業工作之收效，也最可嘉許者。該校每值國恥節或其他紀念節，全體員生出動，分赴前規定六塘七塘宣傳地帶宣傳，尤深入農村工作，使每個民眾都明瞭國勢，人人敵愾，激起愛國之熱忱。本年四月十一日之舉行國民公約宣誓，五月四日至九日舉行第二次抗戰第二次宣傳週，該校校長及員

2406

役1832号

8541

生均在炎天烈日之下活動不辭辛勞努力宣傳兵役所有六七塘兩場之鄉村保甲皆為之足跡遍地務使一般同胞知道精神總動員之意義及前方抗戰情形踴躍服役如本鎮壯丁程明榮之自願入營受訓實為該校宣傳不懈之故也該校教職員復鑒出征壯丁之貧苦家屬當此青黃不接之時亟待賑濟不忍坐視以受饑莩乃自動捐款並分組四出勸募錢糧並收錙銖不計募程多自十餘里至二十里不等以致汗流衣濕唇焦足皸募集國幣廿餘元米糧數斗於七月初按照查實各保之出征壯丁家屬攤匀送交各戶領賑家屬俱歡躍不置聞該校業已造冊粘據呈報不另贅敘主任視察此舉雖屬微末然上可紓政府軫念民瘼之殷衷下可加強前敵抗戰力量而風聲所樹大可激發團體私人之尤效揆諸彰善崇德之典訓該校長及員生均屬愛國青年熱心教育努力役政宣傳確有苦幹實幹之精神實屬難能可貴

96

用特上聞

鈞府俯賜鑒核，仰懇對於七塘小學校長饒尚模及教職員陳文常、魯久榮、程克篤、范楨璧、楊全義、陳文濤、王文彬八員通令記功嘉奬，以資鼓勵而昭勸來。茲令

遵謹呈

縣長彭

主任吳朝麟

已製卡

呈悉。查此案前據該校校長呈報募捐款其姓名下業將清冊收數列榜，並經以縣字第二三七五號訓令通飭各中小學校仿效推行，並傳令嘉奬在案。仰即知照。此令。

七，卅，六

璧山县「八一三」纪念大会关于举行「八一三」纪念大会及游艺宣传致璧山县救济院的通报（一九三九年八月十一日）

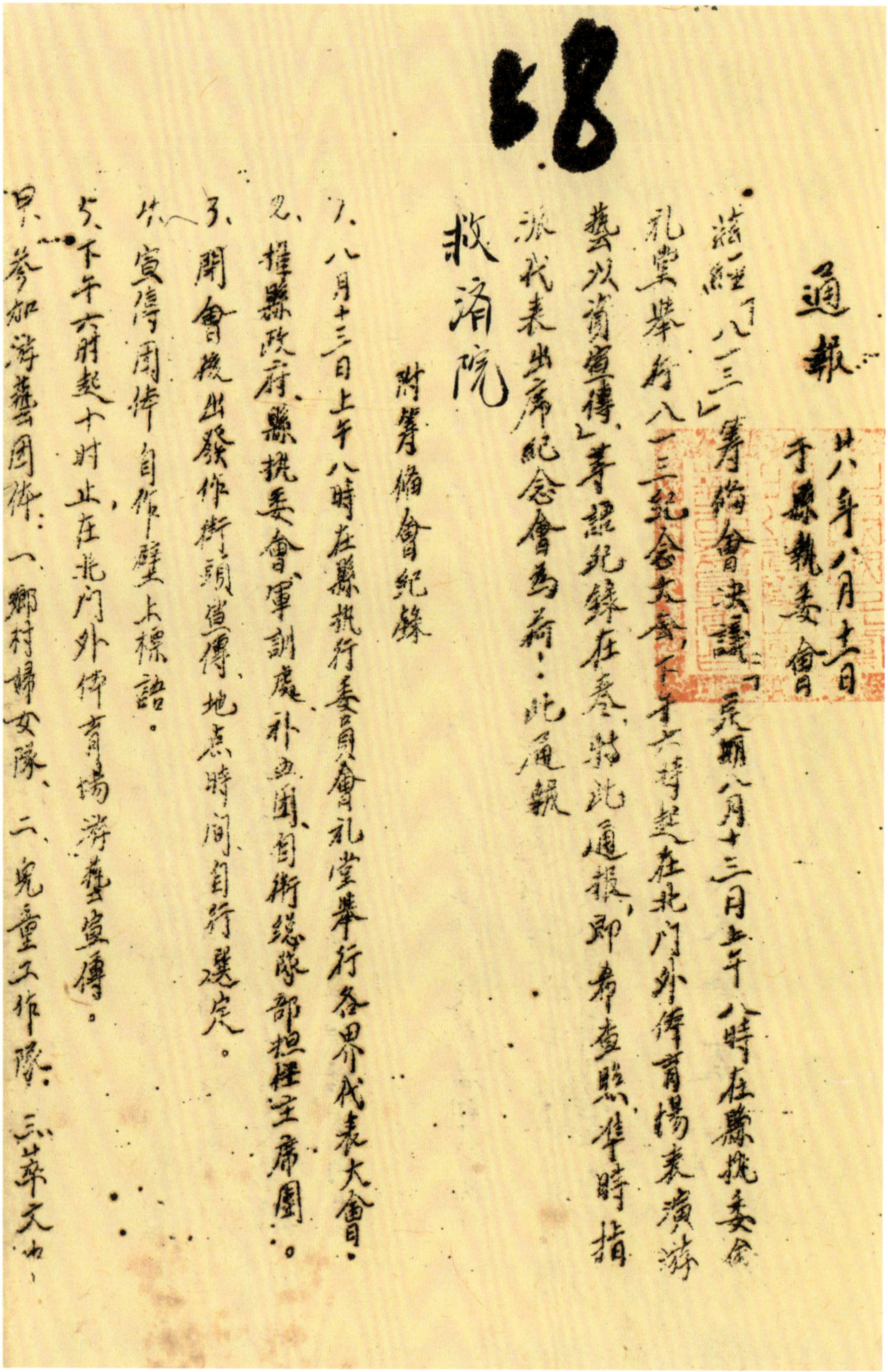

58

通報　廿八年八月十一日　于縣執委會

逕啓者：「八一三」籌備會決議：「定期八月十三日上午八時在縣執委會禮堂舉行八一三紀念大會，下午六時起在北门外体育場表演游藝，以資宣傳」等語紀錄在卷。特此通報，即希查照，準時指派代表出席紀念會為荷！此通報

救濟院

附籌備會紀錄

1、八月十三日上午八時在縣執行委員會礼堂舉行各界代表大會。

2、推縣政府、縣執委會、軍訓處、補充團、自衛總隊部担任主席團。

3、開會後出發作街頭宣傳，地点時间自行選定。

4、宣傳團体自作壁上標語。

5、下午六時起十时止在北门外体育場游藝宣傳。

6、參加游藝团体：一、鄉村婦女隊，二、兒童工作隊，三、華文也、

學暑期服务團。四、婦女識字班。五、兒童識字班。六、民教館

六、其他。

乙、會場設置：一、劇台由民教館陳主任負担。二、演員用品由參加團体自備。三、所有桌凳椅凳器具由大會代借并搬劇台上，泥水工人二人負責借還。大會交工資壹元。四、灯油費大會供給。

丙、會場佈置：台上寫「八一三紀念」等字及時間尊字標語，由劇台主任負責指揮佈景，由參加團体負責辦。

丁、游藝節目由參加團体先期交劇台主任排定後油印公佈。

戊、劇場秩序推定自衛總隊部派隊維持。

己、大會經費：由動委会宣傳組先向財委會借用，嗣以宣傳的經費項下照案撥還。

八一三紀念大會啓　八月十一日

八月十二日收

璧山县政府第三区区署关于严密查缉防范汉奸致临江联保办公处的训令（一九三九年九月五日）

272

璧山縣政府第三區區署訓令 區民字第 號

民國廿八年九月五日

令臨江聯保辦公處

事由：一一案

遵照查緝 九七六〇

案奉

璧山縣政府民字第三九七六號案令開：

「案奉 渝警備區司令部廿八年參二字第三五四〇號訓令開：同案奉 重慶衛戍總司令部坤二字第三五四七號案令開：據密報：（一）敵令漢奸組織偽復興社，負責人為粵人童某及前公共租界會審公堂翻譯陳與蔭，該社以太極圖為團旗；（二）敵探及漢奸偽裝商人，分佈各地刺探軍情，化裝賣火柴小販者倒置三三根為暗號，化裝賣炭者內藏六枝為號，化裝賣酒販者酒瓶底空內備毒藥；（三）漢奸所有暗號為手帕二方，每方角上均刺有十字，襯衫之右領邊下有黑十字，旁邊有太字，女子所用暗號為左顏色不同之手帕上繡刺有蝴蝶暗號；（四）敵軍派出漢奸肩背印花包袱，手執金鼠牌香煙為暗號，散佈內地刺探軍情；（五）敵近訓練

71

男女漢奸，其暗號男者着白布鞋帽圍白帶，女着白鞋帶白花布。（六）近來
敵軍派出漢奸多化裝小販，企圖潛入內地肆行活動，並以缺口銅元及用
深藍色與白色兩錢打成之反為暗號等情。據此，除分令外，合行令仰
轉飭所屬嚴密注意查緝防範為要。等因。奉此，除分令外，仰飭屬
嚴密注意查緝防範為要。此令。等因。奉此，除分令外，合行令仰遵照，
並飭屬嚴密注意查緝為要。此令。
等因。奉此，除分令外，合行令仰該主任即便遵照嚴行查緝為要。
此令。

已制卡

區長 趙 ［簽押］

璧山县政府第三区区署关于转饬严密注意查缉敌派汉奸冒充难民携带保温水瓶内藏霍乱等病菌迁入散发栽害致临江乡联保办公处的训令（一九三九年九月二十一日）

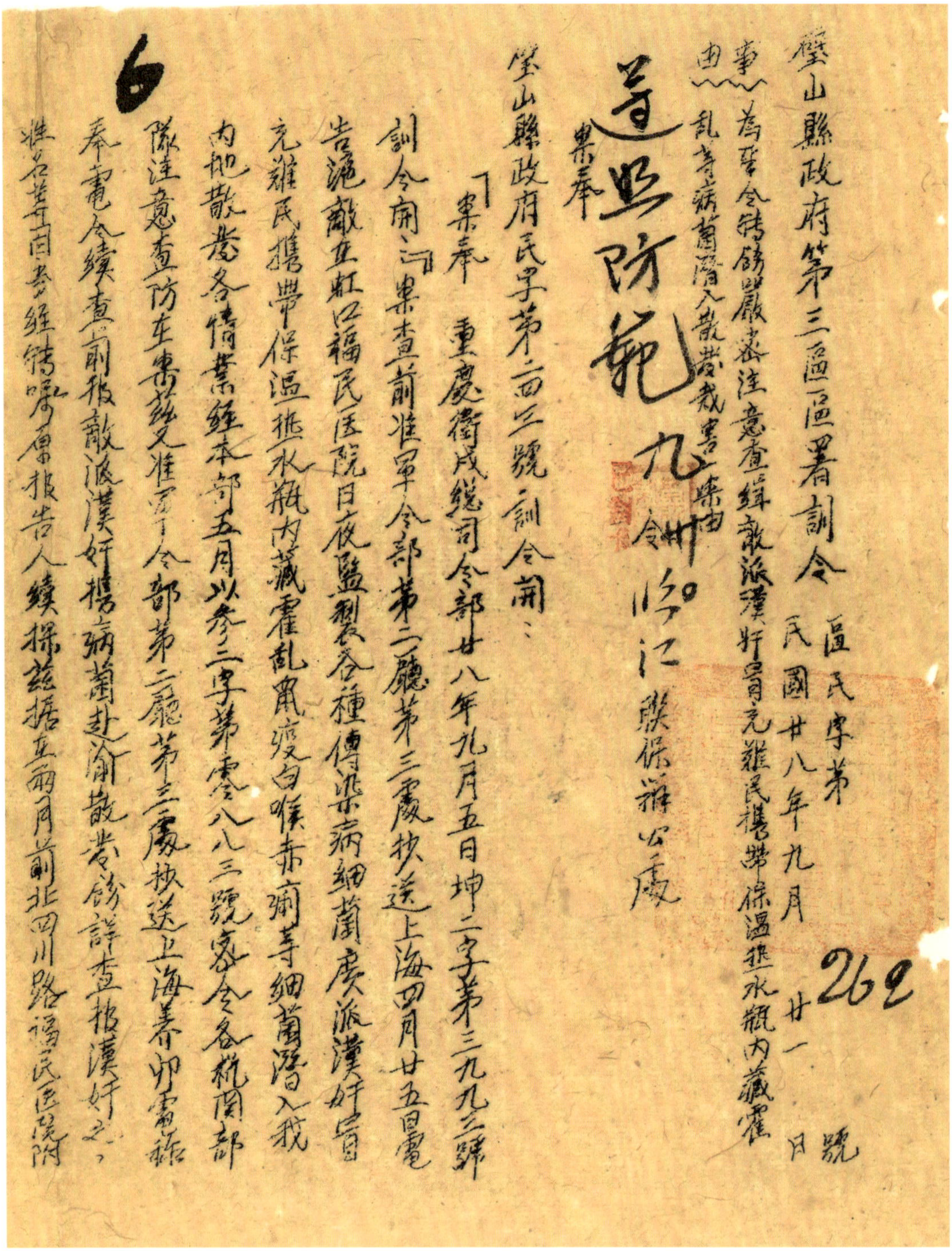

璧山縣政府第三區區署訓令　區民字第　號

民國廿八年九月廿一日

事由：為奉令轉飭嚴密注意查緝敵派漢奸冒充難民攜帶保溫水瓶內藏霍亂等病菌潛入散發栽害由

令臨江聯保辦公處

遵照防範　九卅

案奉

璧山縣政府民字第二四二號訓令開：

「案奉　重慶衛戍總司令部廿八年九月五日坤二字第三九九三號訓令開：「案查前准軍令部第二廳第三處抄送上海四月廿五日電告滬敵在虹口福民醫院日夜監製各種傳染病細菌，廣派漢奸冒充難民攜帶保溫水瓶內藏霍亂、鼠疫、白喉、赤痢等細菌潛入我內地散發各情，業經本部五月以參三字第零八八三號密令各機關部隊注意查防在案。茲又准軍令部第二廳第三處抄送上海養卯電稱奉電令續查前報敵派漢奸攜病菌赴渝散發，飭詳查拘漢奸之姓名、住址、同黨、經過情形，當報告人續探，據在兩月前北四川路福民醫院附

延設病菌培養場，由日本聘來病菌專家松本主持其事，分霍亂、猩
紅熱、回歸熱、傷寒、瘧疾、鼠疫等病菌培養於玻璃管瓶，就適當溫
度分裝一磅及半磅熱水瓶內，由偽政府內政部派出青年團第二期畢業
生偉華、史志軍、申友山、何作霖、王忠傑等四十名，調滬訓練一月，以重價
購買國際難民收容所田籍證明書，冒名攜帶病菌，分批由香港
乘輪赴河內，轉滇赴渝。據福民醫院長賴寓博士云：該院為研究傳染
病菌種製造血清，故該工場否認內政部委辦，並再經密查偽內政部特
高課鄧祖禹委辦，且悉目前已遣成功，其中已霍亂及瘧疾兩種病
菌最有效力，並以特往嘉定密散，軍民染疫死亡多眾等語。准此，除分
令外，合行令仰該縣長即便轉飭所屬嚴密注意查緝防範為要。此
等因，奉此，除分令外，合行令仰遵照，並轉飭所屬一體嚴密防範
查緝為要。此令。
等因，奉此，除分令外，合行令仰該主任即便遵照飭屬一體嚴為查
緝，並隨時注意為要。
此令。

區長

四川省征募寒衣运动委员会璧山县分会关于转送本会组织大纲等致璧山县救济院的公函（一九三九年十月十七日）

107

公函 為徵募寒衣檢同本分會組織大綱實施辦法及會議紀錄等件函請
查照辦理由。

四川省徵募寒衣運動委員會璧山縣分會 公函 璧集字第二號

案奉

四川省徵募寒衣運動委員會二十八年九月蔡總（儉）代電，飭本縣會同各機關團体組織分會尅日徵募寒衣限於十一月底繳解清楚等因，附發組織大綱、工作實施大綱及各縣寒衣數目分配表各一份，奉經擬具四川省徵募寒衣運動委員會璧山縣分會組織大綱及徵募寒衣實施辦法，於十月九日在縣府會議廳、召開成立大會，修正通過上項大綱及辦法，并推出委体員共廿人員，即日開始徵募。除分函外，相應檢同本分會組織大綱實

00120

施辦法會議紀錄各一份函請

查照辦理為荷！

此致

救濟院

附送璧山縣分會組織大綱暨施辦法會議紀錄各一份。

常務委員兼總幹事 王任[illegible]

中華民國二十八年 十 月 日

中華民國廿八年拾月拾七日發

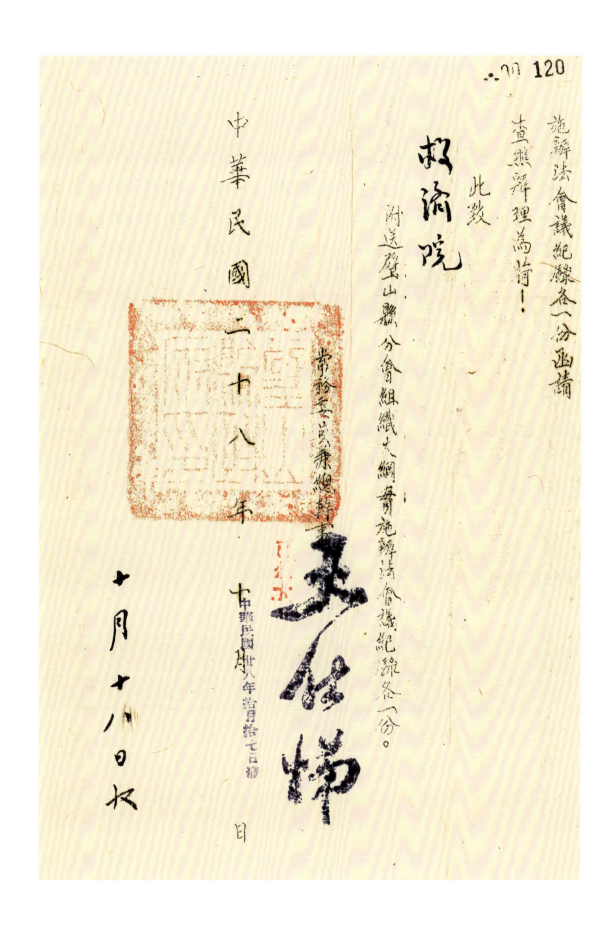

十月十八日收

附：四川省征募寒农运动委员会璧山县分会组织大纲

四川省徵募寒衣運動委員會璧山縣分會組織大綱

第一章 總綱

第一條 四川省徵募寒衣運動委員會璧山縣分會（以下簡稱本分會）根據四川省徵募寒衣運動委員會（以下簡稱省會）二十八年蓉總儉代電附頒省會組織大綱第五條前段之規定組織之。

第二條 本分會受省會之指揮監督，行文用呈。

第三條 本分會任務，遵照省會規定，於全縣至少募足六百件寒衣，繳解省會。自成立之即日起，開始徵募，至十一月底結束。

第二章 組織人員及組織系統

第四條 本分會由中央及省駐本縣各機關及本縣各級學校團体代表組成之。其組織系統如左：

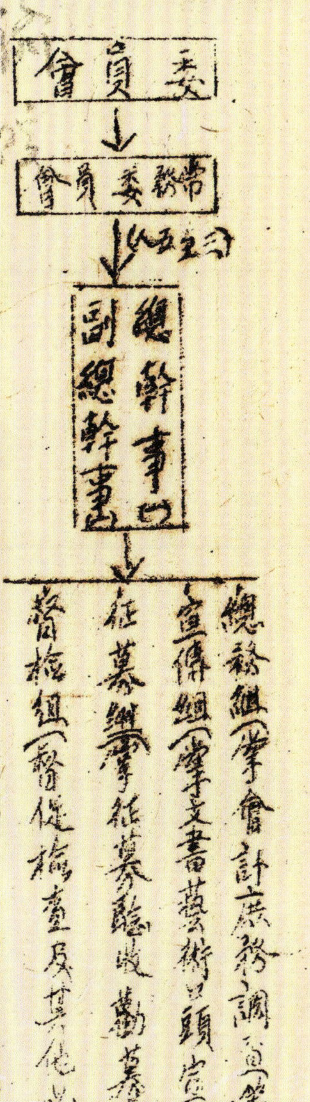

第五條成立大會，到會各機關團体學校代表，皆為本分會委員，由到會委員中互推三至五人為常務委員，負担本分會實際責任，再由常務委員中互推二人分為總副幹事，承委員會及常務委員會之命，辦理一切徵募事宜。總副幹事下分設總務、宣傳、徵募、督檢四組。每組設組長一人，幹事三至五人，均由本分會成立大會決定，向各機關團体調用，概不支薪。但於必要時，得酌設錄事、公役若干人，酌支最低生活費。

第六條本分會委員會，每半月召開會議一次，常委會每星期召開常會一次，總幹事以下各員，每日務必到會辦公。

第三章　本分會之經費

第七條　本分會所需經費由總務組編造預算，提出委員會決議通過，由黨政軍聯合會報核定後，函請各機關團体分担，按月報銷。

第四章　附則

第八條　本分會工作實施辦法另訂之

第九條　本大綱經本分會成立大會修正通過施行，呈報省會備案。如有不盡事宜，得由本分會委員會修正之並呈報省會備查。

合铜璧冬防联合会议录（一九三九年十二月十八日）

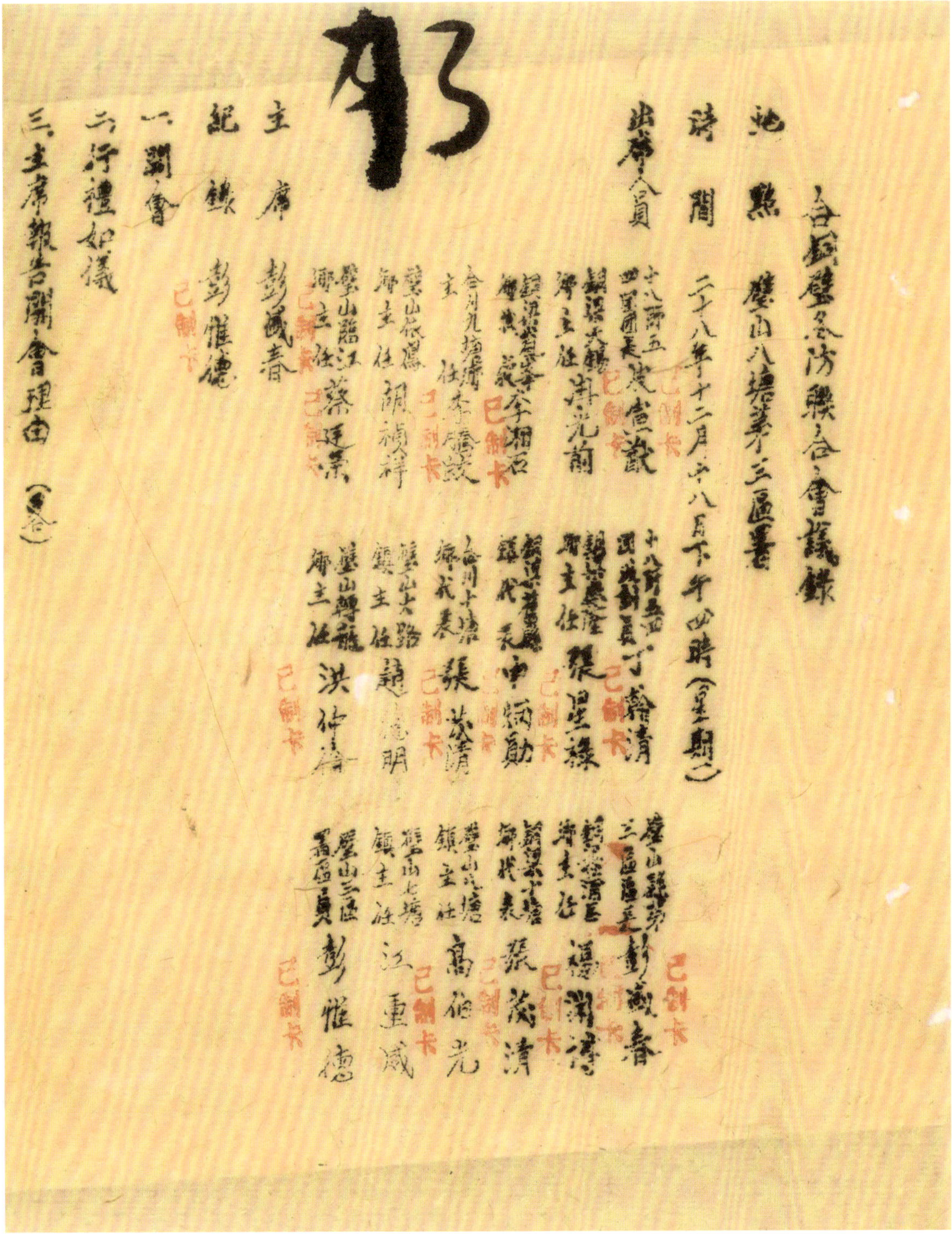

合銅璧冬防聯合會議錄

地點　璧山八塘第三區署

時間　二十八年十二月十八日下午四時（星期一）

出席人員

十八師五四團團長　丁翰清　已制卡

十八師五四團副團長　[illegible]　已制卡

璧山縣第三區區長　彭斌春　已制卡

銅梁太平鎮鄉主任　謝光前　已制卡

銅梁[illegible]鄉主任　張星緣　已制卡

銅梁[illegible]鄉主任　馮潤濤　已制卡

銅梁[illegible]鄉代表　李湘石　已制卡

銅梁[illegible]鄉代表　申炳勛　已制卡

銅梁[illegible]鄉代表　張蔚清　已制卡

合川九塘鄉主任　李[illegible]　已制卡

合川[illegible]鄉代表　張[illegible]清　已制卡

璧山[illegible]鎮主任　高佑光　已制卡

璧山依鳳鄉主任　胡禎祥

璧山大路鎮主任　魏[illegible]明

璧山七塘鎮主任　江重威　已制卡

璧山臨江鄉主任　蔡廷棠　已制卡

璧山轉龍鄉主任　洪仲[illegible]　已制卡

璧山三區署區員　彭惟德　已制卡

主席　彭斌春

紀錄　彭惟德　已制卡

一、開會

二、行禮如儀

三、主席報告開會理由（畧）

四、滇官長致詞（略）

五、丁政訓員致詞（略）

六、討論事項：

（一）合銅璧三縣毗連聯保如何加強組織切取聯絡以固各防案

理由：合銅璧三縣地勢交錯，山林深密，素為盜匪叢聚之區，經聯合三縣軍團大舉清剿，雖告肅清，人民方慶乂安，奈有股匪得以鴟張，行道旅途，會小竊潛形期間，乘隙而出，潛伏其間，乘機蠢動，若不及早防範，將來必致滋蔓難圖。本署奉達駐防陸軍第十八師黃兵五四團陳團長之諭，特召集三縣毗連聯保主任在八塘開合銅璧三縣毗連聯保各防聯合會議，商討加強組織切取聯絡方法，務周達，俾以固各防。

辦法：

（1）合銅璧三縣毗連各聯保區之聯保主任、保甲長及團隊居民，遇有緝捕匪徒、清查戶口、推行政令情事，對於三縣長官之命令，或單獨命令，均當絕對服從。

74

2.無論何縣發生匪警時，以鳴鑼和敲梆並呼喊，四鄰各時由發生匪警地域之守護隊即時出動，傳達匪警於兩縣區連之保甲，兩縣壯丁隊應分路堵截，於得到警報和通信後，一面鳴鑼傳達，一面即扼守要隘截擊，派隊增援，切取聯絡，協力圍剿，以匪類殄滅為終止

3.發現匪警為地方壯丁隊不足抵禦者，仍一面實行上項办法，與其封鎖和監視，一面由當地區長報請二縣縣政府派隊往剿，但遇緊急時得逕電最近駐在地之軍團請調，但分駐各地之軍團，務收經區長調用文電，應逕速赴援

4.各縣既往已准投誠有新之匪，應由各區區署或各聯保傳集保人從新追具保結，負責監視，如原保結人卸責或有情形，即飭將被保人交案報由縣府令其遷往指定地點，施以嚴密之監視或感化

5.保甲人員不得有通匪為匪窩匪之行為，應由區長飭該監視聯保主任之責，聯保主任負飭該監視保長之責，保長負飭該監視甲長之責，並互具連坐切結呈報各區區署備查，經具結後，倘境內發現通匪為匪窩匪情事，若係屬聯保主任則罪及區長，若屬于保長則罪及聯保主任，若屬于甲長則罪及保長

6、三縣區連聯保内各甲甲長應于每週内清查該甲内住户一次各保保長應于每半月内抽查該保内各住户一次聯保主任應于每月抽查該聯保内各住户一次甲長對于各住户須全體清查保長每次至少應抽查三甲每甲抽查半數住户聯保主任每次至少應抽查三保每保抽查五甲每甲抽查三户惟清查或抽查一如有來歷不明或形情可疑或不報明載入户籍者應即嚴加盤詰並報最低級主管機關核辦之

7、三縣區連聯保内任何地段發生匪警當地保甲及壯丁隊不即遵照上項規定傳達警號及協力圍剿該地方因而受重大損失者除依法治罪外並按賠償一切損失其鄰近保甲及壯丁隊得悉警報或見股匪竄入境内並不集隊增援或堵截致匪徒因而逃逸者除依法治罪外仍按照分負一切損害賠償之責

決議：照原提案通過

八、如何維護「合璧渝銅」陸路交通以安商旅案

75

理由：1、查合銅毗連之十塘鄉及本佛寺、銅梁之山鳳峯鄉等處，近來常生匪警，雖經各縣數派壯丁擇要扼守，相機截剿，終以此衆彼寡，未奏肅清之效；2、遂致商旅裹足，欲謀遠處難護；3、各縣陸路交通若非聯合鄰封攻守同盟，恐難收功。

辦法：

1、合銅陸路巡邏路線：1、合川之高歇鋪以北應由南津鎮警備班負責；高歇鋪以南迄雙觀音應由鄰渡鄉警備班負責；雙觀音以南迄本佛寺應由合川十塘鄉、銅梁十塘鄉警備班共同負責；本佛寺以南鳳埡以北應由九塘鄉警備班負責；鳳埡以南應由璧山八塘鎮游擊班負責。

2、渝銅陸路巡邏路線：1、荻竹灣以南應由璧山大路鎮游擊班負責；荻竹灣以北應由銅梁慶隆鄉警備班負責。

3、組織會哨

一、璧山大路鎮荻竹灣、黃泥灣、夏家灣與銅梁天錫、慶隆、山鳳峯等鄉之界址

二、璧山依鳳、崇風埡、流水岩與銅梁安居、舊縣交界處

三、璧山八塘孔家小溪與銅梁舊縣楊家店交界處

四、璧山八塘鳳埡與合川九塘鳳埡交界處

五、璧山轉龍獅子峯與合川鹽井鎮觀音嶺交界處

以上屬連合交通地點，應由兩縣聯保主任會同擇定位置，各配兵力組織會哨，不分晝夜嚴密盤詰，並實施警戒

決議：照原提案通過

三、保甲人員應與軍隊緝捕逃兵，實現軍民合作案。

理由：查現駐璧山第三區各聯保之陸軍第十八師各部隊在六浯萬一帶所接收之新兵均係川人，殊因入營未久而逃亡甚衆，且有携帶武器而去者。其所逃方向多係往舊縣場、依鳳場方面而去，事後經軍方派人詢查，各地保甲人員不惟不予捕送，反而借給便衣，為之指示路綫，甚有收買其武器者。似此情形，殊失軍民合作之本旨，亟應徹底改善，共謀今後之互助，實現軍民提携之精神

辦法：

76

三、如有不知人民非法買有逃兵槍械或武器，應由各聯保主任切實查明送繳各部隊，各部隊長官不予追繳[究]，並付給買價，免受損失。

四、各聯保主任應即曉諭該管保甲長、壯丁隊及住戶，以後如遇逃兵過境，務必嚴密盤詰，並將人槍一併捕獲，解送各直屬部隊訊辦，不得仍前縱容便衣收買其槍彈服裝，並予以指示路綫。

五、如遇部隊派出緝捕逃兵之官兵，務盡量協助，並予種種之便利。

決議：照原提案通過。

七、主席致閉會詞

八、散會

璧山县政府第三区区署关于转饬注意汉奸各项行动致临江乡联保办公处的密令（一九三九年十二月二十二日）

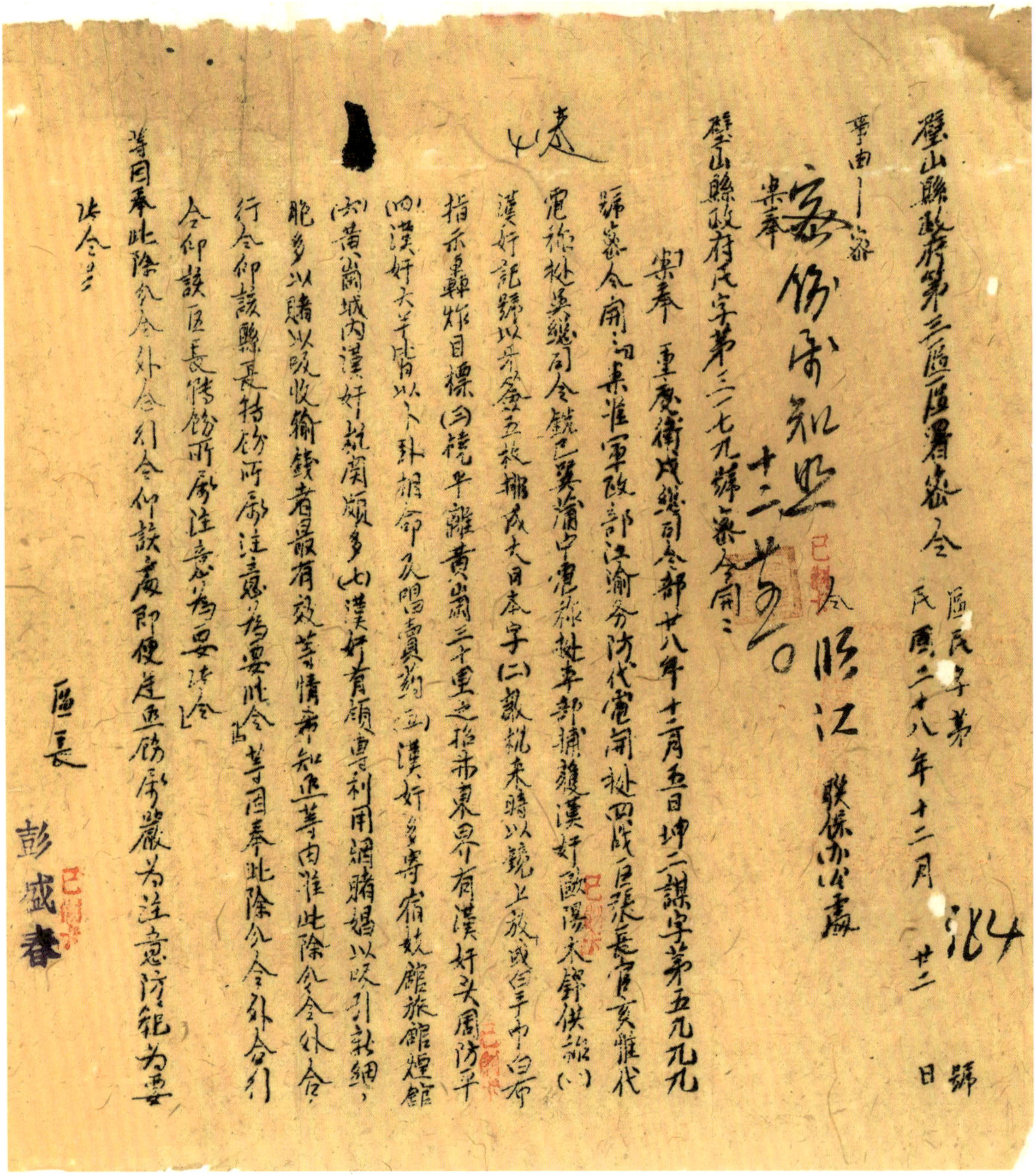

璧山县政府第三区区署密令 区民字第 号 民国二十八年十二月廿二日 归 364

令临江联保办公处

事由：密饬所属知照

案奉璧山县政府民字第三一七九号密令开：

案奉重庆卫戍总司令部廿八年十二月五日坤二课字第五九九九号密令开：据淮军政部江渝分防代电开：据四战区张长官亥灰代电称：据吴总司令铣巳电：潜伏中山县之本部捕获汉奸欧阳森供称：（一）汉奸记号以黄色五角星成大日本字；（二）飞机来时以镜上放或白手巾白布指示轰炸目标；（三）距平离黄冈三十里之梅东界有汉奸头周防平；（四）汉奸大半皆以卜卦相命及唱卖药；（五）汉奸多寄宿妓馆旅馆烟馆；（六）黄冈城内汉奸甚多；（七）汉奸有领导利用烟赌娼以吸引新细，能多以赌以吸收输钱者最有效等情，希知照等由；准此，除分令外，合行令仰该县长转饬所属注意为要。此令。等因奉此，除分令外，合行令仰该区长转饬所属注意为要。此令。等因奉此，除分令外，合行令仰该处即便遵照，饬属严为注意防范为要。

此令。

区长 彭盛春

璧山县政府为募集志愿兵告全县在乡军人爱国青年书（一九四〇年一月一日）

璧山縣縣政府為

募集志願兵告全縣在鄉軍人愛國青年書

親愛的在鄉軍人和愛國青年們！

為了保衛祖國獨立自由，謀子子孫孫永遠幸福而發動的民族神聖抗戰，已經三十個月了。由於前方將士的忠勇效命，造成最近的湘北大捷以及鄂中晉南豫東贛北的勝利，使敵人在各戰場深陷泥淖，進退維谷，走到山窮水盡的境地，這的確證明了我們愈戰愈強，敵人愈戰愈弱。

我們抗戰的要求，是在取得最後勝利，是要以時間換取空間，積小勝為大勝，而達到最後勝利為目的。這個「最後」時間到來的早遲，就要看我們的抗戰力量如何以為斷。換一句話說：如果吾人皆抱不怕死、不偷安、不惜犧牲、奮鬥到底的決心，則轉瞬即有獲得最後勝利的可能。所以當前抗戰的最大問題，就是如何加強抗戰力量。

基於上述理由，在「軍事第一、勝利第一」的口號下，只有努力服務兵役，擴大兵源，補充，才能有力量相機打擊敵人，以促敵人的總崩潰。因此本府除了遵照上級管區配賦兵額竭力征撥外，特再發起募集志願兵運動，以期大量貢獻人力，完成吾人使命。

全縣在鄉軍人們！你們曾受過相當軍事訓練，是國家的干城，是民族的救星，在抗戰方酣、推行役政之際，正你們捨身為國、建功立業之時，希望你們大家奮發，攜手同心，齊到聯保志願兵登記處去報名，不要錯過機會。

72

全縣的愛國青年們，你們有純潔的意志、熱烈的情緒、蓬勃的朝氣，是民族革命的先鋒隊，是有兵役義務的適齡壯丁。與其抽中籤號後征集入營，處於被動地位，何如以自動精神去參加志願兵登記，比較有血性有志趣！須知慷慨請纓，志願從軍，是非常榮譽而令人景仰不置啊！

本府對於志願兵，除發給家屬優待積穀外，并規定每名由保甲籌集十元以上之安家費，倘將來家庭遭遇事變，必須救濟時，一經申請，即由本府優先予以撥款救濟。其他如田土代耕、債務緩償、儘先享受合作貸款、地方公益設施以及子女入學免費……一切優待規定，無不特予優待，以期減少我志願兵同志後顧之憂。

最後盼望各界同胞、地方賢達，仰體時艱，深明大義，勿蓄舐犢之愛，致貽百世之羞，務期父詔其子，兄勉其弟，妻勸其夫，使人人踴躍參加，以當志願兵為最光榮的事務，以志願服役為家庭的好子弟、國家的好國民，相互援引，一唱百和，藉收風行草偃之效，本府有厚望焉！

末了！我們高呼口號：

1、全縣在鄉軍人武裝起來！

2、好男兒要當志願兵！

3、當志願兵是最光榮的事務！

4、當志願兵才能受特殊優待！

5、畏縮偷安的非英雄！

6、逃避兵役的是漢奸！

二十九年元旦日

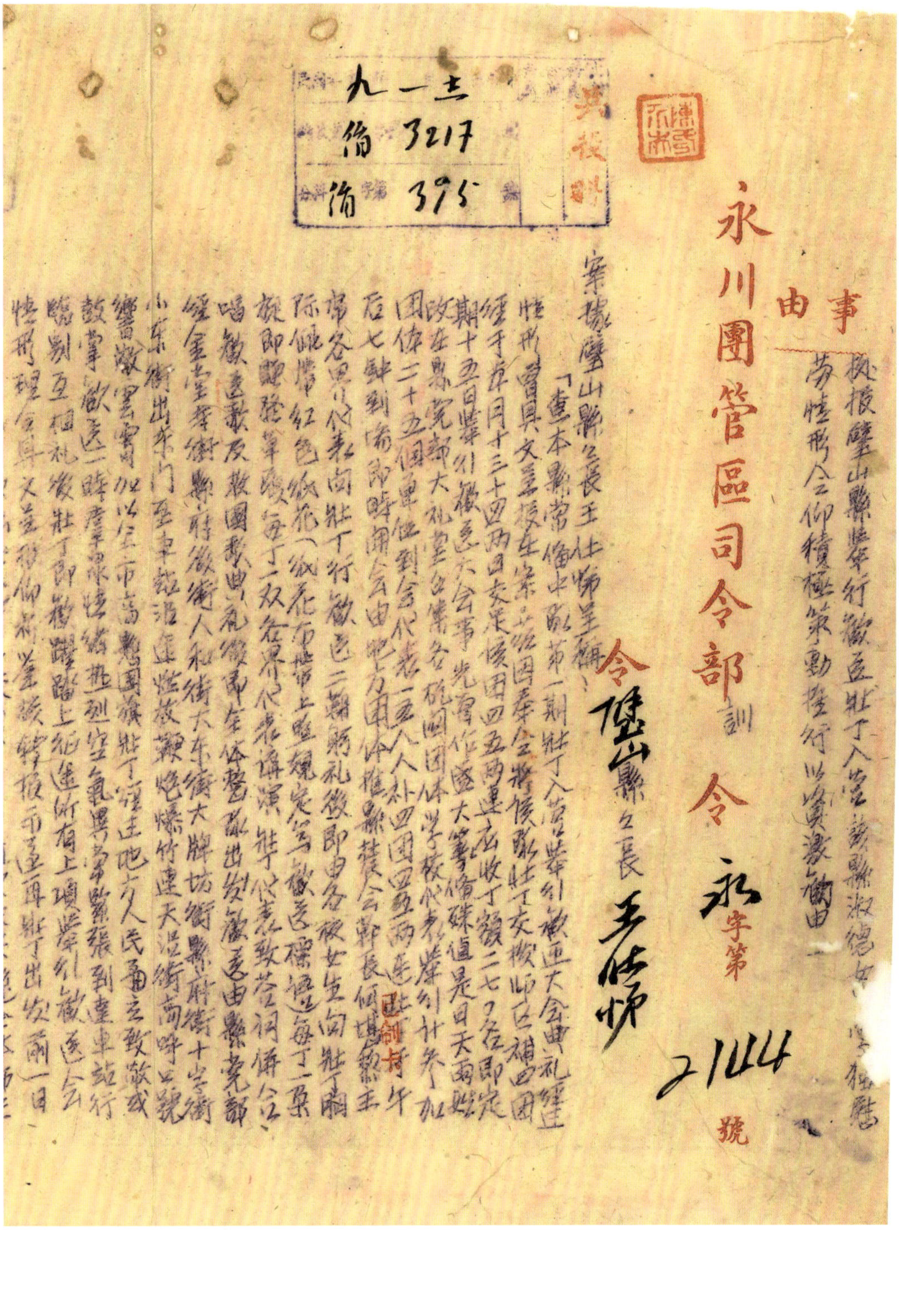

永川團管區司令部訓令　永字第2144號

事由：據報璧山縣舉行歡送壯丁入營該縣淑德女中……極慰勞情形令仰積極策動推行以資激勵由

令璧山縣縣長王仕师

案據璧山縣縣長王仕师呈稱：「查本縣常備中隊第一期壯丁入營，舉行歡送大會典禮，經過情形曾具文呈報在案……

永川团管区司令部关于通令嘉奖慰劳壮丁入营之淑德女中致璧山县政府的训令（一九四〇年一月五日）

重庆市私立淑德女子中学校（系上年由渝疏散来璧）全体师生献金百余元，购鞋一百付、襪一百付、帕子七百五十枚，赠送壮丁，并举行出外慰劳会，表演话剧、团体操、歌舞各种游艺，以示欢送。又该校学生分组代新兵写平安家信二百余件，信封、信笺及邮费统由学生负担，并代为交邮投寄，异常亲切。该校校长张君子惠及全体师生热心役政，洵堪嘉许，应请特报军区咨请省府明令嘉奖，以励来兹。

等情。据此，查该淑德女子中学，协助政府慰劳出征壮丁，风声所播，足以鼓舞敌忾精神，增强军民团结，洵堪嘉许。除据情报请省军区令嘉奖，并分令外，合行令仰该县长策动各校以资激劝，仍将办理情形，随时具报为要！

此令。

中華民國二十九年元月五日

司令 張□

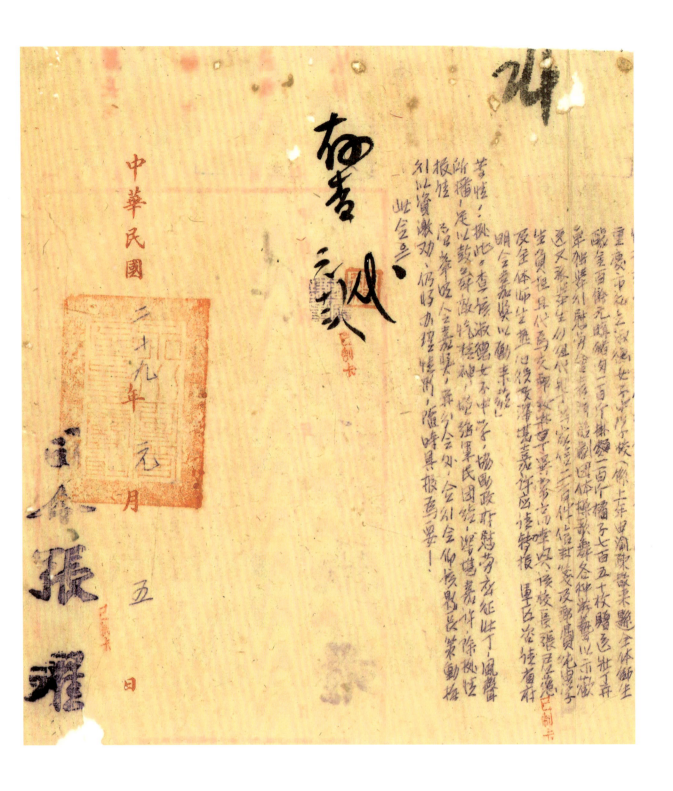

已制卡

璧山县第三区城西联保办公处关于报送组织战时服务队成立日期暨概况表致璧山县政府的呈（一九四〇年四月十九日）

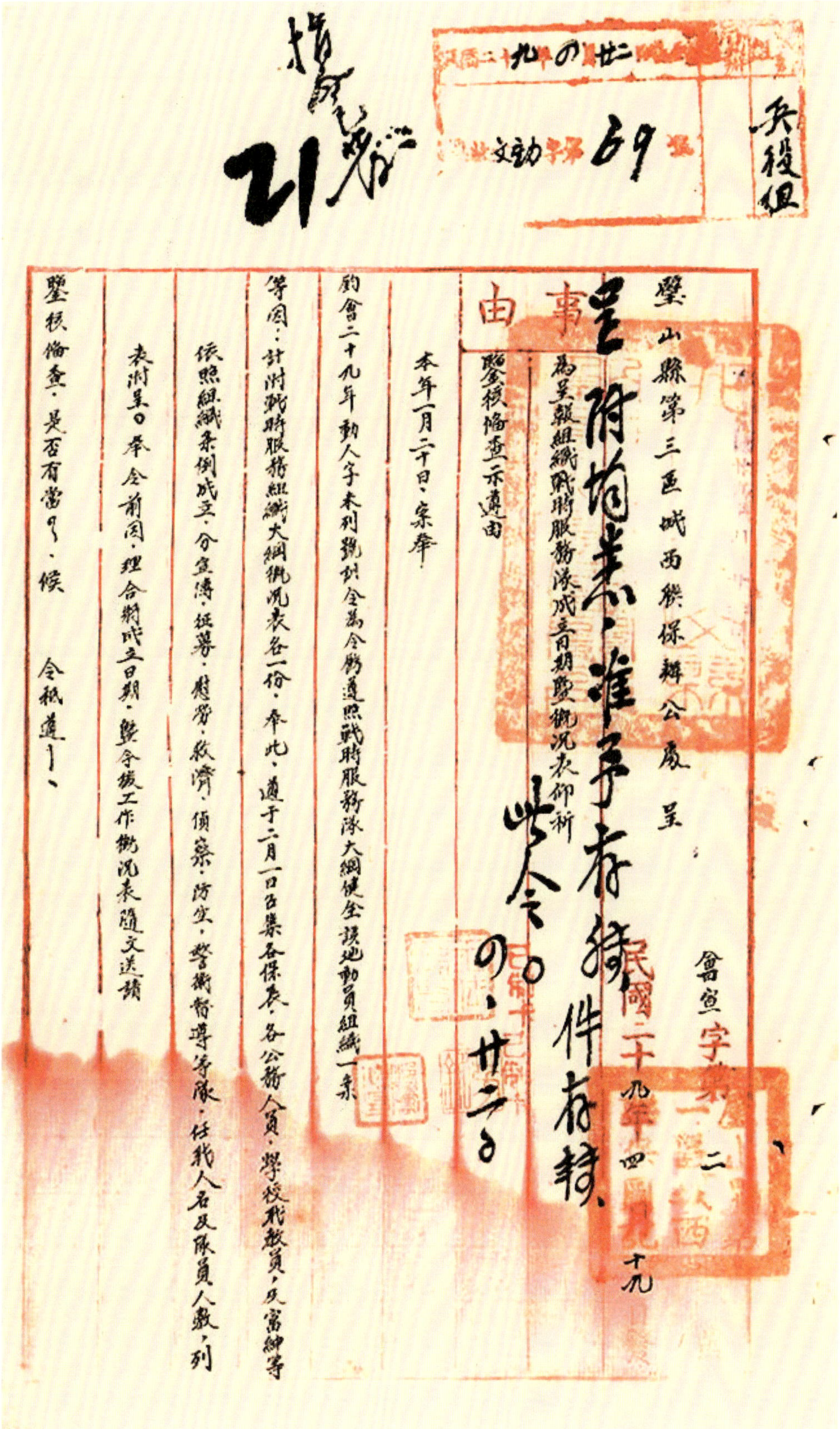

兵役組

璧山縣第三區城西聯保辦公處 呈

會盈 字第 二 號

事由：為呈報組織戰時服務隊成立日期暨概況表仰祈鑒核備查示遵由

民國二十九年四月十九日

呈附均悉，准予存查，件存。此令。

本年一月二十日，案奉

鈞會二十九年動人字未列號訓令，為令飭遵照戰時服務隊大綱健全該地動員組織一案等因，計附戰時服務組織大綱概況表各一份，奉此，遵于二月一日召集各保長、各公務人員、學校教職員，及富紳等依照組織條例成立，分宣傳、征募、慰勞、救濟、偵察、防空、警衛、嚮導等隊，任職人名及隊員人數，列表附呈。奉令前因，理合將成立日期，暨今後工作概況表隨文送請

鑒核備查，是否有當？候

令祇遵！

谨呈○二

縣長兼主任委員

計附呈服務人員姓名表一份、概況報告表二份

主任陳竹修

璧山縣第三區城西聯保戰時服務隊人員姓名表　中華民國二十九年四月　日

服務隊長姓名	隊長姓名	性別	年齡	籍貫	隊員人數	成立日期		
宣傳隊	張仁傑	男	三〇	璧山	十五人	二月一日		
征募隊	毛善夫	男	四五	同	九人	仝		
慰勞隊	賀文清	女	二四	同	九人	仝		
振濟隊	洪海山	男	三六	同	九人	仝		
偵察隊	李裕涵	男	二三	同	七人	仝		
防空隊	劉服山	男	五六	同	二〇人	仝		
警衛隊	王燮城	男	三六	同	十五人	仝		
嚮導員	陳竹修	男	三六	同	一人	仝		

服務隊長由張仁傑兼任

附（二）璧山县第三区城西联保战时服务队概况报告表

璧山县第三区城西联保战时服务队概况报告表 中华民国二十九年四月 日

所属队别	队长姓名	性别	年龄	籍贯	队员人数	成立日期	简历	工作概况暨今后工作计划	备考
宣传队	张仁傑	男	三〇	璧山	一五人	二月二日	副队长	集场日期分队宣传	分三组每组五人
征募队	毛善夫	男	四五	同	九人	同	仓管委员	分组劝募物品给贫苦出征军人家属	分三组每组三人
慰劳队	贺文清	女	二四	同	九人	同	校长	星期日分组慰问出征军人家属	同
振济队	汪汝山	男	三六	同	九人	同	仓管委员	分组救济流亡与卫生等事	分三组每组三人
侦察队	李裕涵	男	二三	同	七人	同	校长	抽查户口以防汉奸谍[illegible]匿	分二组
防空队	刘服山	男	五六	同	二〇人	同	保长	随时督饬防空土壕	分二组每组十人
警卫队	王璧城	男	三六	同	一五人	同	保长	发生情报督饬游击丁维持秩序	分三组每组五人
督导员	陈竹修	男	三六	同	一人	同	联保主任		
									服务队长由张仁傑兼任

每逢集期由张仁傑率领宣传，星期日由贺文清率领学生分组慰问各出征军人家属，发生情报由王璧城率领游击丁维持秩序，防空壕交通等事由第一保保长刘服山随时督导附近居民挖掘，抽查户口由李裕涵负责办理，分组劝募由毛善夫等负责办理，振济流亡调查出征军人贫苦况及卫生等事由汪汝山办理。

璧山县政府、璧山县优待出征军人家属暑期兵役宣传运动委员会关于抄发宣传动员暂行办法、出征军人家属调查表等致璧山县城中镇中心学校的训令（一九四〇年七月）

璧山縣政府
璧山縣優待出征軍人家屬暑期兵役宣傳運動委員會 訓令 總軍字第10945號

令中城小学

案奉

四川省政府江教二代電開：

「頃奉委座渝徵政役宣電開：學校日前假届迩，亟應切實擴大兵役宣傳，兹規定（一）依照中等以上學校學生假期兵役宣傳實施綱領，即日組織編隊，妥籌備訓練，其集訓者仍集訓之編組（二）本届宣傳着重防止逃兵運動與優待征人家屬，各省以鄉鎮為單位，自行定期舉行防止逃兵運動大会一週，務使社会对於逃兵深惡痛絶，而使逃兵由不敢潛逃進至不肯潛逃（三）每鄉鎮須有宣傳隊實施工作，兹交時可發動中等以下學校員生及公務人員服軍人等協助宣傳（四）宣傳材料由各級黨政及各縣市國民兵團供給，另由軍政部訂頒宣傳办法大綱（五）學校員生对於本届兵役宣傳奉行不力者，勤應参照六月廿政役宣電發動寒假宣傳办法從嚴处罰，除分電外，希即切實督提倡競賽並實施考核，獎懲具報為要等因，奉此，自應遵辦，除宣傳材料援用去年寒假所發兵役法領、摘要或向各級黨政國民兵團索取有關兵役宣傳材料自行補充應用并分令外，合行印發兵役宣傳办法、勸募慰勞錢物办法及收据式樣，電仰該縣市府，轉飭縣市境内公私立中等以下學校遵办，并会同黨部兵役宣傳委員会切實办理具報為要」

等因。附发四川省各县市中等以下学校学生暑假扩大兵役宣传办法、优待出征军人家属暑假扩大兵役宣传运动大会劝募金钱物品暂行办法、劝募金钱物品三联单收据式样各一件。奉此，经遵照奉颁办法之规定，于本月十五日召集县党部、青年团、动委会、国民兵团及各机关、各中等学校在本府会议，佥议通过宣传运动办法三项，并拟办法组织第（一）项即应成本会开始办公，除分别函令外，合行印发宣传运动暂行办法及出征军人家属调查表、募捐三联收据式样、工作报告表式样等件，令仰该校长即便遵照，以镇、乡为单位，各组一宣传分会，统限八月一日一律成立（区长兼镇长[illegible]加各联保宣传，遍儿全小学应会同当地联保办理），并先期将告召集当地党员、青年团员、回籍中学生，通知地方国民学校及受训归来之乡镇队附准时出席参加，按奉颁办法之规定切实讨论进行，以期兵役推行顺利，仍将成立日期及推选委员暨宣传队员名册呈报备查为要！

此令。

计发宣传运动暂行办法一份、出征军人家属调查表一份、募捐三联收据式样、工作报告表式样各一份

中华民国二十九年七月　日

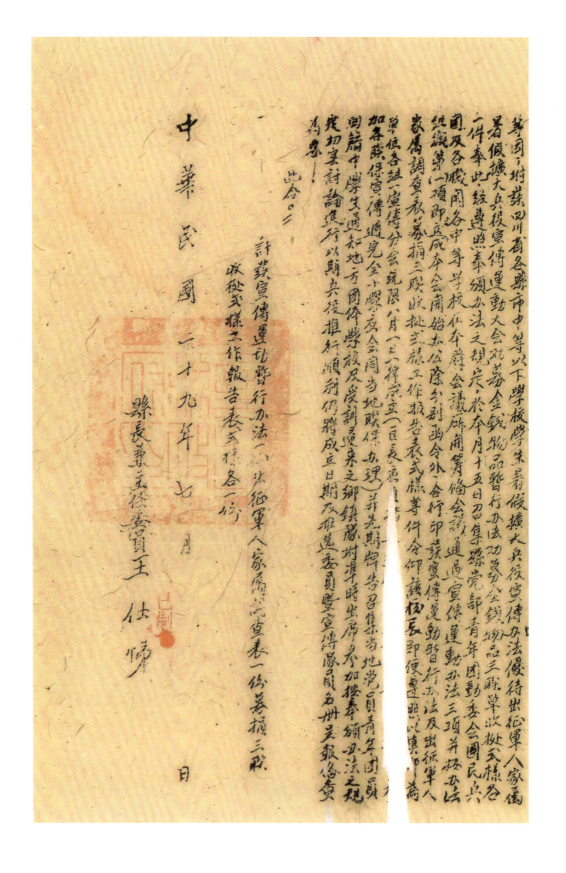

县长兼主任委员王仕悌

璧山縣二十九年度暑期兵役宣傳運動暫行辦法

（一）組織：（1）成立璧山縣優待出征軍人家屬暨兵役宣傳運動委員會，以縣長為主任委員，縣党部書記長、青年團分團部籌備主任、財務委員會主任委員、動員委員會秘書、國民兵團副團長、各中等學校校長、各區區長、縣府教育軍事兩科科長為委員，內分總務（負文書及辦理日常事務責任）、指導（負各分會及各隊工作指導督飭責任）、財務（負經費出納責任）三組，以縣府國民兵團任總務，縣党部青年團動委會及各校校長、各區區長、教育科長任指導，財委會軍事科任財務

（2）各鎮鄉成立分會，以鄉鎮長為主任委員，當地小學校校長、地方團體主任及公正紳耆為委員，其組織與縣委員會同，人選由主任委員酌定之

（3）每鄉鎮成立一個宣傳隊，以當地中心小學校校長為正隊長，鄉鎮隊附及回籍中等學生代表一人（由鄉鎮長指定或召集推舉）為副隊長，以當地党員、青年團團員、小學校教職員及暑假回籍之中等以上學生暨鄉鎮公所職員為隊員，并得視鄉鎮大小酌編為若干分隊，其人數由分會主任及正副隊長酌定之

前項党員團員及中學生參加工作，一面由縣府令各鎮鄉牌告召集，一面由縣党部青年團及各中學校通知，促其自動參加

（二）工作：（1）縣委員會負指導考核各分會及宣傳隊工作任務，其考核結果，并主持

城厢宣傳週及[illegible]劇[illegible]團責任

（又）各鄉鎮分會及各宣傳隊工作如下：

甲、定期舉行著期兵役宣傳週（注重防止逃兵簡解兵役法令及優待救濟征屬）

乙、調查出征軍人家屬狀況

丙、勸募金錢物品

丁、贈發該區域內征屬慰勞品及其他有關慰問工作

戊、造報工作報告表

前項勸募金錢物品之三聯收據及出征軍人家屬調查表暨工作報告表由委員會規定式樣令發，宣傳材料亦由會供給，工作效事后得考核成績，分別報請　省府予以相當獎叙或懲戒

（三）經費：（1）縣委員會辦公必需經費及印刷宣傳品費用在戰時工作委員會節餘經費內開支，不敷時得遵　省令規定數目動支縣預備費作正報銷

（2）各鄉鎮分會及宣傳隊必需辦公經費在各該鄉鎮所募捐款內動支，但每鄉鎮費用不得超過其募捐額百分之五，并須事后作正報銷

（四）附則：本辦法自會議通過呈縣長核定后通令施行

附（二）璧山县第×区××联保暑期兵役宣传周宣传队工作报告表

璧山縣第△區△△聯保暑期兵役宣傳週宣傳隊工作報告表　二十九年　月　日

項目/日次	時間	地點	宣傳方式及內容	宣傳對象及人數情緒	調查征屬家庭大概經過	勸募金錢物品數量	贈發征屬慰勞品及慰問經過	備攷
第一日	△月△日							
第二日								
第三日								

說明：1.本表以六欄為限每一欄照此延伸

2.本表由各宣傳隊填報二份以一份存各鄉鎮分會一份由各分會彙報總會

3.工作完畢各宣傳隊隊長隊員應於本表最末一欄后面署名蓋章

4.各欄規定事項務須詳細記載以憑查考

附（三）璧山县第×区联保暑期兵役宣传分会造具出征军人家属调查表

璧山縣第　區　聯保暑期兵役宣傳分會造具出征軍人家屬調查表

出征軍人姓名	年齡	住址（聯保　保　甲）	隸屬部隊	職級	出征日期	家屬姓名	家庭經濟情況	是否保甲征送或自動出征	已否領到優待款	入營後有無逃亡情形	是否本人服役或係頂替	備考

中華民國二十九年　月　日　分會主任委員○○○　宣傳隊正副隊長○○○　○○○

說明：一、凡係出征軍人家屬無論已否經保甲或學校調查及已否領到優待者均應查填

二、如係逃兵經此次覆查者應于備考欄內註明

三、本表各欄規定事項務須分別詳細填註不得遺漏

四、調查完畢參加調查人員應于最末一欄簽名蓋章以昭負責

五、此表查填一份由各分會逕報縣府核辦

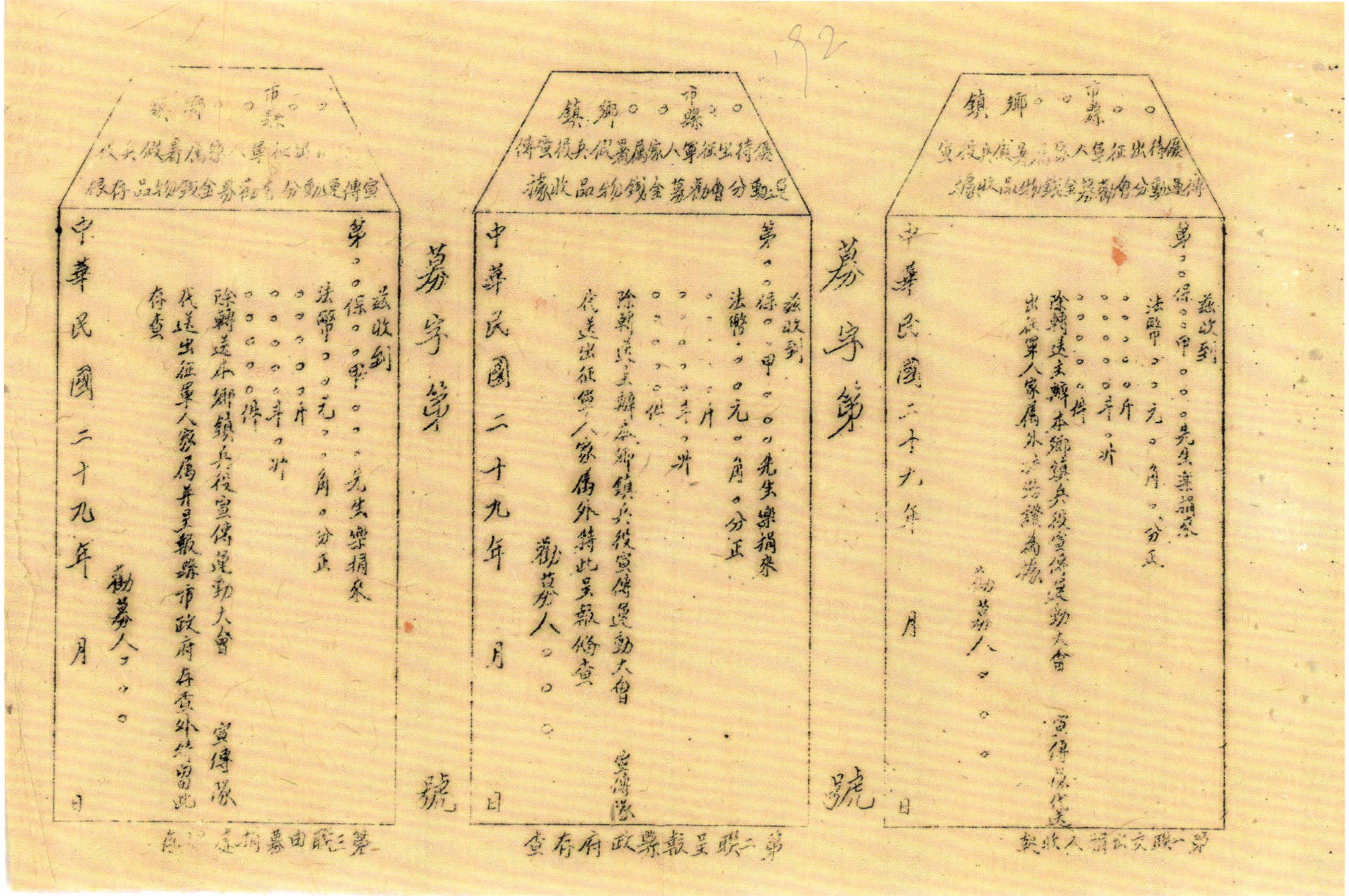
○○縣/市○○鄉/鎮優待出征軍人家屬暑假兵役宣傳運動分會勸募金錢物品收據

茲收到第○○保○○甲○○○先生樂捐法幣○○元○○角○○分正○○○○○件○○○○斤○○○○○升除轉送本鄉鎮兵役宣傳運動大會代送出征軍人家屬外此證為據

宣傳隊代表

勸募人○○

中華民國二十九年　月　日

募字第　號

第一聯交出捐人收執

○○縣/市○○鄉/鎮優待出征軍人家屬暑假兵役宣傳運動分會勸募金錢物品收據

茲收到第○○保○○甲○○○先生樂捐法幣○○元○○角○○分正○○○○○件○○○○斤○○○○○升除轉送本鄉鎮兵役宣傳運動大會代送出征軍人家屬外特此呈報備查

宣傳隊

勸募人○○

中華民國二十九年　月　日

募字第　號

第二聯呈報縣政府存查

○○縣/市○○鄉/鎮優待出征軍人家屬暑假兵役宣傳運動分會勸募金錢物品收據

茲收到第○○保○○甲○○○先生樂捐法幣○○元○○角○○分正○○○○○件○○○○斤○○○○○升除轉送本鄉鎮兵役宣傳運動大會代送出征軍人家屬并呈報縣市政府存查外特留此存查

宣傳隊

勸募人○○

中華民國二十九年　月　日

第三聯由募捐隊留存

璧山县政府、璧山县优待出征军人家属暑期兵役宣传运动委员会关于印发各级学校及联保保甲人员推行兵役宣传注意事项辑要致璧山县城中镇中心学校的训令（一九四〇年七月）

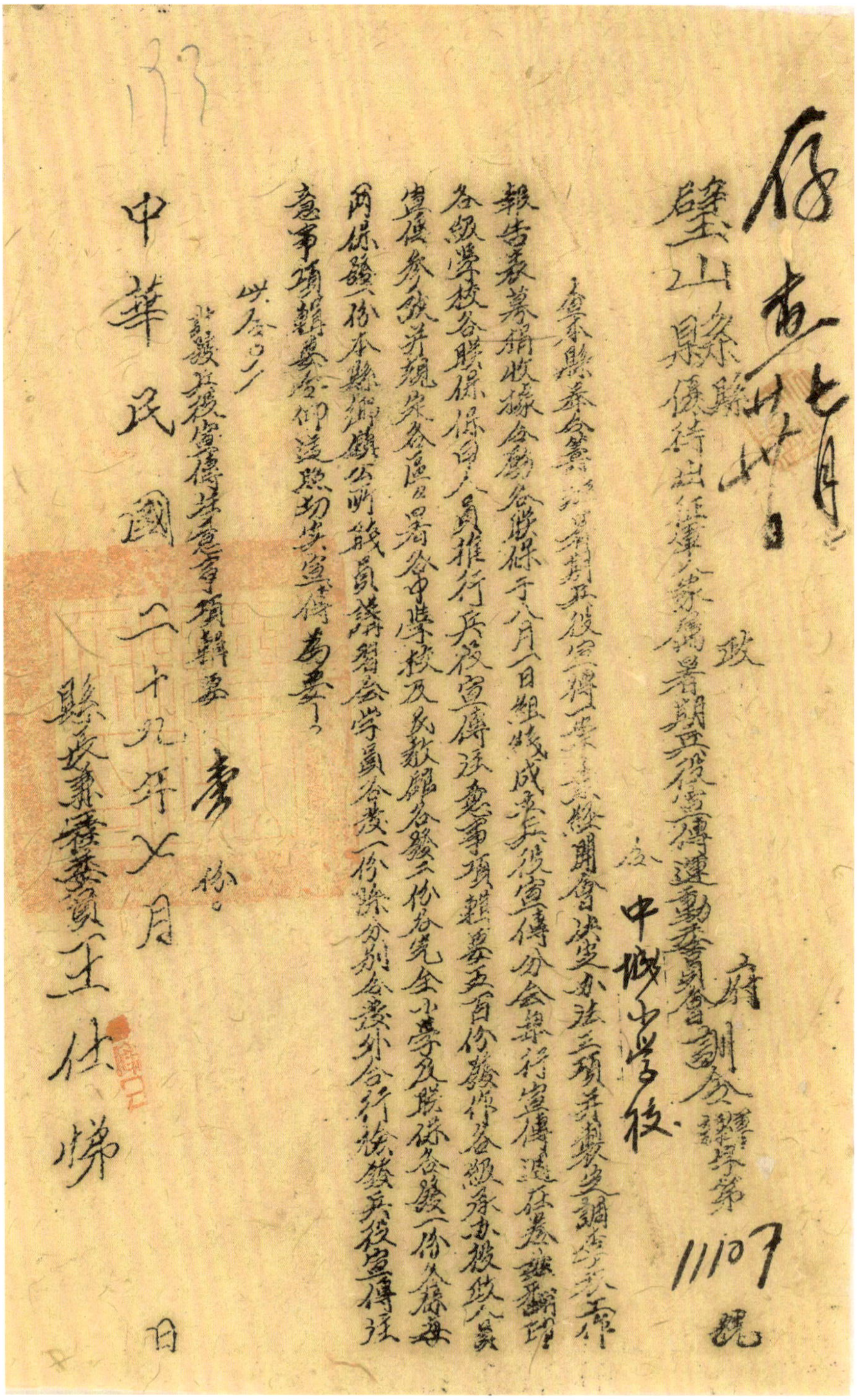

存查 七月卅日

璧山縣政府
璧山縣優待出征軍人家屬暑期兵役宣傳運動委員會 訓令 教學字第11107號

令中城中心學校

查本縣本會暑期兵役宣傳一案業經開會決定辦法三項并規定調查出征軍人家屬工作報告表募捐收據各由本會分發各聯保于八月一日組織成立兵役宣傳分會舉行宣傳[illegible]並翻印各級學校各聯保保甲人員推行兵役宣傳注意事項輯要五百份發給各級承辦役政人員[illegible]參考并規定各區區署各中學校及民教館各發二份各完全小學及聯保各發一份及各保每兩保發一份本縣鄉鎮公所職員講習會學員各發一份除分別令發外合行檢發兵役宣傳注意事項輯要令仰遵照切實宣傳為要。

此令。

計發兵役宣傳注意事項輯要 壹份。

中華民國二十九年七月　日

縣長兼主任委員 王仕悌

各級學校及聯保保甲人員推行兵役宣傳注意事項輯要

(一)前言

「要抗戰才能生存」，「要認真征兵，才能抗戰」。這是誰都知道的。敵人的侵畧目的，是要亡我們的國，滅我們的種。我們千百個城市，已給鬼子佔去；無數億萬財富，已給敵人搶去；幾百萬同胞的生命，已給敵人殘殺……。這些損失，想諸位早已知道。諸位不要以為還沒有直接加在我們頭上來吧。四川省決不是抗戰中的安樂窩，因此深望我們各級承辦兵役事務的同志，馬上興奮起來，把「苟且偷安」、「畏難不前」、「自私自利」的一切惡習性，徹底革除，牽着深明救國自救道理的學校教師學生和地方父老兄弟們的手，跑到還在「大夢未覺」的廣大人群中去，把敵人殘暴行為，和救國即自救的道理……等等，向他們號呼，哀告，要他們努力當兵。你們是大中華的國民，是新中國的公務人員，是智識階級份子，是民眾的領導者，你們奮起吧！抓住時機，苦幹、實幹、硬幹、快幹啊！學怨算得上什麼？！

這次同你們講兵役宣傳，是簡單的、扼要的，其他方面，還望自行參照兵役法令、時事新聞、中外愛國故事，去力行吧！！

(二)宣傳工作的重要性在那裡？

日本鬼子，為什麼調兵來打中國？中國為什麼要抗戰？國民政府為什麼要實行征兵呢？國民為什麼人人都有當兵的義務？當兵有些什麼好處？不當兵有些什麼壞處？那些年歲的人，要應該當兵？那些人可以暫時不當兵？中國和日本打仗，目前的戰況怎樣？最後勝利是誰得到的？上面這些問題，人人都要知道，才能說得上打仗、征兵。兵役宣傳，就是向民眾講述這些問題，使他們了解然後才可以激起他們的奮概，發動他們的力量，這是可斷言的。

(三)宣傳工作怎樣做法？

(甲)為避不可失掉的宣傳時機，要切實利用起來：

1.逢場日期。 2.茶館酒店人多的時候。

3.一切喜慶喪葬，以及任何集會。 4.爐邊烘火，夜晚乘涼的閒談場中。

184-1

（乙）自己打算：

1.平時多搜集材料——報紙、雜誌、兵役刊物、中外愛國故事、名人講演集……等等，凡屬於抗戰宣傳能用得着的東西，都可以拿來作參考。

2.材料要通俗，要合乎大多數民衆的需要，要富有刺激性，要包含着「喜怒哀樂」的表情在裏面。

3.言語要清晰，態度，溫和。

4.要從大處着眼，從小處着手，要從被宣傳的本身說起，再引到宣傳中心意義，比方說：「今年的東西為什麼這樣貴，這就是鬼子弄來害我們的」，「為什麼要這多的人去當兵，也就是鬼子來害我們的」，凡屬於這一類的反問，我們都可以把他利用起來。

5.宣傳者要把自己的身份忘掉，切不可把自己當做高人一等，否則就會引起反感的。

6.宣傳者要有堅忍、耐勞的精神，切不可一碰到沒有人接受宣傳，或稍覺有些喫力，就把工作下。

7.多預備些掛圖，有宣傳時機到來，就把他掛出去，以吸收觀衆的注意。

（丙）對被宣傳者說話的幾個例子：

1.關於免役、緩役，政府已有詳細的規定，該當兵的，就要自動入營，切不可受地方上歹人的慫弄，那時用了錢，還要受法律的裁制。

2.逃避兵役，是怯懦的漢奸舉動。就是逃也無處可逃，因為到處都在征兵，到處都有人拿在捉拿逃避兵役的人，捉住了，除了受處罰外，還是要當兵。假若你逃了，你的家屬逃不了；你一家人都逃了，你的財產總逃不了。

3.逃避兵役而從匪的人，尤其愚笨，因為做了匪，不被政府的剿匪軍打死，就必定會病死餓死，這樣的死去是何等的羞恥呢？

4.日本鬼子，在我們的淪陷有縣裡，已有強迫我們的壯丁，為他們當兵，來打中國人了。可見當兵這件事，無論在什麼地方，都免不了要當的。這時不當兵去打鬼子，將來就會為鬼子當

184-2

兵未打日本父母兄弟。

5、你們互相監督，你們互相勸告，互相鼓勵才好。

6、你們有什麼冤屈，請向政府呈稟，政府決為你們伸冤排難，怕惡勢力的人，是怯懦者，不平的地方，希望你們公開檢舉，或秘密申訴，政府決對依法懲辦。

7、不瞭解的地方，可向我們這邊來問（區署、聯保、保甲、辦公處、學校），我們知道的，就馬上告訴你們，不知道的，也即替你們寫信到縣府或團管區、師管區去問——就是你們直接向上面去問也可以。

8、出征壯丁家屬，沒有得到優待証的實戶，可以檢具証件呈報聯保轉請縣府補發物資優待証，憑証領取積谷，已領優待証聯保不發谷的可以到縣府控告。

9、壯丁要由保甲抽籤，如果自己跑到部隊上，隨便補一個傳遞兵、看護兵、炊事兵或其他名義，非經保甲抽籤的即不能享受優待，且在本縣的兵役義務亦不能解除。

10、征屬領得積谷後，如果家庭遭遇意外災變的，可以填具出征壯丁家屬救濟請求書，經保甲長轉呈縣政府發給現金予以救濟。

11、請想想鬼子為什麼要派兵來打中國，我們為什麼要抵抗。

12、[illegible]有些什麼痛苦。

13、不當兵打鬼子，就要受亡國滅種的慘禍，那時候[illegible]會。

14、當兵的人可以得到許多優待，如：

一、當兵的人，到處有人歡迎歡送。

184-3

(二)可免地方征工，家裡的人生了病，到公立医院治療，不納費，，旨積谷領，，欠了人家的債，可以暫時不還，借積谷不要利息，，家屬沒有飯喫可向政府請求救濟。

(三)為國家爭生存，為死難同胞復仇，為自己保護父母妻子，祖先坟墓，生命財產。

(四)可以學習技能，鍛鍊身體，將來可以成大功，立大業，作個轟轟烈烈的偉人。

丁、怎樣寫標語、貼壁報。

(一)標語字跡要清楚，潦草了或故意裝作的美術字，一般人看不清楚，要避免不用。

(二)多作牆壁標語，石岩標語，電桿標語，這類標語最顯明又耐久。紙標語是一種臨時的辦法，可少用，布標語太貴，可酌量經濟力量去作。其他如抗战地圖，是不可少的。

(三)區署及联保要一定編貼壁報，壁報可以把他分成若干欄，如：：國內外大事，地方新聞，問題解答，兵役法令，等等，材料不外抄錄報紙，採訪地方新聞，根據人民問話，抄錄兵役法令等。

(四)標語或壁報，都要力求通俗，非不得已時切不可採用文言辭藻。

(四)附帶提供兵役法令幾條最適用的條文

甲、非常時期，那些年歲的人，要應該當兵？

(一)由十八歲到四十五歲，這中間的人，如果沒有免役或緩役原因的，就應該當兵的，，雖富貴子弟，也不能例外。

(二)現在我們召集入營當兵的壯丁，是自十八歲起，至三十五歲為止的甲級壯丁，，其餘那些三十六歲至四十五歲的乙級壯丁，要[illegible]運[illegible]兵時才征集入營。

184-4

乙、那些人可以免役或緩役？

（一）身體殘廢的人，可以免役。

（二）1、獨子 2、在高中或同等學校以上畢了業的。3、目前身體患重病，最短期間醫治不好的。4、主任官公事務的，5、現在當教員的，6、同胞兄弟已有半數在營服役（半數稍減一人計算）的，7、父兄俱無，若被征入營，家庭就不能生活的。以上七種可以暫緩入營。

丙、違反兵役法令的人，要照下列條文處罰

（一）應該當兵而隱匿不報的，處一年以下徒刑，妄報年齡的也同樣受罰。

（二）妄報免役緩役的，處二年以下徒刑，其囑託者亦同。

（三）對於身體檢查、抽籤、征集無故不到的，或居住遷移不報的，處二年以下徒刑。

（四）逃避兵役的，處五年以下徒刑。

（五）唆使他人避免兵役的，處七年以下徒刑，反抗征兵的，處七年以下徒刑，首謀者處死刑。

丁、懲治貪污的條款

（一）尅扣壯丁伙食，以尅扣軍餉論罪（處死刑或無期徒刑，或十年以上有期徒刑）。

（二）藉勢，或藉端勒索的，處罰與前条一樣。

（三）玩忽兵役法令，也要按情節輕重，予以處分。

五、最後提示幾個辦理兵役的重要原則

194-5

(一)以身作則！將自己的兄弟親朋，先行推送入營。
(二)任勞任怨！不怠工，不講私情。
(三)注意隨時調查，隨時登記。
(四)徹底遵行法令。
(五)要拿出誨人不倦的精神，對民衆多說話。
(六)注重歡送，優待，鼓勵，互助。

璧山縣縣政府
璧山縣動委會 翻印
二九、五。

璧山縣政府
璧山縣動員委員會

10

璧山縣防護会議紀錄

一、日期　二十九年八月六日

二、時間　上午八時

三、地點　民教館

四、出席人員

渝北警備區司令馬維驥、陸軍新編第二十九師參謀長周學凱

陸軍新編第二十九師參謀處　李庚星

陸軍新編第二十九師參謀　潘茂　游晉槐　廖順德

陸軍新編第二十九師特務連連長　張宗群

璧山縣縣長　王仕樸

璧山縣縣政府民政科科長　黃經文

璧山縣政府軍事科科長　龍履濂

璧山縣政府建設科科長　樊寶勳

璧山縣政府國民兵團副團長　呂希階

[illegible]

璧山縣政府民教館館長　何鯀　已制卡

璧山縣政府動委會秘書　鍾芳銘　已制卡

指導員　[illegible]　已制卡

璧山縣政府財委會　胡仲　已制卡

王秉德　已制卡

璧山縣政府商會代　萬齡

璧山縣衛生院院長　甫維　已制卡

璧山縣城中鎮鎮長　王良貴　已制卡

三民主義青年團璧山分團　何戢初　已制卡

璧山縣警察所所長　岳德寬　已制卡

璧山縣城東鄉鄉長　姜璜　已制卡

璧山縣城南鄉鄉長　龍鱗鳌　已制卡

璧山縣抗敵委員會書記　蘇燦鑾　已制卡

11

五、主席　高司令　紀錄（周參謀長代）

六、紀錄　秦負初

七、開會如儀

八、主席報告會議理由

今天防護會議本決定於七月三十日舉行，後以礐山被炸，知道地方機關正忙於一切善後，因故存今天。根據此次被炸的教訓與覺悟，今日會議意義之重大，高司令官因為要公不克親臨，所以席參加，特指示若干原則，派本人代表主持

礐山今有防護團的組織及設備，很為人民所欣賞，自可以安心

關於行方面的設備，有損失不致太大，其根據以下幾點理由：礐山被炸的教訓，及一天一天增加，因此加緊防護一切設施，格外覺得迫切

一、依地形關係，礐山係公路交叉點，為敵機轟炸必經過之孔道

二、礐山工廠建築及機關數多，人口增加

3、敵人轟炸的要得要毀滅重慶附近都市
4、合川及其他縣份被炸給以教訓
5、使人民離難免有不肖之徒為敵機指示目標
6、八哉對防空知識之缺乏尤其於趕場時之無秩序
7、最後緣「八一」轟炸的血的教訓用不着多說理由

總之有備無患多一分準備少一分損失在良心上責任上都須得與各位有討論的必要以求集思廣益收事半功倍之效望各位各抒高見尤其對於過去防護缺點之檢討及將來如何加強的問題盡量貢獻意見並請各單位負責人報告「八一」被炸經過情況其次本日開會的程序先介紹出席參加的人員其次各部門報告再其次才開始討論關於防護方面之各種事項、

九、李參謀主任報告合川被炸情形（略）

十、王縣長報告璧山被炸情形（略）

十一、決議事項

（一）主席提組織璧山縣防空指導委員會案

決議：（1）通過設立。

（2）推定李參謀主任為主任委員，推定軍訓部代表、十九師、參謀處代表、航委會防空學校教導總隊代表、砲兵第三旅代表、六十九師特別黨部張書記長、璧山縣黨部蘇書記長、璧山縣財委會胡委員紀、中、齊會榮委員、覃團長、國民兵團呂副團長雲階、三民主義青年團璧山分團主任何載黎、衛生院鄒院長、璧山城中縣立校長朱青、士紳蕭兆惠、朱顯祥等為委員。

（三）參會辦事細則及防護計劃於本週星期五上午八時第一次委員會時擬定（開會地點仍假義務館）

（六）奉文任提消防隊、拆卸隊、救護隊組織如何增加案

決議：（一）消防隊組設兩中隊，每隊分為消防拆卸兩組，消防組隊員八十名，以二十名運水，以二十名架設水龍，以二十名使用水槍，拆卸組三十名由璧山城廂保甲長二十九鄉八十七閃名組織一中隊，限期編組設置

（二）消防拆卸所需器材，除向民間徵集外，再酌量添置

（三）救護隊除紅十字會原有的隊外，再由八十七團醫務所組織一隊，使用之擔架，交由城廂保甲長派丁充伕。

13

3、岳警佐提警戒部隊如何增加案

決議：由岳警佐繪具警戒分配界限圖後，交指委會酌量增加

4、衛生院蔡院長提議重傷住院難民伙食如何籌備案

決議：由救濟難民捐款項下酌量支付

5、李主任提消防隊實施訓練案

決議：如中隊編組完竣點驗後，即舉行演習，再由指委會議計劃訓練

6、王縣長提開闢火巷案

決議：由指委會決定應拆火巷街道後，交縣政府動委會商會縣黨部民教館派員會同工兵師派兵一連負責執行

7、王縣長提防護設備經費如何籌集案

四

決議 (一)暫定五千元以抽收兵捐或另募方式籌集
(二)補充器材經費自本月份需暫由財委会墊支壹千元備用
(三)更換手槍由縣長蓋章出據向財委借撥

8. 動委会鍾秘書提預行警報懸掛旗幟案
決議 通過 交指委会規定辦法後照办

9. 縣党部蘇書記長提附城構築防空壕案
決議 劃定縣城區及郊外防空壕地点飭保甲負責構築
交指委会擬定計劃施行

10 主席提宣傳工作如何推動案
決議 推定二十九師特党部動委会縣党部三民主義青年團民教館負責由張書記長召集会議進行

14

11、李主任提警報期中嚴防漢奸案

决議　(一)疏散鄉外民衆均有緝捕漢奸責任

(二)指委会妥擬办法從執行

12、岳警佐提集市日期及時間如何規定案

决議　由商会通知各商家逢市日期提早時間營業至遲不過午前十鐘即飭歇業

13、岳警佐提警報期趁火打劫者如何懲办案

决議：(一)呈請渝北警備區司令佈告趁火打劫者拿獲就地槍决

(二)由縣府佈告嚴禁違則依法嚴办

14、王縣長提西門外橋樑炸毀如何修復案

决議　籌備木料暫搭木橋派員督同木業工会办理

璧山县城区防护计划草案（一九四〇年八月二十五日）

35

璧山縣城區防護計劃草案

密③第2050號

中華民國廿九年八月廿五日發出

36

璧山縣城區防護計劃草案

中華民國二十九年八月八日

(一)目的

為使空襲時璧山縣城郊人民及軍隊之生命財產求得安全減少損害以保持抗戰力量計應集合軍政党各机關之智力人力加緊防護設施共策推行俾收協同一致發揮最高防護之効力為主旨

(二)方針

依敵機一般之性能璧山地理之環境社會之組織物質之建設以及市民智識及技術之程度諸端作切合實際防空為主而策定之

(三)防護設施

甲、組織及規定

一、組織系統：仍照原璧山縣防空協會組織系統加以調整並組織(防護指導委員會(以後簡稱指委會)以資協助及貫徹組織系統如附表)

六、參加人員編制任務：按照防護團之編組並調整之如附表第二及第三

三、消防隊之編組：由城區原有之消防隊加以補充整訓改為第一隊並另由新廿九師組織一隊為第二隊及其他軍隊民眾組織之臨時消防隊編成之如附表第四（附器材配賦表）（暫缺）

四、救護隊之編組：

1、由駐軍新廿九師野戰醫院組織一隊並於必要時負責收容重傷十名

2、駐軍新廿九師第八十七團衛生隊於必要時可酌量收容重傷十名

3、戰車防禦砲[illegible]營[illegible]組織一隊並附擔架五架[illegible]負責收容重傷十名

37

四、璧山衛生院組織一隊並附担架兩隊盡量收容重傷人員

五、各部收容之重傷人員以能於五日内由縣設法轉送中央醫院治療為限

六、各隊人員編組如附表第五（附器材配賦表）（暫缺）

五、自衛隊之編組：由整軍新廿九師特別黨部璧山縣黨部璧山縣動員委員會三民主義青年團璧山分團組織之如附表第六（暫缺）

六、警戒區域之分配：由新廿九師軍訓部特務連國民兵團警察所分別担任其區域劃分如附圖第一

七、疏散區域之分配：如附圖第二

八、防空哨有十六秩：如附圖第三

九、警報所之設置：璧山目前之警報所係由防空監視哨兼任且因每於警報時只以敲鐘作記號隨時皆有聽覺不及之感故決在城

區東南西北四面增設分所或瞭望並加用銅鑼（音响表示敵襲警）
及各種旗幟分别表示情況（如附圖第四）外，更須增設毒氣哨若
干，其情況表示另行規定之。

乙、準備

一、規駐璧山城郊之駐軍部隊（戰車防禦砲教導總隊、砲三旅）須自行
經始構築防空壕，式樣俟再通知，縣府發動地方民衆大量構築之。城區
附近由指委會負責劃定地點，經始後再通知縣府轉飭保甲征丁構築，
其區地之分劃勘定如附圖第五。

二、由縣府指定難民收容所數處，務於必要時收容難民之用，並利用中央
賑濟委員會在璧設立之難民收容所，以擇定之各處地點及一切設
具從事收容。

三、各消防隊所需之人員器材由防護團照實際需要數量補充，利用徵發整

38

理齊備後即加緊訓練，再由指委會定期檢閱之。
四、各救護隊須限期編組訓練完成，並由指委會定期檢閱。壁山衛生院并應於城外選定較安全隱蔽之處設重傷醫院一所，以備不虞。
五、勸查城區各街巷於必要處所開闢太平巷，請由新廿九師酌派部隊補助執行。
六、八二、七被炸毀之交通要道應立即設法恢復，小東門外炸毀之石橋由縣府商同木業工會暫勸木材先行趕日修復，以濟急需。
七、清查城區戶口，疏散不必要住城之居民下鄉，尤應驅逐無業流氓，先由縣府規定其疏散區域，令飭各保甲清查，並勸告自動疏散，否則由軍警強制執行。
八、關於防止漢奸問題，由縣府利用保甲組織清查之，並由衛戍部稽查所、新廿九師稽查處及壁山警察所分別負責，但一般民眾均有檢舉責任。

三

九、警戒人員之崗位可利用各住戶門前置備之沙包搬集成防空壕上覆以磚瓦以防危險不足時由崗位附近之住戶分別增多儲備沙包以備構築

十、防護臂章由防護團規定自製發

丙、宣傳

宣傳人員應按左列規定之事項擴大宣傳

一、文字：說明敵機之罪惡與一般常識及分級防護之方法（須經審核後始能印發）

二、圖畫：繪製空襲慘狀及防空壕之構築法與地勢之選擇不對稱藝規則及燃燒彈放光爆裂時之危險等圖畫）

三、演講：

1、敵機之罪惡與一般手段（充以對敵機一面轟炸一面散發荒謬傳單者

俾使個人須予各界以徹底之講解

〢、漢奸為敵機指示目標之危險及人民應以其識破方法及檢舉緝捕責任

〣、普通防空常識特別關於衛生方面之注意（如攜帶救急藥品夜間須帶簡單衣被以防夜涼生病

〤、構築防空壕及購辦防毒口罩之重要

〥、交通燈火管制之重要

〦、各種顯明物件之影響（如帳蓬窗標採曬衣物布匹及香火等）

〧、漢奸自首之寬恕（照漢奸自首條例規定）

〨、定期趕場之弊害

〩、不必要之居民應即早疏散下鄉以免無謂犧牲

四、宣傳材料可由指委會宣傳組隨時規定

五、宣傳範圍僅限於防護事項

六、防護諸規則務使民众了解遵守

丁、訓練

一、擔任消防救護交通管制等部隊須施以相當時日之訓練並由防護團負責督飭檢閱及演習時間由指委會指定之派員檢閱之

二、選派擔任消防救護業務之民衆團体可由指委會分別派員指導訓練俾便於必要時增厚防護力量

三、檢閱及演習由指委會規定日期舉行其詳細計劃另定之

(四)防護規則

「總則」

第一條　凡在璧山縣城區附近之机關部隊民衆概應遵守本規則之規定

第二條　各地區之居民須得接受交通管制灯火管制部隊及防護團

40

指委會人員之防毒指導

第三條 凡位處山城區附近之鄉鎮保甲長應擬發各處當地修築防空壕或防洞或掩蔽部等之事，並可由防護團指委會督促指導之

第四條 無論公私建築物一律塗為黑色或灰色以減小目標為原則

第五條 各商店白色或顯明物質材料之帳篷及商標等均應嚴加取締

第六條 如服白色衣物者一聞警報應立即收藏，必要時警戒部隊應予罰款行之

第七條 發警報後各部隊人員及民眾應速進避難，帶必要物件進入防空壕洞或疏散於郊外，發出警報後警報解除之前，交通管制部隊得禁絕交通

第八條 各防護人員一律不得擅離職守

第九條 關於通信連絡方面仍按原來規定施行之

第十條 空襲發生時如有行跡可疑類似漢奸及其活動份子者警戒及交通管

五

副部队长得命其所属组以跟从查缉竟逮捕

第十一条　发觉中如有聚众打劫者除依律报县府依章转呈论所犯警备司令部以军法惩办

第十二条　如有不服护防义规定刁难护义人员之指导者得酌情处以奉元以内之罚金按违警罚法报告委会会商决定交护团执行

第十三条　在防护中特殊努力防护著有成绩之人员或团体由指委会议定分别奖励办法

「消防」

第十四条　平时由各防消队长负责召集全体消防人员训练

第十五条　警报时各消防人员应即随时就规定位置遇有消防事宜应立务要为

第十六条　发现燃烧时虽未解除警报而敌机已逸离空时即不失时机完成其扑灭任务

第六十七條　平時境內城區住民備儲大量沙包（至少每戶一百斤）積水（至少每戶二担）

「救護」

第六十八條　聞警報時各救護人員應靜候指揮之後置準備一切救護事宜

第六十九條　如敵機施放毒氣或爆炸後應不失時機施救遇難之人員但須待敵機離畢遠離市空後始行動作

第七十條　凡於空襲時被難身死之人民如在四小時以後尚無家屬承領者概由救護組之掩埋隊掩埋

「交通、燈火管制」

第七十一條　空襲警報發布後無論軍民應立即攜帶必需要件進入防空壕或疏散至野外既定之隱蔽地區不得逗留在城區街市或公路及交通要道緊急警報發布後除負有必要防護任務之人員外即禁絕任何行人行動必要時得由警戒部隊

強制執行或臨時拘禁之

第二十二條 夜間發空襲警報後除一律熄滅灯火外並不得臨時生火吸烟使用電筒或其他灯火閃光

第廿三條 凡點有汽灯之機關或民眾團体須預先指定熄滅汽灯之人員隨時訓練熄滅以免臨時慌亂

第廿四條 各軍民夜間進入防空壕時或疏散於郊外須先將住房內一切灯火熄滅必要時警戒部隊得強制執行並取締放鞭炮及燒紙錢等以免增加地上目標

第廿五條 擔任警戒之部隊不得隨意開槍射擊並阻止負有防護任務人員之通行

第廿六條 防護部隊之各級人員如有不盡職責者得視其情形之輕重分別從嚴懲處

41-1

（五）關於空襲後之善後救濟處置與恢復市面及防護器材之籌集等事項由地方當局組織委員會辦理並由防護指導委員會協助規劃之

（六）關於指委會與防護團之組織與業務劃分決定指委會負設計責任防護團負執行責任其業務詳細分配情形如附表第七

（七）指委會及防護團所在地為決策救護機關以市縣黨政會委員一人副團長一員常川駐在機關以便利業務處理臨時發生之緊急事件

（八）本計劃自大會決議通過之日施行如有未盡善處得由指委會報集委員會議決議修改之。

（附表第一）

璧山縣防護指導委員會防護團組織系統表

- 防護指導委員會
  - 設計組
  - 訓練組
- 防護團長
  - 消防組
    - 第一隊
      - 水龍隊
      - 水槍隊
      - 運水隊
      - 拆卸隊
    - 第二隊——同第一隊
  - 救護組
    - 擔架隊——各分隊
    - 治療隊——各分隊
    - 服務隊——各分隊（包括婦女團體組織者）
    - 看護醫院
    - 掩埋隊
  - 警戒組
    - 城中區
    - 城東區
    - 城南區
    - 城西區
    - 城北區
      - 交通管制
      - 燈火管制
  - 情報組
    - 警報總所
      - 各分所
      - 各瞭望站
    - 警報哨——各分哨
  - 宣傳組
    - 第一隊（文字）——各分隊
    - 第二隊（圖畫）——各分隊
    - 第三隊（演講）——各分隊
  - 賑濟組
    - 籌集課
    - 出納課

42

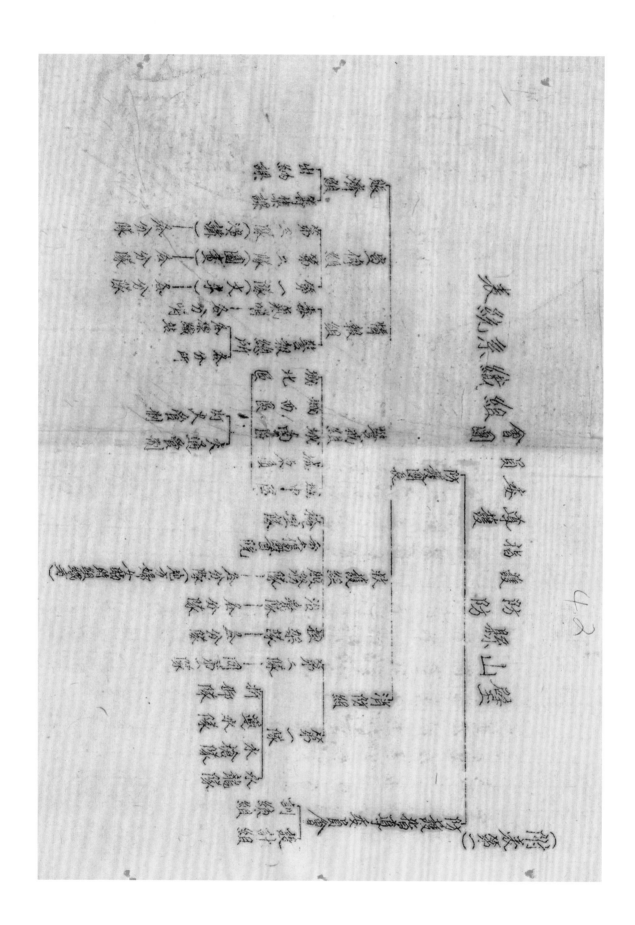

附表第五(一)

璧山縣防護指導委員會委員姓名表

職別	姓名	原服務機關及職別	備考
主任委員	李庚星	渝北警備區司令部參謀主任	
設計組組長	高祖武	陸軍戰車防禦砲教導總隊部副官	
委員	黃漢臣	砲四團一營	
	游晉槐	陸軍新卅九師司令部參謀	
	李傑川	重慶衛戍總司令部璧山稽查所督察員	
	王玉貞	縣委會璧山[illegible]主任	
	蘇燦瑩	璧山縣黨部書記長 紅十字分會主任	
	張潤身	璧山縣動員會指導員	
	何鼓鑾	璧山縣民教館館長 [illegible]	
	戴嵩齡	璧山縣縣府參議 委員	
	鄭九思	士紳	
	朱顯祥	士紳	
訓練組組長	王世懋	璧山縣縣長	
委員	魏詠椿	東訓部特務連連長	
	張崇群	陸軍新卅九師特黨部書記長	
	呂雲階	璧山縣國民兵團副團長	
	鄢維	璧山縣衛生院院長	
	王良貴	城中鎮鎮長	
	龔璜	城東鄉鄉長	
	龍麟蓀	城南鄉鄉長	
	彭永照	城西鄉鄉長	
	曹熙居	城北鄉鄉長	

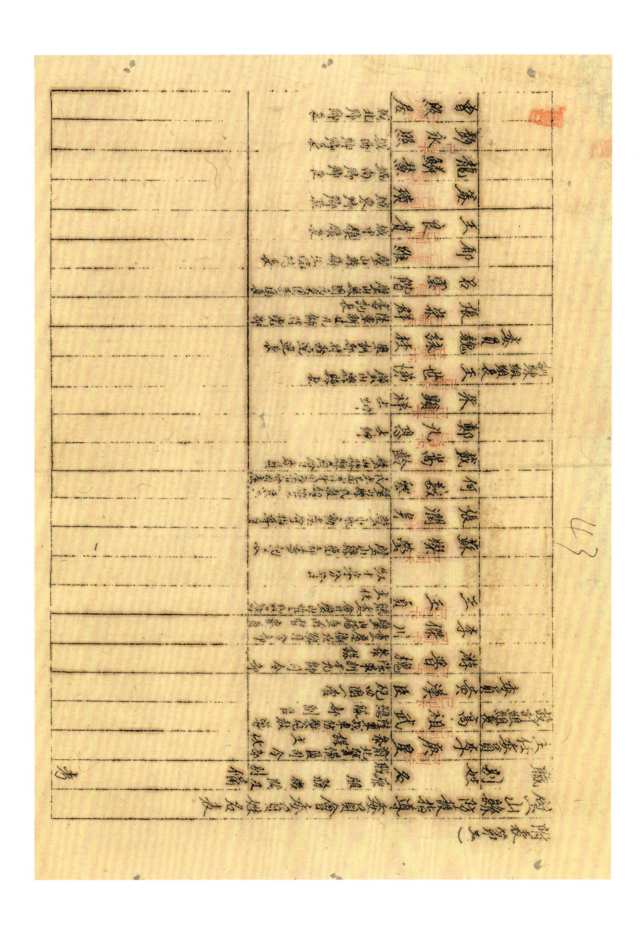

44

（附表第三（一））

璧山縣防護團服務人員姓名表

職別	姓名	原屬機關及職別	備考
團長	王作悌	璧山縣縣長	已制卡
副團長	岳眾階	璧山縣國民兵團副團長	已制卡
	岳德寬	璧山縣警察所警佐	已制卡
消防組長	黃曉林		
第一隊隊長			
第二隊隊長			
救護組長	郁繼		已制卡
担架隊長			
治療隊長			
服務隊長			
重傷醫院院長			
掩埋隊長			
警戒組長			
城中區警戒隊長			
城東區〃〃〃			
城南區〃〃〃			
城西區〃〃〃			
城北區〃〃〃			
情報組長			
警報所所長			
毒氣哨哨長			
宣傳組長			
第一隊隊長			
第二隊隊長			
第三隊隊長			
賑濟組長			
籌集課課長			
[illegible]課課長			

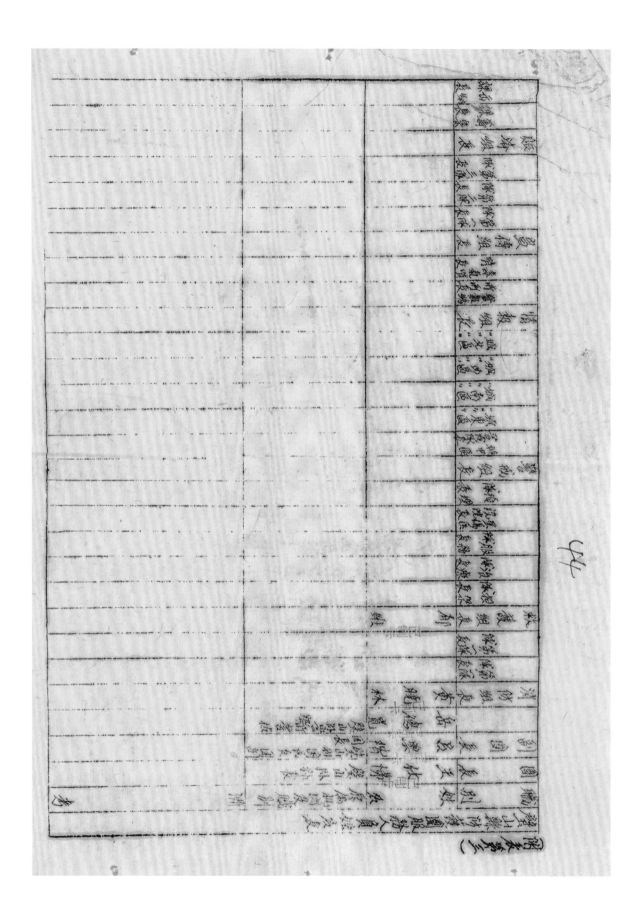

謝

璧山縣城區警戒分配要圖

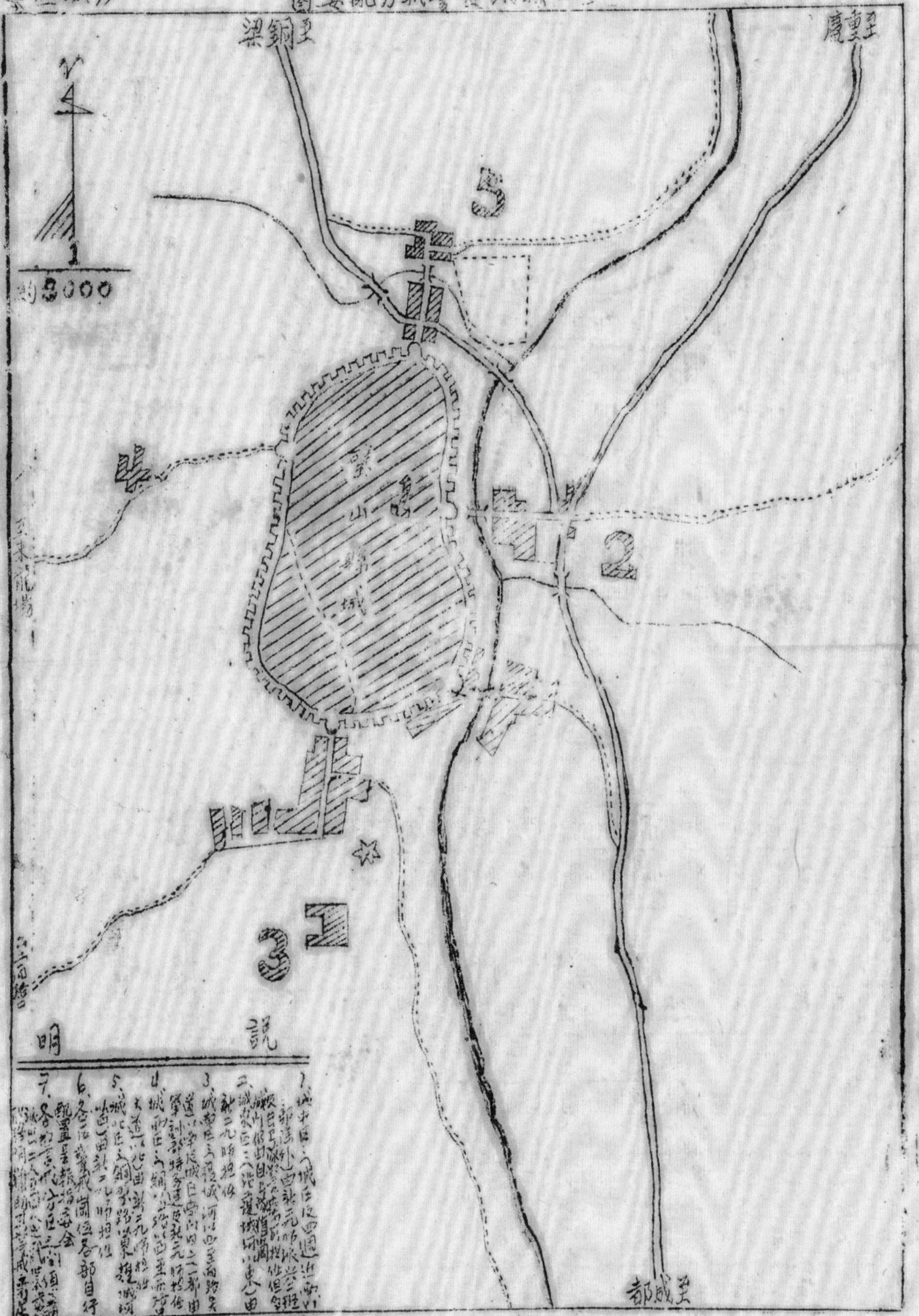

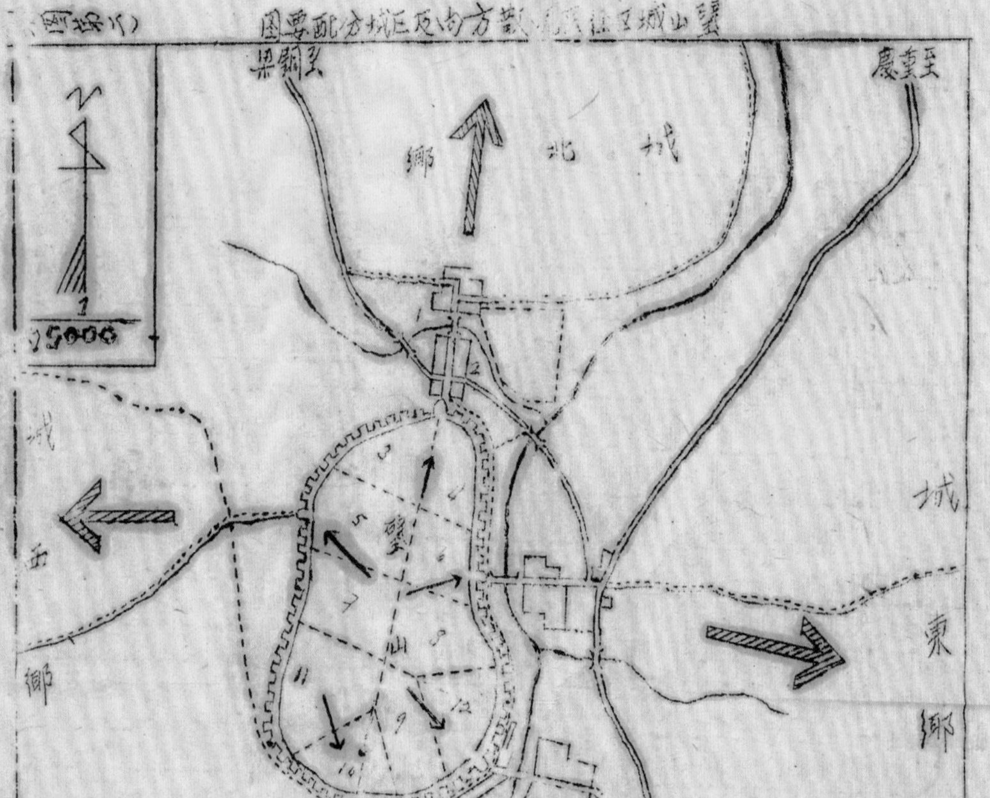
（附图八）
璧山城区
散方向及城区分配要图
至铜梁
至重庆
城北乡
城西乡
城东乡
城南乡
璧山
至成都
说明
一、城区内外之数字系代表城区所属各保之数目
二、系表示疏散方向

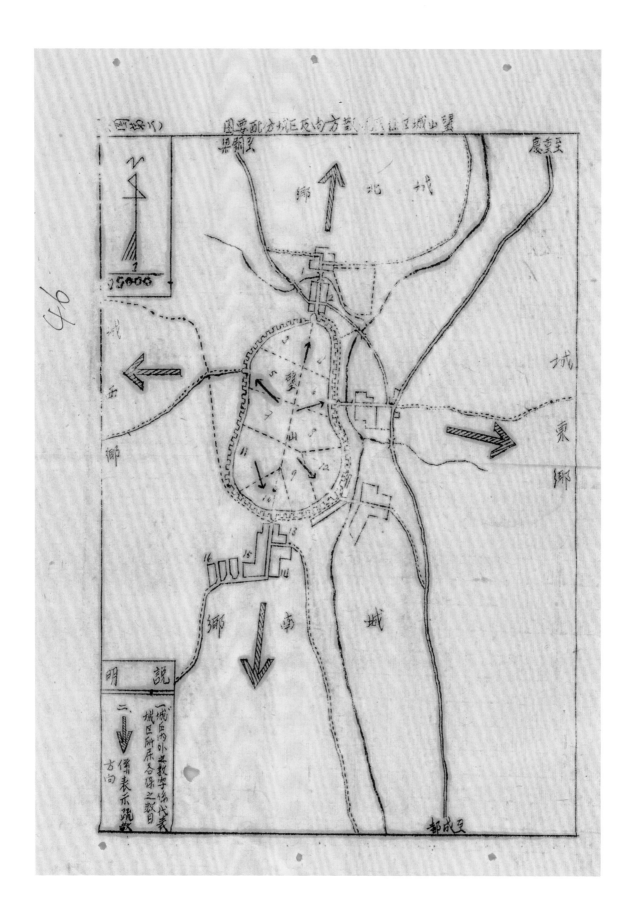

（附圖第三）

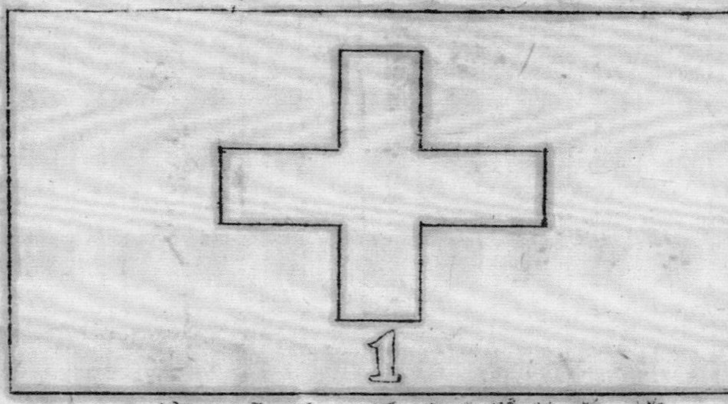

救護隊臂章式樣　灰底紅字

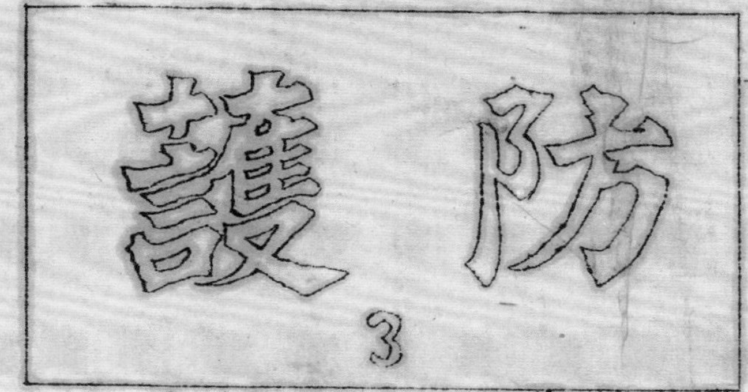

防護人員臂章式樣　藍底紅字

消防隊臂章式樣　黑底藍字

說明

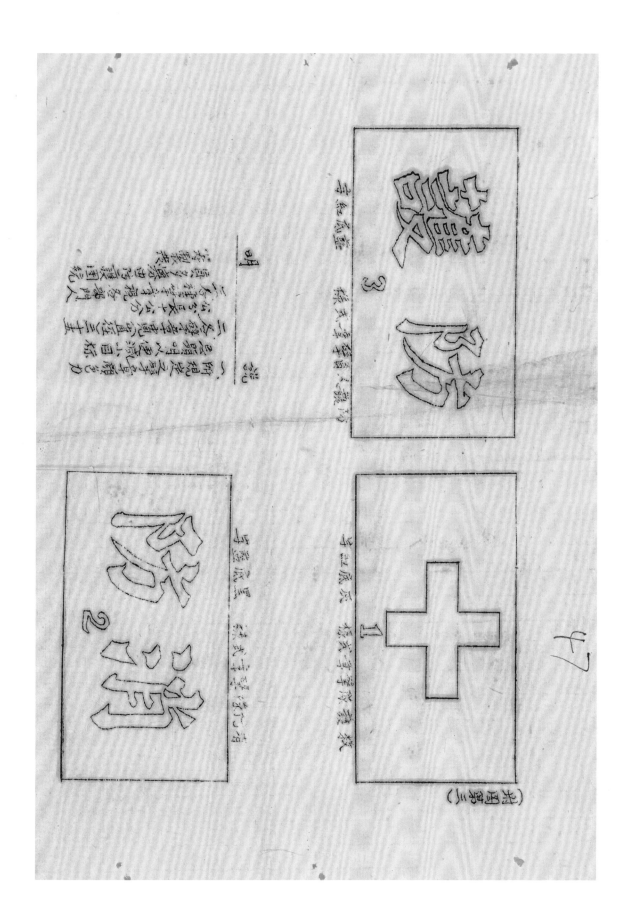

一、所規定之臂章章顏色力求顯明以便減小目標
二、各臂章寬（直徑）三十五公分長十公分
三、各種臂章視各部門人員多寡由防護團統籌製發

48

（附圖第四）

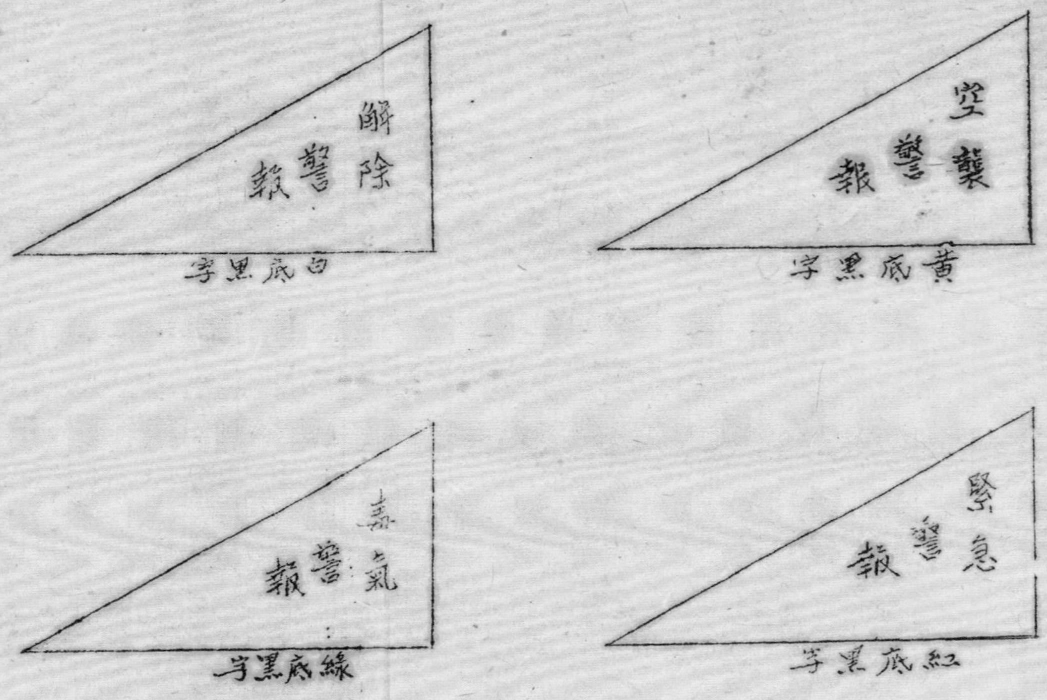

說明

一、所規定之旗幟顏色力求鮮明，使成小目標

二、各種旗幟寬（直徑）六十公分長四十公分

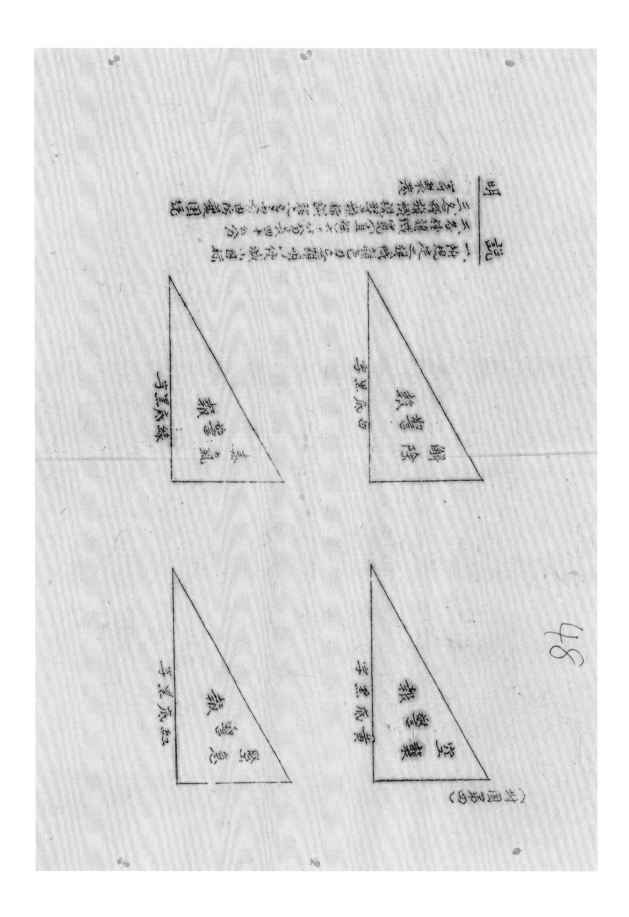

三、各種旗幟視警報標識，懸之各鄉由防護團統籌製發

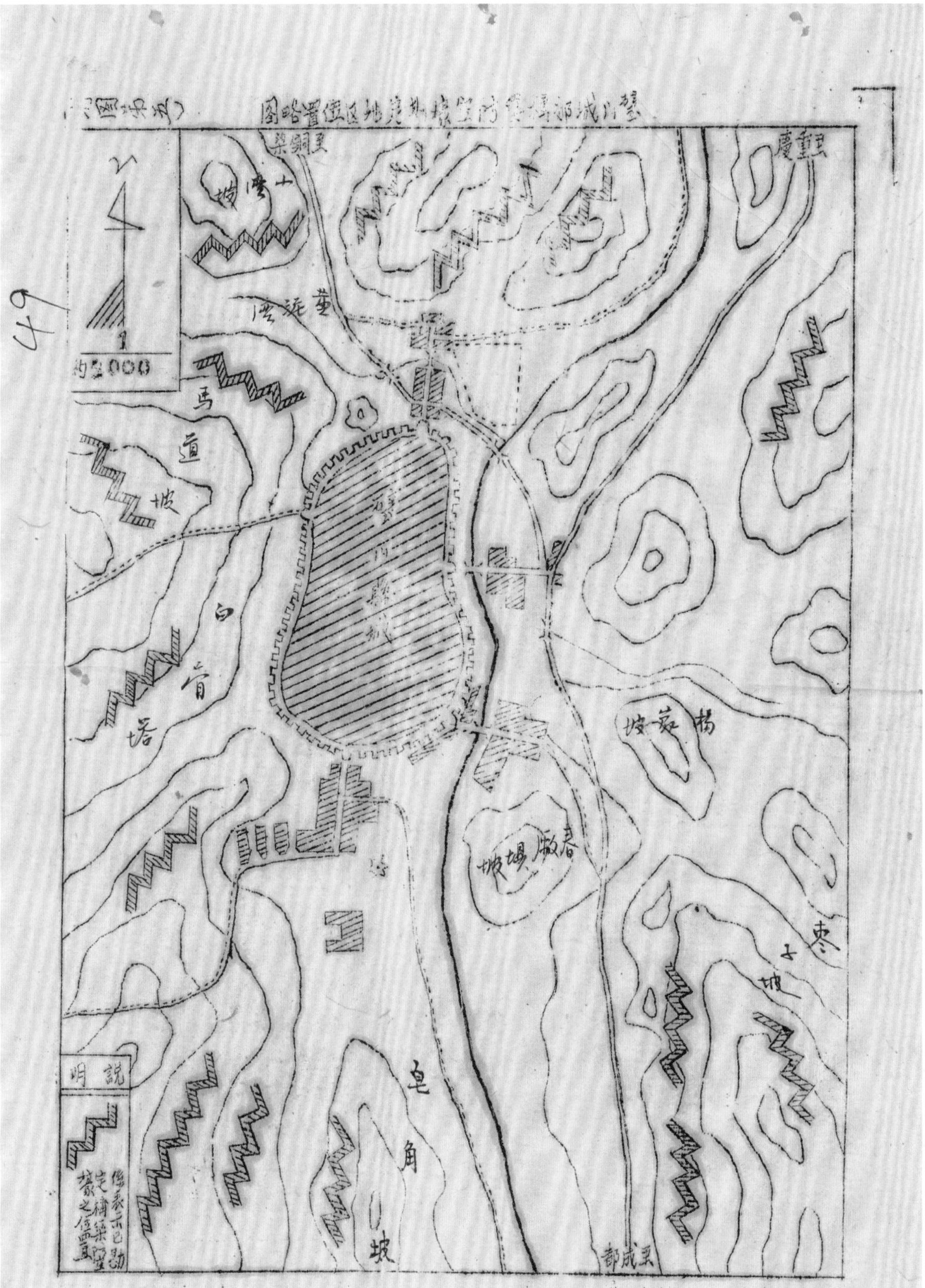
說明
馬道坡
白骨塔
皂角坡
69

50

（附表第七）

璧山縣防護指導委員會、防護團人員業務分配表

區別		人員業務	備考
防護指導委員會（主任委員兼）	設計組（組長一 委員二）	一、防護計劃之定案 二、策定防護之組織設施及其他一切改進意見 三、協助防護指導	
	訓練組（組長一 委員一）	一、各防護部隊訓練計劃之擬定並指導一切設施 二、各防護部隊之監督及演習檢閱並點驗諸事宜	
防護團	消防組	一、空襲被炸時發生火警之施救 二、大火之周圍其拆卸	
	救護組	一、空襲被炸時對受傷人員之治療與護送 二、死難者之掩埋	
	警戒組	一、交通及行人之管制 二、奸宄之緝捕 三、執行防護設施規則	
	情報組	一、空襲情報之收錄與傳遞 二、發放各種警報及標示情況	
	宣傳組	一、對防護方面之宣傳工作之實施與改進 二、發動民衆團體及學校參加宣傳工作增強實力	
	賑濟組	一、對於空襲後之難民及各項財產之調查與統計 二、各種賑款之收發保管及發放 三、籌劃賑濟方面之各種設施	
附記		一、本表為原擬業務必要時可適度變更之 二、各單位人員可視其才能之所長互相調用	

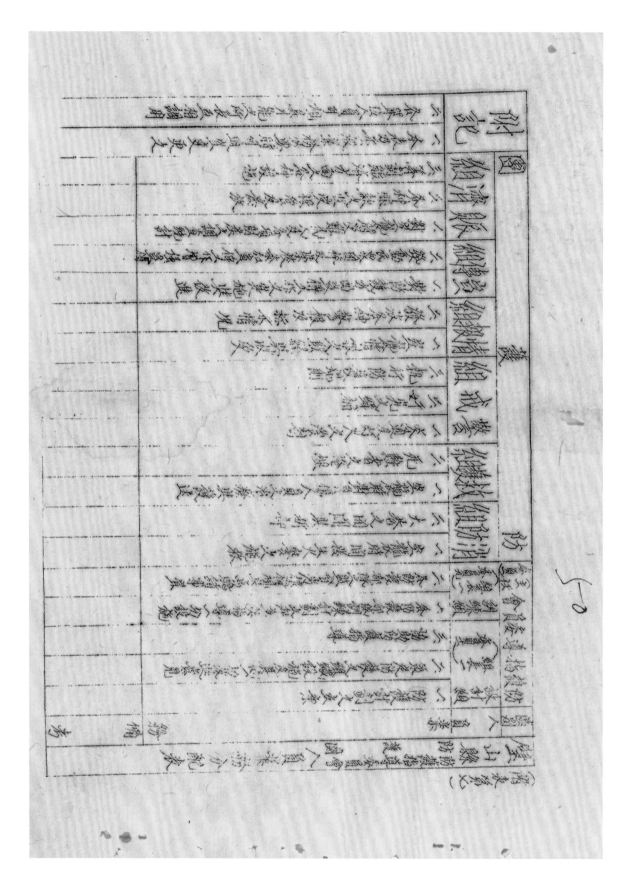

璧山县动员委员会关于转发「九一八」纪念暨讨汪宣传大会筹备会记录致璧山县救济院的通知
（一九四〇年九月十五日）

附：「九一八」纪念暨讨汪宣传大会筹备会记录

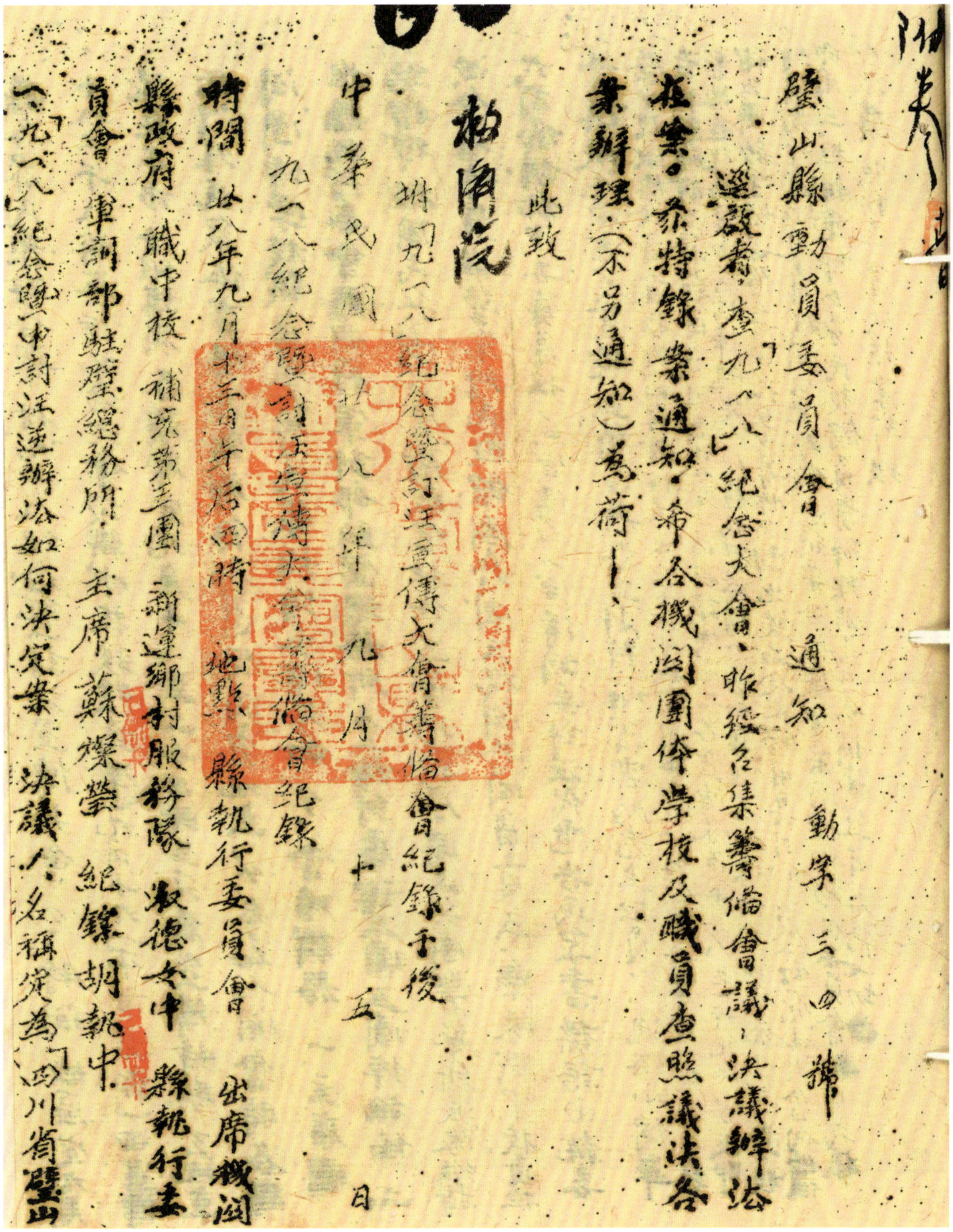

璧山縣動員委員會通知 動字三四號

逕啟者：查九一八紀念大會，昨經召集籌備會議，決議辦法在案。茲特錄案通知，希各機關團體學校及職員查照議決各案辦理。（不另通知）為荷！

此致

救濟院

計附九一八紀念暨討汪宣傳大會籌備會紀錄于後

中華民國廿九年九月十五日

九一八紀念暨討汪宣傳大會籌備會紀錄

時間：廿九年九月十三日午後四時 地點：縣執行委員會 出席機關：縣政府、職中校、補充第三團、新運鄉村服務隊、淑德女中、縣執行委員會、軍訓部駐璧總務所。主席 蘇燦榮 紀錄 胡毅中

（一）「九一八」紀念暨討汪遊辦法如何決定案

決議：1、名稱定為「四川省璧山

縣各界民衆聯合舉行九一八紀念暨討汪宣傳大會 2、時間 城區定九月十八上午八時舉行紀念大會（以職中校鉄鐘為準）九月十九（本市集期）由宣傳隊在本市分組講演，各鎮鄉定九月十八至二十日此三天為宣傳時期 3、地点 北門外民衆体育場，各鎮鄉自行選定適宜地点 4、參加人 開會時各機關團体學校職員及各界民衆均須全体參加 5、會場職務 一、主席團 推縣執行委會、縣政府、軍訓部駐璧總務所、十二補訓處、補五團五團体擔任 二、總指揮 推國民兵團□□雲階教官担任 三、會場秩序 國民兵團、警察所派隊維持 四、會場佈置 推警察所、民教館、國民兵團三機關共同負責 五、樂隊 職中校負担 六、司儀 胡執中委員負担 6、宣傳品 一、宣傳綱要、討汪代電、告民衆書、標語由執委會撰擬 二、漫畫及畫報 函請呂無懲、正則校趙蔼雲兩先生担負 7、通俗小傳單 由中校職德校負責撰擬（內容須將汪逆通敵次地因叛黨國事實分別叙述，每事印一張，并予起首標題醒目）通俗題目 8、組織化裝宣傳講演，分知各宣傳隊負責 9、遊行 紀念會後即整隊遊行，路綫由總指揮規定 10、遊藝募捐 一、參加單位 各小學校自由參加，中等學校、補五團、新運婦女隊每單位至少籌備兩劇，化裝品及衣物用具自備，桌凳灯亮由大會代借，均須先行通知負責機關以便籌備 二、捐票 分安票、傳票兩種，由動員委員會擬具式樣印用 三、推新運婦女隊、民教館負責辦理遊藝募捐事宜，并籌備一切 11、經費 照動委會決議案辦理

璧山县政府关于转发告勉各级兵役事务人员认真改进兵役书致璧山县城中镇专任中心学校的训令（一九四〇年九月）

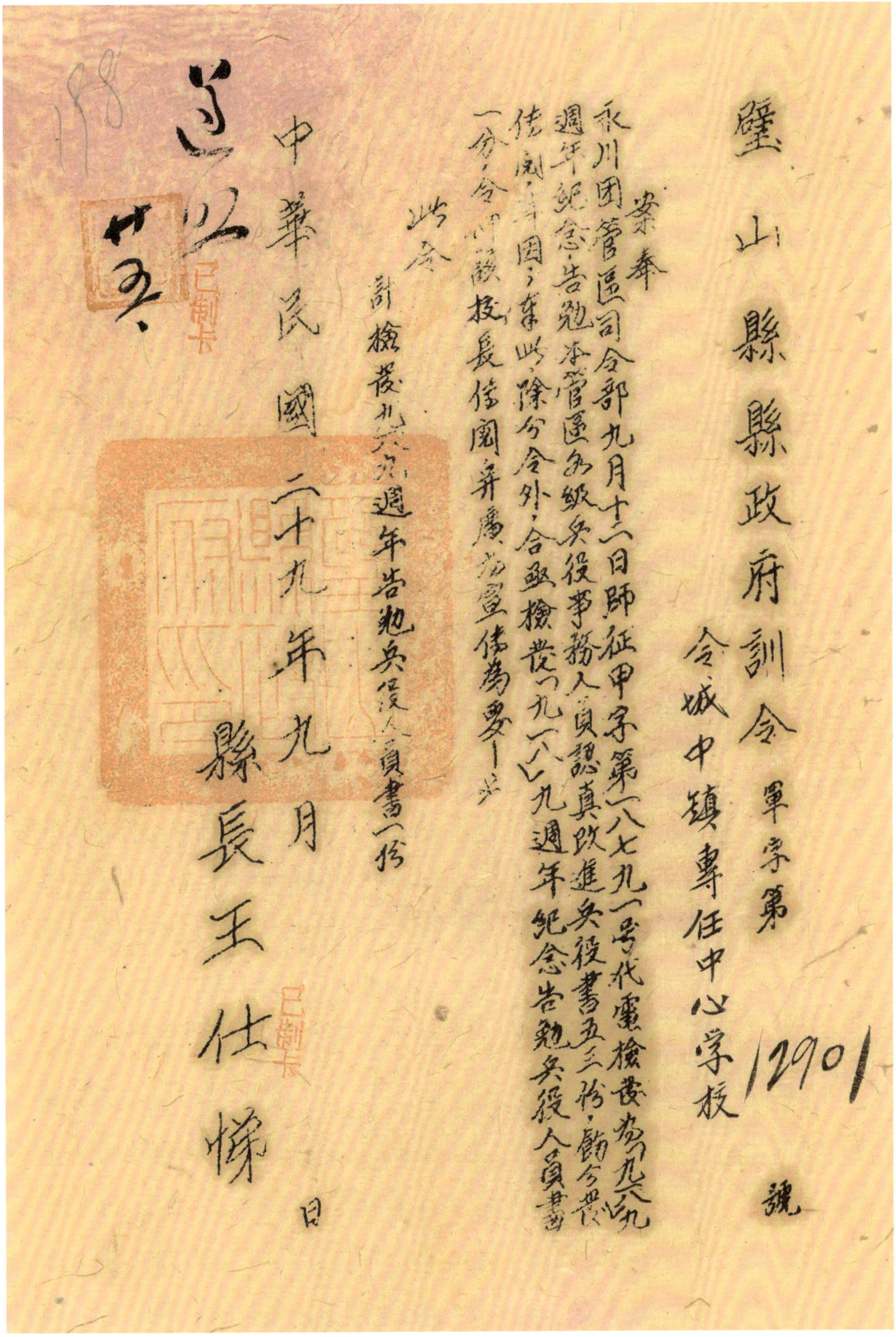

璧山縣縣政府訓令　軍字第12901號

令城中鎮專任中心学校

案奉

永川團管區司令部九月十二日師征甲字第一八七九一号代電檢發為九一八九週年紀念告勉本管區各級兵役事務人員認真改進兵役書五三份，飭令轉傳閱，等因；奉此，除分令外，合亟檢發九一八九週年紀念告勉兵役人員書一份，令仰該校長傳閱，并廣為宣傳為要！

此令

計檢發九一八九週年告勉兵役人員書一份

中華民國二十九年九月　日

縣長王仕標

附：「九一八」九周年纪念告勉各级兵役事务人员认真改进兵役书

為「九一八」九週年紀念告勉本管區各級兵役事務人員認真改進兵役書

各級兵役事務同人：

東方強盜——日本帝國主義，實行武裝進攻中國，於十年前的今天開始轟擊瀋陽北大營的砲聲，已由遠而近，漸漸的到我們四川邊境來了！在這樣巨大的音響下來紀念「九一八」，誠有無限的悲痛，和應有的警惕！

悲痛的「九一八」紀念是怎樣造成的？自「九一八」至今的中日局勢，又是怎樣造成的？這雖然由於日本強盜實施牠的滅亡中華，獨霸東亞的一貫政策，但是我們自己沒有切實遵照[illegible]紀我的指示，和政府的法令，打破「公而忘私，國而忘家」的精神，去努力我們的職務，以增強國防實力，致予敵人以可乘之機，也是不可諱言的事。

[illegible]就是空言，[illegible]——[illegible]就是[illegible]大多數人的利益。

我們今天辦理兵役來說——我們不能諱疾忌醫，尤不能故意把自己的短處隱藏起來，而相反地把短處說成長處，來互相標榜邀功。本管區成立兩載有餘，有人說[illegible]在[illegible]方面，稍差強人意，但經檢查起來，還有不少缺陷，這是欠下許多[illegible]類，沒有更清，尤其是在征調方面，沒有按照法令規定辦理。現在根據視察所得主要短處，列舉如下：（一）調查壯丁不確實。居住遷移也沒有登記，學校工廠礦以及其他機關中，一切免緩役的應征壯丁，沒有定期查出依法應征。（二）征集壯丁，沒有依照法定次序，是以有估派估拉應免緩役壯丁的，也有各鄉保長或個人出款交由辦理兵役的人，代買壯丁頂替的，而真正該當兵的一部份紳糧子弟，都三丁四丁的任他「游手好閒」，沒有人敢要他當兵，因此造成行旅不安，商賈裹足，隨時發生[illegible]等恐怖狀態。（三）[illegible]我們以身作則，先將自己該當兵的子弟親屬送進入營，這[illegible]很少看人做到的，甚至有辦理征兵的机關人員貪污枉法，引起人民反感的情事發生。（四）對出征軍人家屬，沒有執行優待，而人民[illegible]的優待，甚至還有[illegible]優待委員會，把持肥己，而不肯以優待[illegible]的。（五）常備隊有的兵士[illegible]丁被容納，訓不到訓練，且內壯丁有三十五歲以上的，也有十八歲以下的，也有[illegible]頂替的弊端，這些短處也可以說是罪行，牠能破壞役政，影響抗戰建國很大。希望把有上述某种短處的同仁，趕快加以反省改正，切莫要藉口環境特殊，來特就[illegible]數的個人方便，破壞國家民族的利益。

只有遵照[illegible]訓示，與政府的法令，則一切困難，自會迎刃而解。

四川自實施征兵，早在兵役會議未成立以前，基礎[illegible]，自易舉辦，但是我們總得要設法，逐漸改進才是。事業的成就，在於「行」之一字，只要你根據計劃力行，沒有不成功的。關於行的方法，總裁昭示我們「極為正確，總裁說：「辦事要講效率，求進步，不可因循敷衍，要實事求是，不可粉飾虛張。一件事未做以前，要有計劃，有準備，正在做之際，要有步驟，有條理，做完之後，要檢查，要改進。對上級命令，不可視為具文，束之高閣。行，要有目的，有系統，不能亂動。」

本會總部自本年十一月一日起，至明年六月底止，為兵役改進年。至於如何改進，本部已於（酉馬福田代電）遵照軍委會指示原則（擴大兵役宣傳，以身作則，恪守法令，嚴懲貪污，盡除積弊）訂定兵役改進年注意事項綱要，通飭遵辦在案，特望各級兵役事務同仁切實遵奉總裁指示我們「行的方法」，積照計劃，切實改進。

大家醒悟起來，從最後五分鐘上努力抗戰事業，才能獲得最後勝利。離此一著，即無死所。

敵人實力，已為我四年抗戰，消耗殆盡，這是一件真實確的估計，然而牠見著德國在歐洲勝利，亦免不了想做「東亞霸主」，會盡傾着的力量以圖最後一逞。根據目前的情勢，我們的抗戰形勢，確已到了最後關頭。這一關頭，我們如不衝破，不特本身利益，與國家民族遭受敵人的蹂躪，就是世界和平，社會文明，人類幸福，都要遭受極大的災害！

就個人的利害來說：我們生長在這被壓迫的國度裏，而又遭遇這求解放的年代，我們應該為國家爭獨立，為民族求解放，為自己本身及子孫爭自由。假如我們在此時，會了一文非分的錢，或留下一分力量，不用到抗戰事業方面去，到後來一定會遺累億萬世子孫，一輩子出不得頭，而遭受人們的唾罵，罵他的祖宗，是貪官污吏，是戰時的罪魁者。

其次，就大眾的利害來說嘛，我們擇一個很顯明的例子：最近有人從淪陷區域視察回來談到戰時的情形：淪陷區域比前線緊張，而前線又比後方緊張。淪陷區域的婦女被敵人姦污了，財產被敵人奪去了，房屋祖墳被敵人燒燬挖掘了，物資被敵人運到東京去了……所以他們覺得要抗戰，要勝利，他們日夜在嚮望，和呼喚中央政府與抗日軍隊，以及後方同胞，解救他們……以我們聽到這些話，只有悲憤痛恨無言！

因此我們該從各種錯誤生活的陶醉中，站起來，覺悟過來！總裁：為抗戰建國，十分鐘快樂，破敵！在最後的五分鐘，努力衝破這最後的難關，完成抗戰大業。離此一着，即無死所！文濤不敏，願與諸同人共勉！

渝西師管區司令 韓文濤啟 卅，九，一八。

璧山县「九一八」纪念暨讨汪宣传大会标语（一九四〇年九月）

標語

1、汪逆精衛是通敵賣國的漢奸！

2、汪逆精衛是「國人皆曰可殺」的國賊！

3、加強團結粉碎暴敵與汪逆的陰謀！

4、民衆起來撲殺倭寇走狗的汪逆！

5、擁護抗戰國策！服從領袖

6、不讀漢奸言論莫看敵人傳單！

璧山縣各界聯合舉行「九一八」暨討汪大會製

璧山县「九一八」纪念暨讨汪宣传大会宣传要点（一九四〇年九月）

「九一八」紀念暨討汪宣傳大會宣傳要點

汪逆精衛，背叛黨國，逞其邪説陰謀，盗竊名義，淆亂觀聽，獻媚寇人，出賣祖國，喪心病狂，人人得而誅之，茲列舉要點，務希依據發揮，廣為宣傳！

一、汪逆此時行動，儼同淫婦搔首弄姿，賣身投靠，博敵人之寵愛，欲分傀儡之美羹，敵人嘲為丘九諸逆恐其攘權，到處碰壁，走頭無路，乃妄想賈其賣國之勇氣，先行賣鄉，潛回廣州，肆其簧鼓，欲假託偽代表大會之名義，傀儡登場，以與倭寇簽定賣國賣鄉之契約，殊不知投降乞和邪説，決不足以動搖抗戰建國之真理，行屍走肉之漢奸，決不容其污辱國民革命之陣地，行見吾全國上下，尤其百粵同胞，痛加聲討不共戴天，汪逆夫婦之鐵像，將與秦檜王氏同其萬年遺臭。

二、寇酋近衛聲明，我　總裁駁斥甚詳，乃汪逆利令智昏，謬播邪説，認賊作父，甘為奴隸，甚至污蔑　總理，曲解遺教，內而殘害國人，外而出賣民族，欲使中國為倭寇之附庸，沉淪於萬劫不復之境，其居心更不可問，且抗戰以來，汪逆言論，矛盾無常，而其行將製造之偽代表大會，不過雇用少數乞丐流氓，造成一「為人作嫁」之漢奸集團，共同作此出賣祖國之勾當，明達之士，決不為其所惑！

三、汪逆年來倒行逆施，其生平所最擅長者即為變節，而今日之跌身漢奸，為敵作倀，乃達於變節之頂點，亦為其身敗名裂之確證，以炸攝政王之刺客，而一見戴灃即稱王爺，以迎袁南下之專使，而一旦北上，即行變志，此種善變之小人，毫無革命之氣魄，思想則忽左忽右，論調則忽高忽低，足跡則忽南忽北，不顧信義，不擇手段，而惟個人權利之是圖，友朋可欺，同志可拋，主義可置之腦後，而領袖慾則務求必達，此種人格掃地之叛逆，我同胞應羣起而誅之。

四、在民族抗戰之艱苦過程中，精誠團結，為吾全國上下之所共同要求，唯歷史有然之演變，必將由此抗戰之洪爐，淘汰非純金之雜質，汪逆數十年名附革命，實求利祿，故經年餘之抗戰，即由恐懼而動搖，而脫逃，而屈膝，其不能追隨革命領袖，堅苦卓絕，以共赴抗戰必勝建國必成之鵠的，理也亦勢也。在汪逆本人以為賣空買空屈膝求降，或可終其身作亡國之大夫，而不知此事變為開演其了結終身之悲劇，至就民族國家而言，則汪逆之背叛，轉足為抗戰陣營愈益堅固之保障，吾全國上下，當更顯其擁護　總裁擁護國民政府之忠誠，更堅其抗戰必勝建國必成之信念，唯有以國家民族至上為前題，集中一切意志與力量，必可撲滅一切反動[illegible]，而完成吾全民族在此大時代中所負之使命。

五、最後吾人應努力者：⑴海外內同胞，信守國民公約，務與漢奸絕緣，對於漢奸書報，應擴大不運不販不讀之三不運動。對於傀儡組織，應擴大不納稅不工作不用偽鈔之三不運動。⑵全國軍民更加精誠團結，使敵偽之挑撥離間無所施其技。⑶向敵後方積極反攻，動員民衆，加強正規軍與游擊隊之配合，使敵人不能得一夕安枕，更無從實現其掃蕩開發之迷夢。⑷壯丁踴躍從軍抗戰，後方努力經濟建設，信用法幣，使我人力物力，愈戰愈強。⑸撲滅漢奸，驅逐倭寇，還我河山，復興民族，瞻顧前途，當不在遠，願與全國軍民共圖之。

中国国民党四川省璧山县执行委员会关于检送防空节筹备会议各机关议定办法之议案致璧山县国民兵团的通知（一九四〇年十一月九日）

附：防空节筹备会会议记录

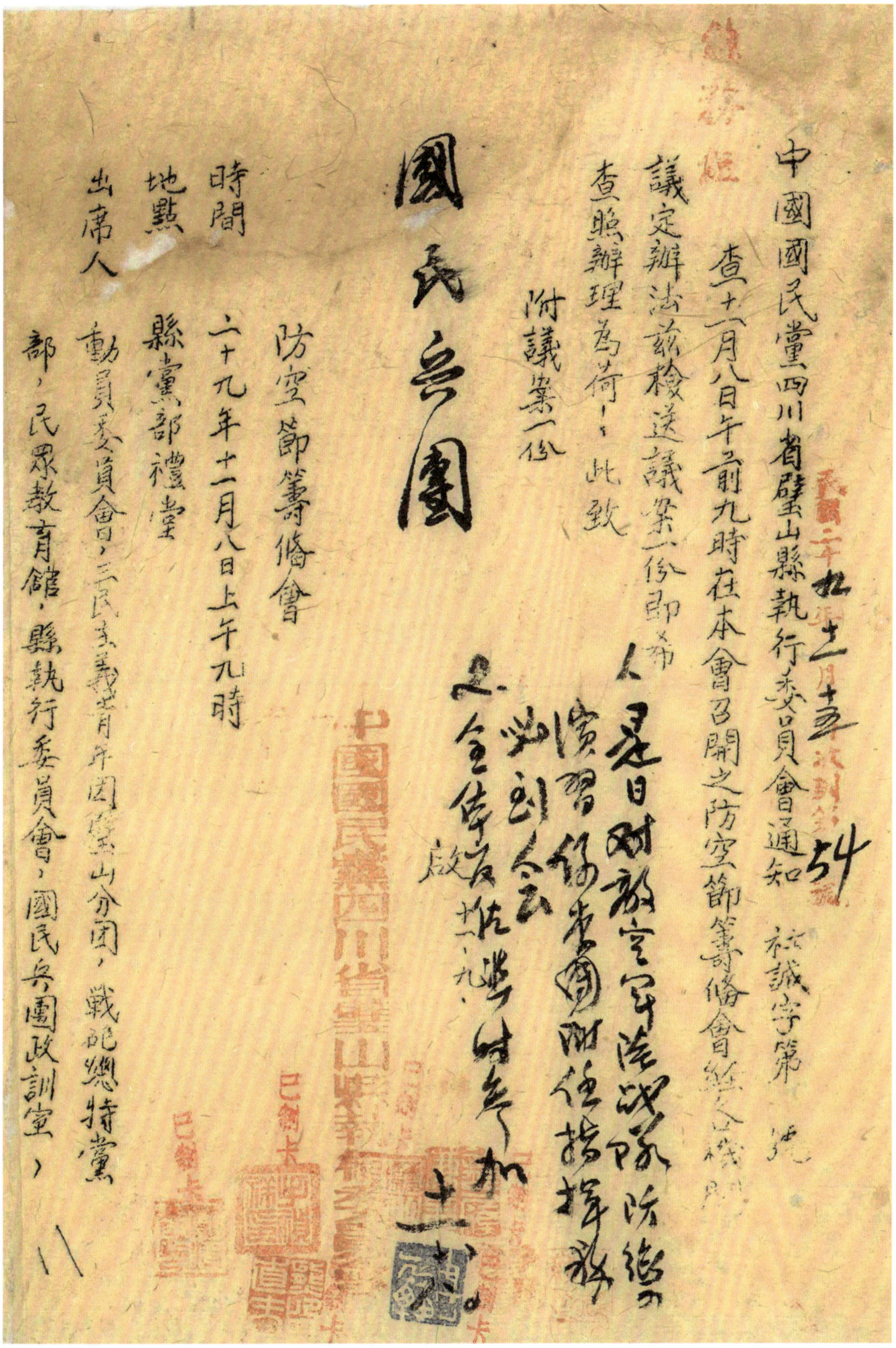

中國國民黨四川省璧山縣執行委員會通知　社誠字第　號

查十一月八日午前九時在本會召開之防空節籌備會經各機關議定辦法茲檢送議案一份即希

查照辦理為荷！此致

國民兵團

附議案一份

防空節籌備會

時間　二十九年十一月八日上午九時

地點　縣黨部禮堂

出席人　動員委員會、三民主義青年團璧山分團、戰時總特黨部、民眾教育館、縣執行委員會、國民兵團政訓室、

警察所，城中鎮公所，稽查所，縣政府軍事科，防
支會防護團，監視哨。

主席 蘇燦瑩
紀錄 夏雨蘇

主席報告開會理由（從略）

1. 本會名稱如何決定案 決議：定名為璧山縣各界防空節紀念大會
2. 防空節論文及圖表推定負責辦理案 決議：推防護團專任副團長岳德寬担任之
3. 本會組織如何議定案

決議：設總務組，宣傳組，警衛組，主席團，總務組推縣政府負担文書會計及佈置會場，宣傳組推縣執行委員會空襲服務聯合辦事處動員委員會三民主義青年團璧山分團担任之，警衛組推軍訓特務連及自衛隊警察所担任之并推羅警佐負全責，主席團 主縣長為主席團主席各籌備機關出席人為主席團員

800

4. 宣傳綱領如何決定案 決議：從十二月十九至二十八擴大宣傳一日 并推導報社出特刊一日

5. 大會舉行地點及時間 決議：定十二月二十日午前八時 在北门外体育場舉行 如遇天雨改縣黨部舉行

6. 調查慰問防空殉職及死難同胞之家屬如何推定案

決議：推第一區指導員李相如王良貴負責

7. 檢查防空設備案 決議、檢查防空設備及校閱防護部隊

8. 本會經費如何籌備案 決議：由防空支會經費內撥支

9. 大會宣言 決議：由何館長姚凡文導報社起草

10. 會場指揮 決議：推龍劍團長負責指揮

11. 各區鄉鎮如何舉行紀念案 決議、推縣政府令飭各鄉鎮按期舉行

12. 參加單位 城區黨政機關法團學校保甲民眾擴大舉行

13. 散會

12

四川省政府关于抄发四川省各部队协助国民兵组训实施计划致璧山县政府的训令（一九四〇年十一月）

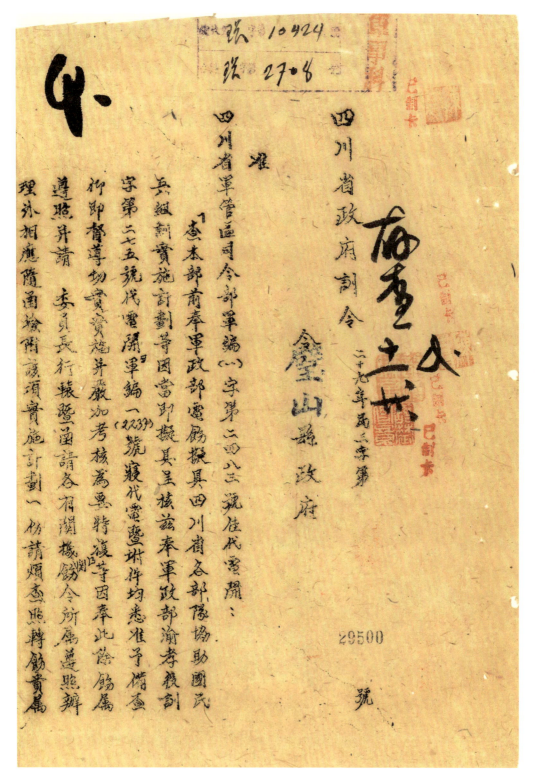

收 10424
收 2708

四川省政府訓令　二十九年民三字第 29500 號

令璧山縣政府

准

四川省軍管區司令部軍編（一）字第二四八三號徑代電開：

「查本部前奉軍政部電飭擬具四川省各部隊協助國民兵組訓實施計劃等因，當即擬具呈核，茲奉軍政部渝孝穀訓字第二七五號代電開：『軍編一（2233）號寢代電暨附件均悉，准予備查，仰即督導切實實施，并嚴加考核為要』，特復（閲）等因，奉此，除飭屬遵照并請　委員長行轅暨函請各有關機關飭令所屬遵照辦理外，相應隨函檢附該項實施計劃一份，請煩查照轉飭貴屬

有關各單位切實協助并希賜復爲荷

等由附四川省各部隊協助國民兵組訓實施計劃一份准此除電復

暨分令外合行抄發原附實施計劃一份令仰該府即便遵照并轉飭

所屬一體遵照此令

附四川省各部隊協助國民兵組訓實施計劃一份

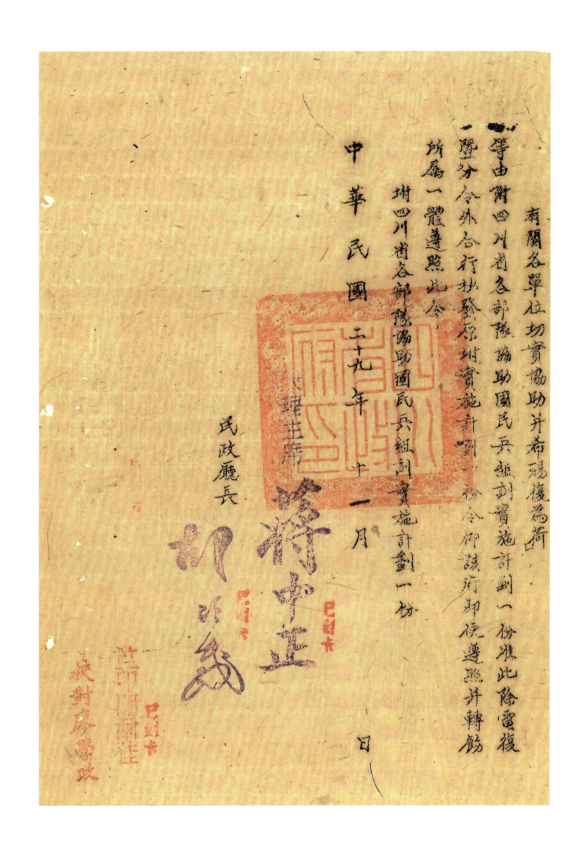

中華民國二十九年十一月　日

兼理主席　蔣中正

民政廳長　胡次威

校對廖學政

監印[illegible]

附：四川省各部队协助国民兵组训实施计划

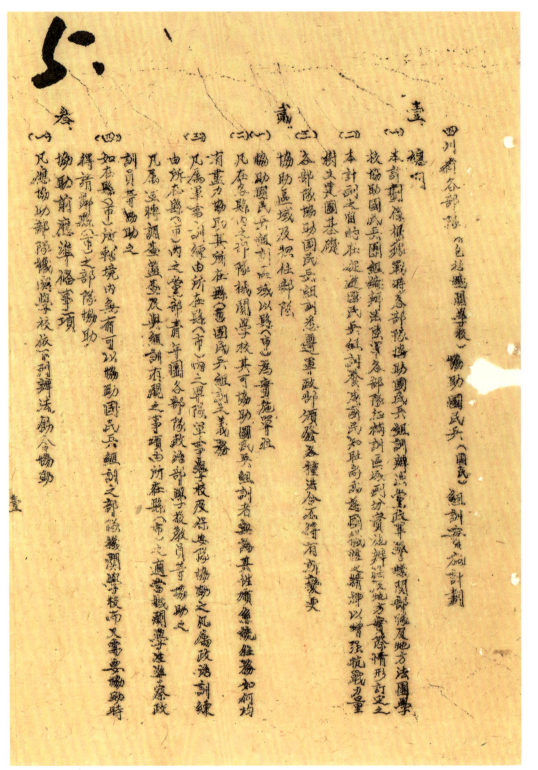

四川省各部队（包括机关学校）协助国民兵（国民）组训实施计划

壹、总则

（一）本计划系根据战时各部队协助国民兵组训办法暨党政军警机关部队及地方法团学校协助国民兵团组织办法暨各部队征补训区域划分实施办法及地方实际情形订定之

（二）本计划之目的在促进国民兵组训养成国民知耻尚武为国牺牲之精神以增强抗战力量树立建国基础

（三）各部队协助国民兵组训悉遵军政部颁发各种法令不得有所变更

贰、协助区域及担任部队

（一）协助国民兵组训区域以县（市）为实施单位

（二）凡在各县内之部队机关学校其可协助国民兵组训者无论其性质系统任务如何均须尽力协助其所在县（市）国民兵组训之义务

（三）凡属军事训练由所在县（市）内之军队军事学校及保安队协助之凡属政治训练由所在县（市）内之党部青年团各部队政治部学校教员等协助之

凡属运输调查盘查及与组训有关之事项由所在县（市）之适当机关学校警察政训员等协助之

（四）如在县（市）所辖境内无有可以协助国民兵组训之部队机关学校而又需要协助时得请邻县（市）之部队协助

叁、协助前应准备事项

（一）凡应协助部队机关学校依下列办法饬令协助

壹

甲、直屬中央部隊與學校（如中央直接指揮之軍隊、補訓處、中央軍官學校、警官學校等）由軍管區呈請行轅（或軍政部）飭令遵照協助

乙、川康綏靖署所轄部隊由軍管區函請川康綏靖署飭令遵照協助

丙、重慶衛戍司令部所轄部隊由軍管區函請重慶衛戍司令部飭令遵照協助

丁、川陝鄂及鄂湘川黔兩邊區綏靖公署所轄部隊駐在川境者由軍管區分函兩邊區綏靖公署飭令遵照協助

戊、各師管區所轄部隊由軍管區命令飭其遵照協助

己、各級黨部、三民主義青年團部及各部隊政治部由軍管區函請省黨部、三民主義青年團重慶與成都兩支團部及行轅政治部飭其遵照協助

庚、省府所屬各機關學校及保安團隊由軍管區函請省府飭令遵照協助

辛、直屬中央機關學校如遇有協助必要時由軍管區隨時請求協助

（二）凡部隊機關學校協助組訓國民兵之縣（市），派下列辦法實施協助

甲、各縣（市）長兼團長斟酌當地情形，擬定部隊機關學校協助組訓各該縣國民兵實施計劃，然後商請各該縣所轄境內之部隊機關學校派員協助

乙、各部隊機關學校所派協助人員稱為協助幹部，其分派原則如下

子、各部隊（包括駐軍、保安團隊、憲警及在鄉軍官會）以每保派軍士一人、每鄉鎮派尉官一人、每區派校官一人（或派尉官）、縣（市）團部酌派校尉官若干人為原則，校尉官稱為教官，軍士稱為助教

丑、黨部、政治部及青年團由縣（市）黨部、各部隊政治部及三民主義青年團派

6.

幹事就訓兵及優秀之黨團員為協助幹部以區鄉鎮保各隊每隊各派一人為原則

並派委員幹事若干人協助縣（市）團部

寅、學校 由當地中學以上學校派教員及優秀學生（以曾受集訓者為合格為協助幹部（或小學教員亦可）以區鄉鎮保隊每隊各一人為原則并以校長或教員若干人為縣（市）團部協助幹部

卯、機關 各機關酌派若干人為縣（市）國民兵團部或區鄉鎮保各隊協助幹部

丙、協助幹部先由國民兵團召集講習兩星期第一星期講授各種兵役法規第一星期研討宣傳調查組織訓練盤查實施辦法及如何養成基層幹部等問題部隊高級官長及黨政機關學校負責人應協助講習

丁、協助幹部依其性能分級適當任務并以協助幹部中階級最高者充任國民兵團總教官

戊、協助幹部到達各鄉鎮保後應與各鄉鎮保隊長射精誠合作會同舉行三日至一期之業務研究與準備併積極舉辦基層幹部之訓練及協助國民兵之組訓

肆、協助事項

（一）基層幹部之訓練

甲、保甲長為協助國民兵組訓之基幹部由鄉鎮隊長射負召集訓練之責由團部派協助幹部及後備隊中分隊長訓練之副團長督導之

乙、基層幹部訓練期間以兩星期為準（或延長一星期）第一星期講授兵役法規第二星期研討宣傳調查組織訓練盤查等實際工作

丙、縣（市）團部就在地附近之基層幹部可合併協助幹部訓練之但情況許可

貳

并將全部人員於協助幹部訓練之

丁、基層幹部訓練完成後即可開始兵役宣傳及調查全體國民兵由協助幹部協助基層幹部辦理之。

（二）協助宣傳及調查

甲、各協助幹部會同基層幹部應分組實施宣傳

乙、宣傳材料須適合該縣環境及兵役法令之要求由國民兵團部（政訓室）党部青年團部及各協助部隊機關學校供給由協助幹部研討實施辦法時彙集之

丙、實施宣傳工作時應儘量採用講演戲劇訪問及標語傳單漫畫壁報等各種方式（附國民兵組訓標語十六則）

丁、為工作推行便利計得由保甲長分別召集各國民於適當地點宣傳之或利用其集會時宣傳之

戊、出征軍人家屬應由協助幹部分別前往慰問并須協助辦理優待以鼓舞國民抗敵愛國之熱忱

己、宣傳工作完成後由協助幹部會同基層幹部以甲為單位根據兵役法令所定壯丁名冊格式挨户調查造報并協助保隊辦理國民兵名簿

庚、少年婦女及老年之調查格式比照壯丁名冊格式辦理

辛、各協助人員於實施調查時同時偵察國民兵集合訓練場所

（三）協助國民兵（國民）組織及訓練　悉依軍政部頒發組訓辦法實施其區分如左：

下

甲、區鄉鎮保隊甲班　依地區編組由協助幹部分別協助健全甲班及區鄉鎮保各隊并協助舉行國民月會及利用機會協助普訓

乙、後備隊　地區編組完成後由區協助幹部依本次組織後備隊并分別担任各種課程協助訓練之使適合於國民兵教育之要求

丙、常備隊　由各級協助幹部協助征送常備隊丁并由團部協助幹部協助訓練之使適合於補充兵教育之要求

丁、自衛隊　由各級協助幹部協助選送自衛隊丁并由團部協助幹部協助訓練之使合於自衛衛國之要求

戊、預備隊　由區以下各級協助幹部協助將後備常備自衛各隊及保安團隊退伍者編為預備隊并組織守備消防救護交通通信——各種任務班隨時利用機會訓練之

己、少年團　依政治部之規定協助組織少年團并協助訓練之

庚、婦女隊　依政治部之規定協助組織婦女隊并協助訓練之

辛、男女守護隊　依政治部之規定協助組織守護隊并協助訓練之

（四）協助演習

甲、各部隊會操校閱演習時應先函請國民兵團部儘可能調集常備自衛後備各隊前往參觀并由演習部隊長官派員隨時講解其要領及方法

乙、各協助幹部於協助各隊組訓完成後應指導其作自衛（團隊）工事之構築與防空防毒救護及空室清野之演習以及其他與抗戰有關之各種軍事實施

（五）協助盤查　國民兵身份證頒發施行後由團部召集各協助幹部組織盤查哨并協助其盤查

伍、協助經費

（一）協助幹部講習兩星期所用之文具紙張表冊茶水費等由國民兵團商同縣府統籌支給（伙食費由協助幹部自備）

（二）基層幹部兩星期訓練所需經費由軍管區擬定商請省府統籌撥給

（三）協助幹部來往旅費照部隊旅費給予規則由原派單位支給

（四）協助幹部伙食自備

陸、協助獎懲

（一）凡協助幹部由縣（市）派出者由縣（市）直接考核獎懲

（二）凡協助幹部其不屬於縣（市）派出者則由原派出單位負責人考核獎懲但亦得由縣（市）長兼團長及副團長之呈請獎懲之

柒、其他

（一）在實施協助國民兵組訓時國民兵團兼副團長關於組訓事宜應受協助區內最高軍事長官（師長以上）之指導而在國民兵團及各級隊部協助之幹部應受兼副團長及各該隊隊長等之指揮

（二）協助組訓時需要之器材得由協助部隊機關盡量借用之

（三）本計劃呈請軍政部核准後施行

四川省政府关于抄发四川省一九四〇年度征购军粮奖惩办法致璧山县政府的训令（一九四〇年十一月）

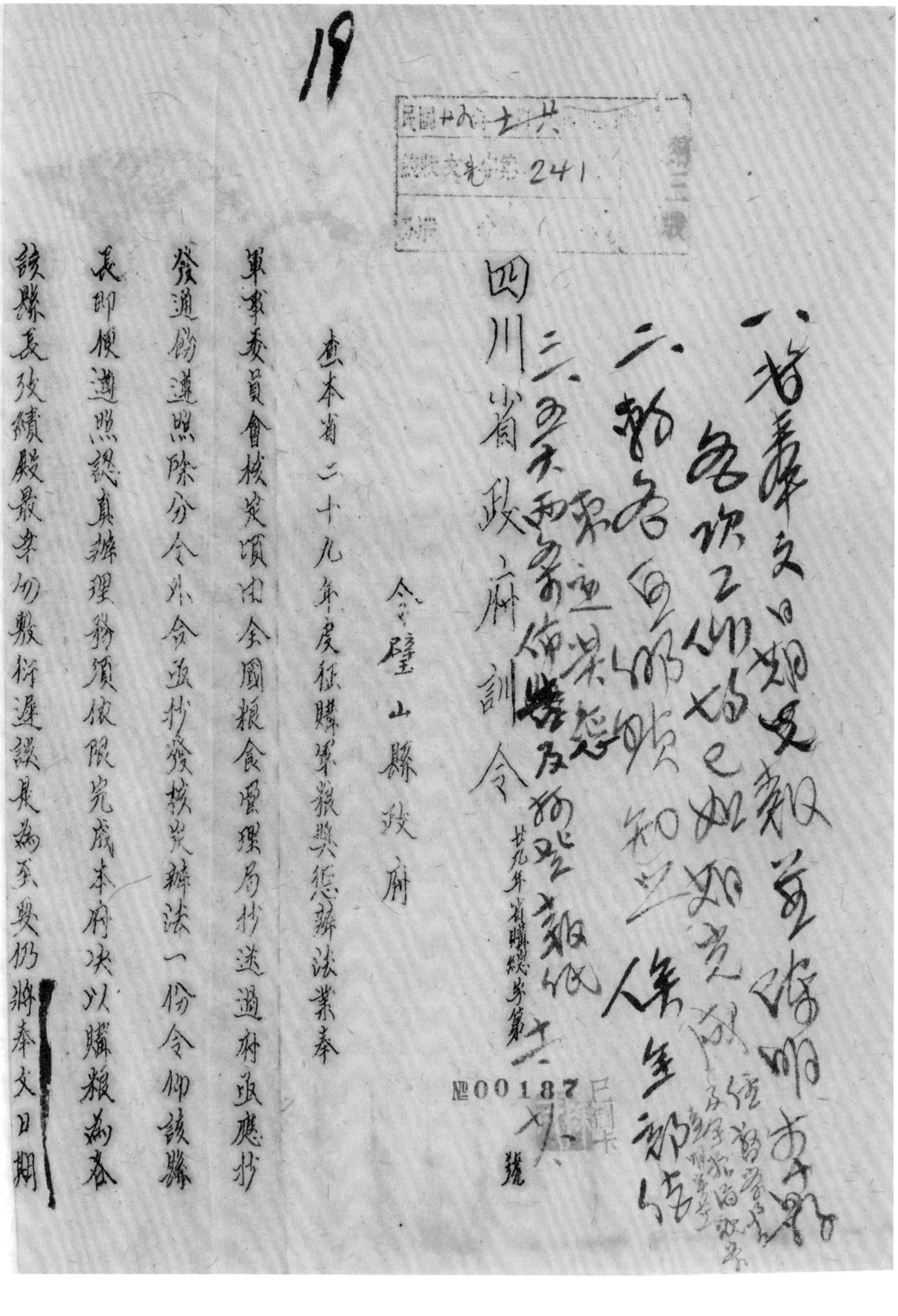
19

收文字第241号

四川省政府训令

廿九年省购奖字第十二号

令璧山县政府

查本省二十九年度征购军粮奖惩办法业奉

军事委员会核定颁由全国粮食管理局抄送过府，自应抄

发遵办。除分令外，合亟抄发核定办法一份，令仰该县

长即便遵照认真办理，务须依限完成。本府决以购粮为各

该县长考绩殿最唯一标准，仍将奉文日期

№00187

暨運輸情形分報本府暨四川糧食儲運局查核！

此令。

計抄發四川省廿九年度征購軍糧暨征辦法一份

中華民國廿九年十一月　日

兼理主席　張羣

四川省政府印

已制卡

監印李竹溪　已制卡

附：四川省一九四〇年度征购军粮奖惩办法

20

四川省二十九年度征购军粮奖惩办法 十月二十六日奉军事委员会核准

一、各县县长凡能如期完成征购工作者应予记功。能如期完成征购及验收仓储工作者应予记大功。能如期完成征购、验收及集中三项工作者应予晋级。

二、各县县长逾期未能完成征购工作者，逾期十日应予申斥，逾期二十日应予记过，逾期三十日应以军法惩治。

三、各县乡镇保甲长办理征购，如能完成者，应由县政府予以奖励或报由省政府予以奖励，其奉行不力或意图阻挠者，应由县府议处或报由省府议处。

四、农民士绅捐助军粮，依四川省政府规定之奖励办法办理。

五、粮户于规定征购数额外，另以其余粮自愿出售者，售粮满壹百市石以上，由县政府颁给奖章，满五百市石以上，由县呈请四川省政府颁给奖章，满壹千市石以上，由县转呈中央颁给奖章，其特殊热心为一方倡导者，并得酌给匾额，以资激劝。

六、粮户如因规避征购[illegible]

[illegible]須繳全照規定該償款數繳

如并以下列之懲罰：逾期十日照原定價格增百分之二十賠償；逾期十一日至二十日減百分之五十賠償；逾期二十一日以上，令無償繳足。

七、各縣士紳贊助征購特別出力者，由縣府查明報請省府酌予獎勵；其成績尤為顯著可資矜式者，並得呈報行政院予獎勵；其有阻撓征購或違背省令者，由縣府查明呈報省府予以懲處。

八、第五、第六兩項辦法，應由縣政府佈告週知。

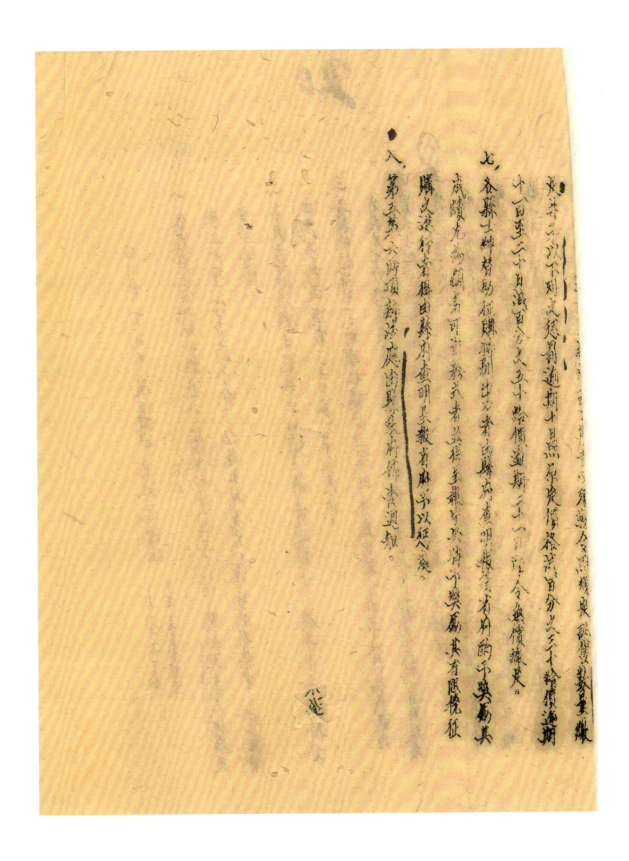

璧山县动员委员会关于印发战时公债劝募运动宣传要领列为三月份宣传中心工作致临江乡公所、中心校的训令

（一九四一年三月十日）

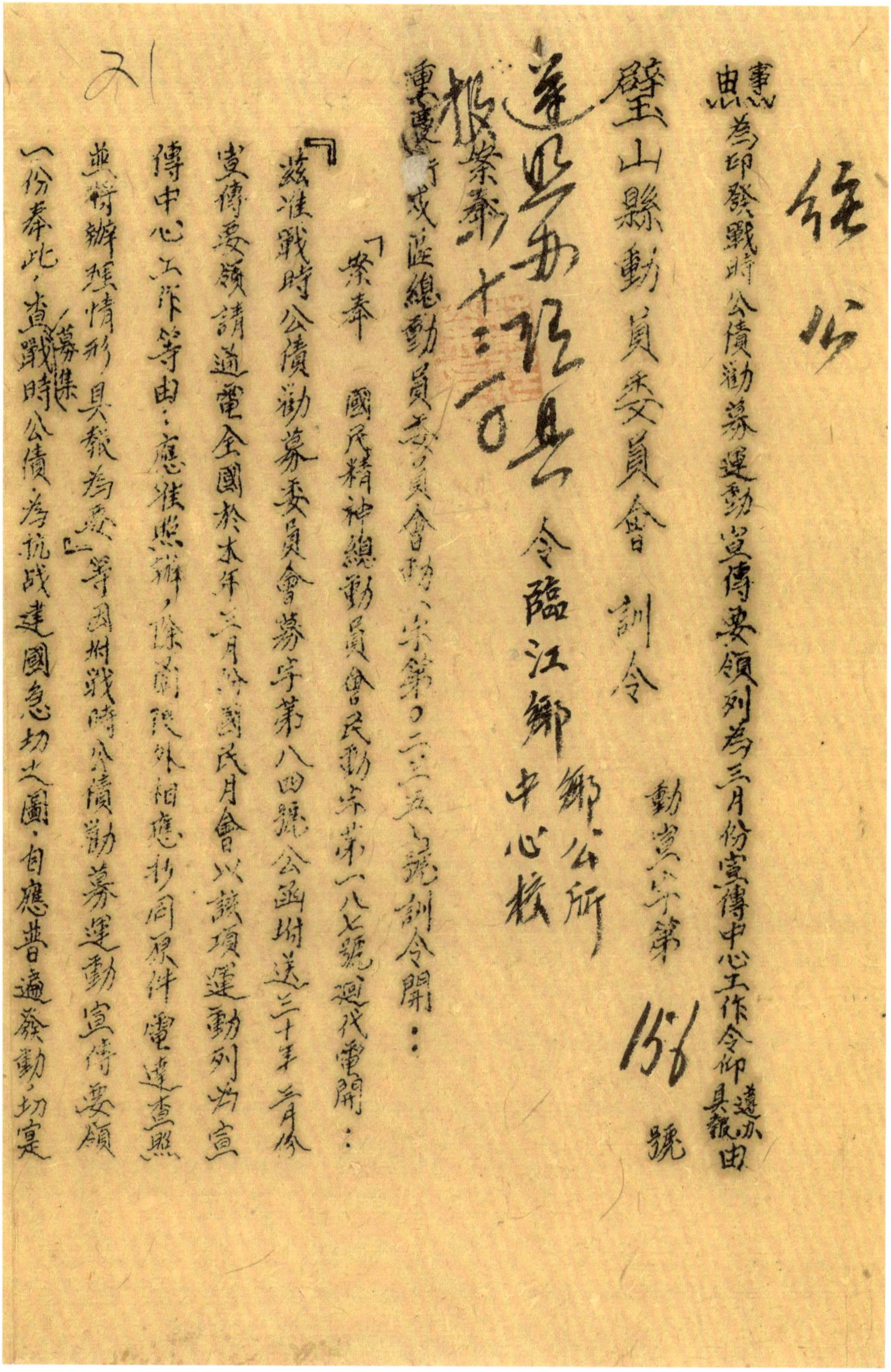

經办

事由：為印發戰時公債勸募運動宣傳要領列為三月份宣傳中心工作令仰遵办具報由

璧山縣動員委員會訓令　動宣字第1556號

令臨江鄉鄉公所、中心校

遵照安排具報　十二日

案奉重慶衛戍區總動員委員會動宣字第0二三五號訓令開：「案奉國民精神總動員會民動字第一八七號代電開：『茲准戰時公債勸募委員會募字第八四號公函，附送三十年三月份宣傳要領，請通電全國於本年三月份國民月會以該項運動列為宣傳中心工作等由，應准照辦，除分行外，相應抄同原件電達查照，並轉飭遵辦具報為要』」等因，附戰時公債勸募運動宣傳要領一份，奉此，查募集戰時公債，為抗战建國急切之圖，自應普遍發動，切實

推行，除電復並分令外，合行抄發原件，令仰該會遵照辦理具報

為要！

等因；附戰時公債勸募運動宣傳要領一份，奉此，抑應切實遵辦，除分

別函令外，合行抄發原件一份，令仰該校所切實遵辦具報為要！

此令。

附戰時公債勸募運動宣傳要領一份

中華民國三十年三月十日

兼主任委員王仕悌

13/3
30

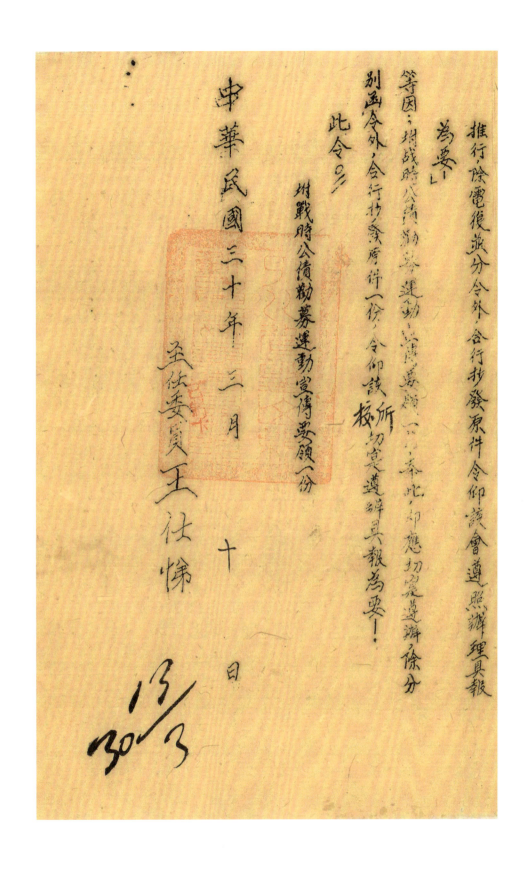

附：战时公债劝募运动宣传要领

22

戰時公債勸募運動宣傳要領

一、為什麼發行战時公債？

1、發行战時公債是為打倒日寇，加強抗战力量而募集基金。藉此增加物質上的供給和精神上的鼓勵，準備總反攻，收復失地。所以募集战時公債愈多，我們的軍隊战鬥力也愈強，我們战勝敵人的把握也愈大，我們同胞遭受的戰爭痛苦結束得愈快。

2、發行戰時公債是為打倒日寇，加強民族的經濟力，開發國內的蘊藏富源，提高現代化農業生產效率，擴大高度現代化底重工業輕工業，增設交通路綫底效能而募集基金。藉此發展民族財富底廣大性，準備建立全國人民底富裕生活，使能充分發揮中華民族底富力威力。所以募集战時公債愈多愈快，我們實現人民底安定快樂生活也愈容易愈迅速。

二、戰時公債的性質和作用是什麽？

1、戰時公債是不妨得人民的日常生活，不影响個人的生產前途，利用人民的剩餘資金，对外保障民族之生存和國家之獨立，对内足以安定人民之生活。

2、戰時公債是根據個人的經濟情况，讓人民对民族經濟自由投資，使每個民都成為國家民族的真正主人。

3、戰時公債首先是吸收市面的過剩游資，從事生產，因而增加市場的商品總量，使貨幣與商品漸趨於平衡狀態，同時提高貨幣價值，使金融界受益，而商品增多，物價低落，銷路廣暢，也使实業界受益，所以戰時公債的勸募，對於全國人民，尤其是对於金融实業兩界，是絕对有利的。

4、戰時公債的政治性，是依據全國統一團結，一致对外的基礎而發行的，所以一方面由於人民的強烈的愛國心，能夠在最短期间内募集大量款項，以充抗戰建國之需，同時更可以促成政治進步，加強全國上下的「抗戰氣心」，而且是[illegible]。

乙、戰時公債的作用[illegible]如本會[illegible]所指出[illegible]的，[illegible]債是[illegible]有增[illegible]

公史國[illegible]公債[illegible]的[illegible]作用，公債

要發[illegible]有[illegible]的燃燒作用。

三、我國歷來公債的信用怎樣？

我國政府歷年對於公債還本付息，都有[illegible]有絕[illegible]信用，[illegible]如美國

羅斯福大總統底代表居里氏在香港[illegible]中國[illegible]之國家

美國進出口銀行都認中國[illegible]

在外國貝願大量借款給中國[illegible]

四、這次戰時公債對於人民的好處是什麼？

人購買公債能[illegible]節約儲蓄底私人[illegible]以

備將來的意外急需。

又是[illegible]的美金[illegible]公債可得常

二

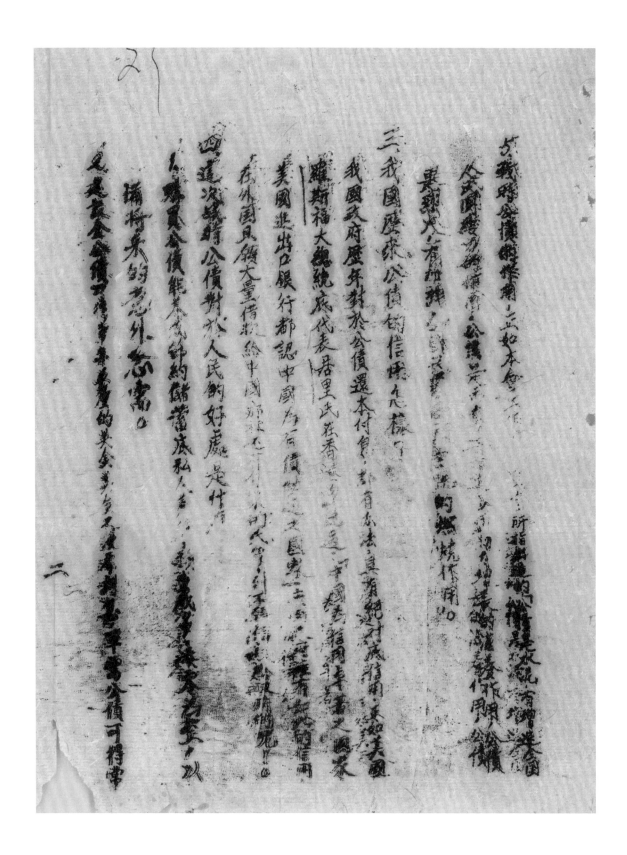

本次購買[illegible]公債[illegible]

[illegible]

[illegible]

於有個穩定的國際貨幣[illegible]公債[illegible]

一定要到期而本金受本國物價的影響。

四、認購戰時公債不像是存款生息，而是愛國熱誠的表現，是捐得

國人的榮幸。

五、認購戰時公債是那一種人應盡的事？

人抗戰是國難，是全國[illegible]

御外侮[illegible]

[illegible]

[illegible]

24

買公債，有錢廿元[illegible]能力的[illegible]廿元[illegible]廿元，萬元債票

能力的，就購買百元，廿元[illegible]

3、認購戰時公債，更是金融界[illegible]表率[illegible]

自抗戰以來，金融實業界[illegible]和[illegible]金融[illegible]建設，已有莫大

的功績，現在更應該有[illegible]識[illegible]公債[illegible]安定金融，發

展實業，踴躍認購。比如說，金[illegible]一部分[illegible]金融流通資金或[illegible]

項下，開來購債，實業[illegible]也可以[illegible]本[illegible]購債，政府[illegible]

債，不是用於金錢，[illegible]最一條。

外，鉛商[illegible]的[illegible]有錢出

錢，已是實行抗戰[illegible]在國家，論況

購買戰時公債，[illegible]是協在

國家，且是存[illegible]上，才算盡其責

三

戰的效用，才能[illegible]，在這次戰時公債

5、自由職業者，公務員以及[illegible]覺悟和宣傳

勸募運動中，負責最重要[illegible]

動員，深切認識勸募公債的政治意義，但是也不應該小視自己，政府為本地公務員，不僅是領導機關示範，教學、公務員當然激發天良，自動地盡力勸募並量力認購。

6、民衆的人數最多，如果滲透為基本，或以保甲為單位，或以宗祠為單位，或以鄉村為單位，或以社團為單位，或以學校為單位，一齊購買公債，報效國家，同時並以這個單位[illegible]集[illegible]賽，實應該是最高度的熱烈精神自發自願地和金融實業界紳商鉅富等作一個抗戰式的競賽。

六、對於戰時公債，是[illegible]，要自己盡力認購，就算盡了國民的責任呢？

1、以完成抗建偉業[illegible]的底戰時公債，並不是單純的消極購買，就盡

25

國民一份子之必要天職，而且要勸勉他人不要忽視國民天職。正如不僅要自己殺敵人，而且還要鼓勵別人殺敵人，是一樣的道理。

5、有組織的機關和團體，不僅本身要有計劃地購買公債，而且還要組織勸募隊，向其能影響之無組織的群眾作廣大普遍地的勸購買公債。

6、「宣傳是藝術」要講究募債宣傳的方法與技術。人勸募戰時公債，就是必須通過宣傳工作，以達自發自願的踴躍認購。因此宣傳教育便是一切的開路先鋒。然而「宣傳是藝術」，僅僅懂得宣傳什麼，還是不夠。必須同時懂得怎樣去宣傳，才能達成宣傳的任務。

7、在原則上，募債宣傳，不是掉弄虛文的，不是徒託空言的，是必須根據真理的認識，依照本宣傳綱要項的中心內容，加以具體的實切的說明，方能有力與生動。

8、要認識宣傳對象，適合其特殊性，例如金融實業界，紳商與富農，在

四

商、學各界，各有其特殊的經濟環境，購債能力，以及特殊的知識程度，宣傳者也須首先認識這些，分別的宣傳對象，以決定募債宣傳的內容與方式。

四、要從切身的利害說起，這是一個最重要的募債宣傳方法，例如敵機的濫事轟炸，屠殺人民，就說購債是為了購置飛機和加强防空，又如農民的農產品沒有銷路，是因鬼子佔了海口和交通的要道，所以要募債增强抗戰力量把鬼子趕出中國去，再如日常用品不足，價格尤昂，是國貨工廠不發達的緣故，募債是正為了加緊建設國貨工廠，這樣，人人瞭解勸募戰時公債，原是和切身的利害有關，自然能夠接受宣傳者的激勸。

五、要把宣傳工作做成普遍的群眾運動，就是說，要推動被宣傳者去做募債宣傳的工作，發揮無窮的募債宣傳力量，使群眾去宣傳群眾，造成普遍而濃厚的募債宣傳空氣，即所謂「一傳十，十傳百」，這樣才能擴大宣傳的影响，其效果之大，尤非少數募債宣傳人員，終日奔走呼號所可及。

6. 訪问重於座談，戲劇歌唱重於講演，圖畫重於文字，因為訪问，即是個別的談話，從身世生活以至募債抗戰建國的大道理，都可從長談論，不過在訪问時的談話，務求活潑生動，設法促使对方提起種種问題，加以說明與教育，最忌由宣傳者唱獨腳戲，变為小規模的講演，那就呆滞而生厭了。而劇戲歌唱與圖畫，更富有刺激性，且易於逼真而深刻，在教育佔决大多数的目前，尤称適宜切當。

7. 各種募債宣傳，無論戲劇、圖畫、口頭的或文字的，應有統一的計劃，切忌零乱與矛盾，而对於時间空的選擇，尤為重要，例如一般紀念節日，以及鄉间的廟會市集，都是宣傳者緊々抓住的机會。

8. 募債宣傳的機構，是以運用現有各机关各社團各種宣傳團隊為準，在宣傳工作經驗中，如發現新的宣傳內容方法與技術，請隨時報告本會，以供參攷。

五

璧山縣動員委員會翻印

璧山縣捐款獻機委員會成立會紀錄

時間　三十年四月二十五日

地點　縣府會議廳

出席人

新二十九師　聶聲楨　　城西鄉鄉長　陳竹修

縣黨部　黄麟　　財委會　王崇德

青年團　譚開文　　糧委會　屠四光　臺款養院　侯尚文

衛生院　郁維　　縣商會

防空支會　何順信　　城中鎮　王良貴

淑德女中　徐兆祥　郭兆楨　　城東鄉　徐六合

動委會　張灝舜　　城北鄉　陳文卿

民教館　胡先嶽　　福祿莊

璧山中學　周樂光　　璧山職中　彭時雨

縣政府　王仕娣　　導振秋　何正聲

52

璧山縣城中鎮中心學校

主席 王仕憐　紀錄 桂孟偉

(甲) 報告事項：

(1) 主席報告（略）

(乙) 討論事項：

(1) 本縣捐款獻機委員會如何組織案

決議：設主任委員一人，由縣長兼；委員三人；名譽委員十八人。推黨部書記長蘇燦臺、青年團書記譚閣文、商會主席鄭德宣為本會副主任委員，二十九師馬師長維驥、教導總隊張總隊長雄、第二、三區區長劉鵬年、彭盛春，士紳雨春、胡子遜、洪淵泉、陳保道、陳雪樵、黃緯剛、鄭善之為本府名譽委員，並推動委會張指導員為本會總幹事，勸募幹事、總務幹事由黨團分別擔任。

(乙) 捐款採取何種方式案

決議：採取徵募辦法

(丙) 徵募標準如何決定案

決議：(a)視各鄉鎮富力大小分鄉鎮為三均配賦捐款數額

(b)對於紳農捐款以其祖石糧為標準

(c)對於各鄉鎮之特殊富戶當以督導人員赴各鄉鎮召集開會勸捐

(d)酌劃出本縣捐款配額一部份勸由城中鎮各布商募集

(e)自由捐獻

(f)另行辦理捐獻宣傳工作案

決議：公函縣府督導人員印製標語分別赴鄉宣傳

(g)確定辦公地點

決議：在城內縣府與動委會聯合辦公

璧山县动员委员会一九四一年献机捐款会议记录（一九四一年五月十九日）

璧山縣動員委員會獻機捐款會議紀錄

時間：三十年五月十九日下午二時

地點：本会會議室

出席人：黄麟　黄崇熙　郭兆祺　李模　李澄九師管部參謀

縣臨參議　柏欣昌　譚開文　郁駿　吴文　李振鵬　蘇煥章

璧縣商會郭森林　軍警團督察處　羅克光　璧縣警察所

王仕烁　郭德宣　黄振鋮　張志康

主席王仕烁　紀錄周相臣

開会如儀

主席報告事項：一、增購苍机開首先為本会發討委員，二、舉辦夏令衛生運動，三、本会籌募獻機捐

討論事項：

（一）本会籌募獻機捐款應如何徵募案

决议：1、按各乡镇粮额摊派共六计担任九万元

2、城中镇无粮可派，应担任壹万元（连筚服务社在内）由动

委会定期廿八日召集开会分配。

3、各学校自由捐献，不摊数目

4、各士绅民众准自由捐献

（二）拟发动游艺募捐案

决议：由汉剧社自动参加表演，各机关从旁协助，剧场地点由汉

剧社觅定，所有捐款除该社开支外，尽量捐助，

（三）夏令卫生运动如何举行案

决议：由卫生院拟具实施计画，交本会审核后分别通

知有关机关执行

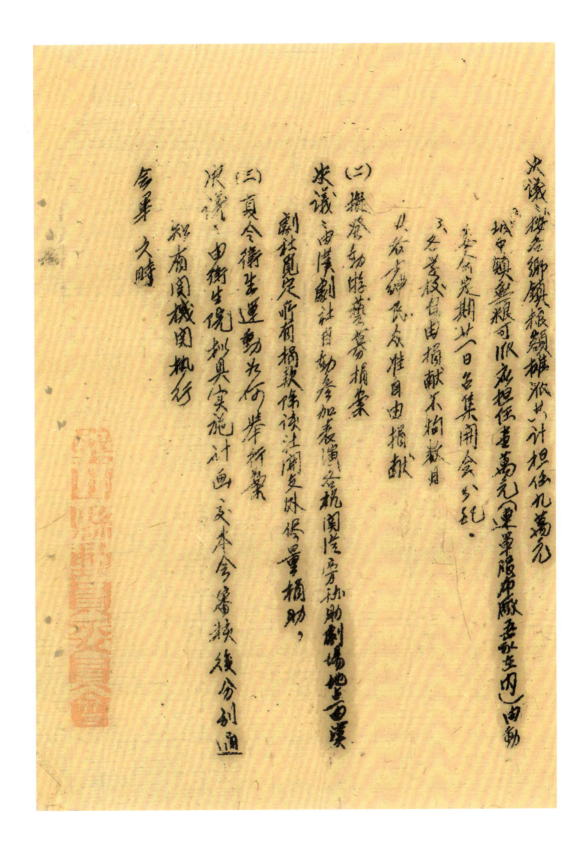

会毕　六时

璧山县政府关于检发璧山「青年号滑翔机」劝募运动筹备会议记录致璧山县私立璧南初级中学的训令（一九四一年十二月）

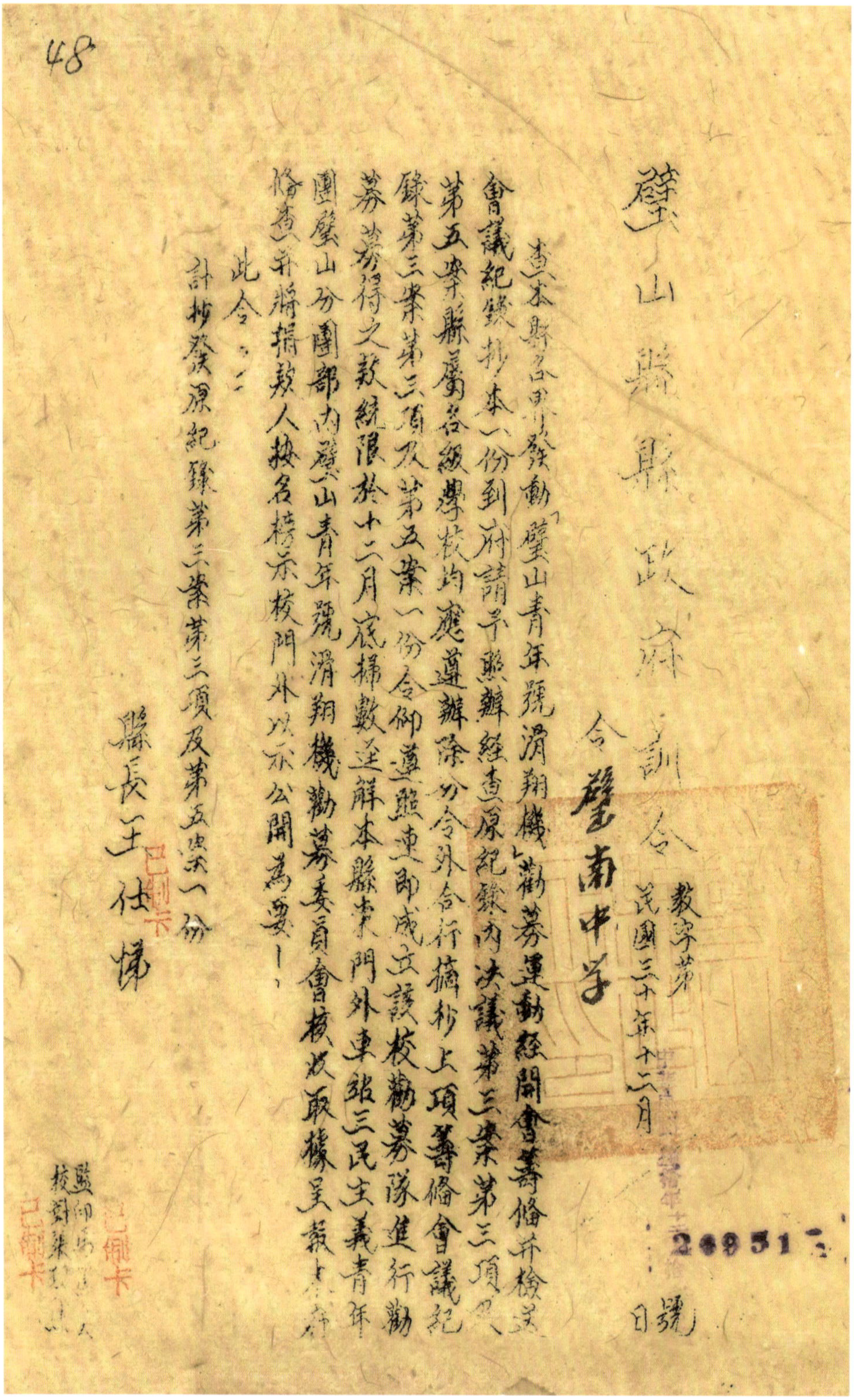
48

璧山縣政府訓令　　教字第　　號

令璧南中學

民國三十年十二月　　日

查本縣各界發動「璧山青年號滑翔機」勸募運動，經開會籌備，并檢送會議紀錄抄本一份到府，請予照辦。經查原紀錄內決議第三案第三項及第五案，縣屬各級學校均應遵辦，除分令外，合行摘抄上項籌備會議紀錄第三案第三項及第五案一份，令仰遵照，即成立該校勸募隊進行勸募，募得之款，統限於十二月底掃數逕解本縣東門外東街三民主義青年團璧山分團部內璧山青年號滑翔機勸募委員會核收，取據呈報本府備查，并將捐款人按名榜示校門外，以示公開為要！

此令。

計抄發原紀錄第三案第三項及第五案一份

縣長　王仕俤

已制卡

監印

校對

已制卡

已制卡

20951

「樂山市保護滑翔機」勸募運動籌備會議紀錄

（三）勸募組

勸募組由商會主席郭德軒（商）縣府陸禎祥科長（學）共同負責，每個學校成立勸募隊一隊，隊長即由該校校長担任之。勸募數字中學生以每名向外勸募五元，小學生以每名向外勸募一元為原則。學校由陸科長負責督飭進行。商界勸募數字為二千元，由商會主席郭德軒負責督飭進行。青年團團員由楊益謙負責召開團員會議勸募，以達到每人十元為原則。他如勸募委員勸募數字最低限度亦不少于團員之數（勸募總額除以一萬五千元交青年團儘先提解外，餘款作「一元運動獻機」收解。）

叚、捐款何日撥解案

「決議」本會所有捐募款額統限于十二月底撥解。

璧山县政府关于转发中国航空建设协会四川省分会征募会员告民众书及实施办法致璧山县城中镇中心学校的训令（一九四二年一月十六日）

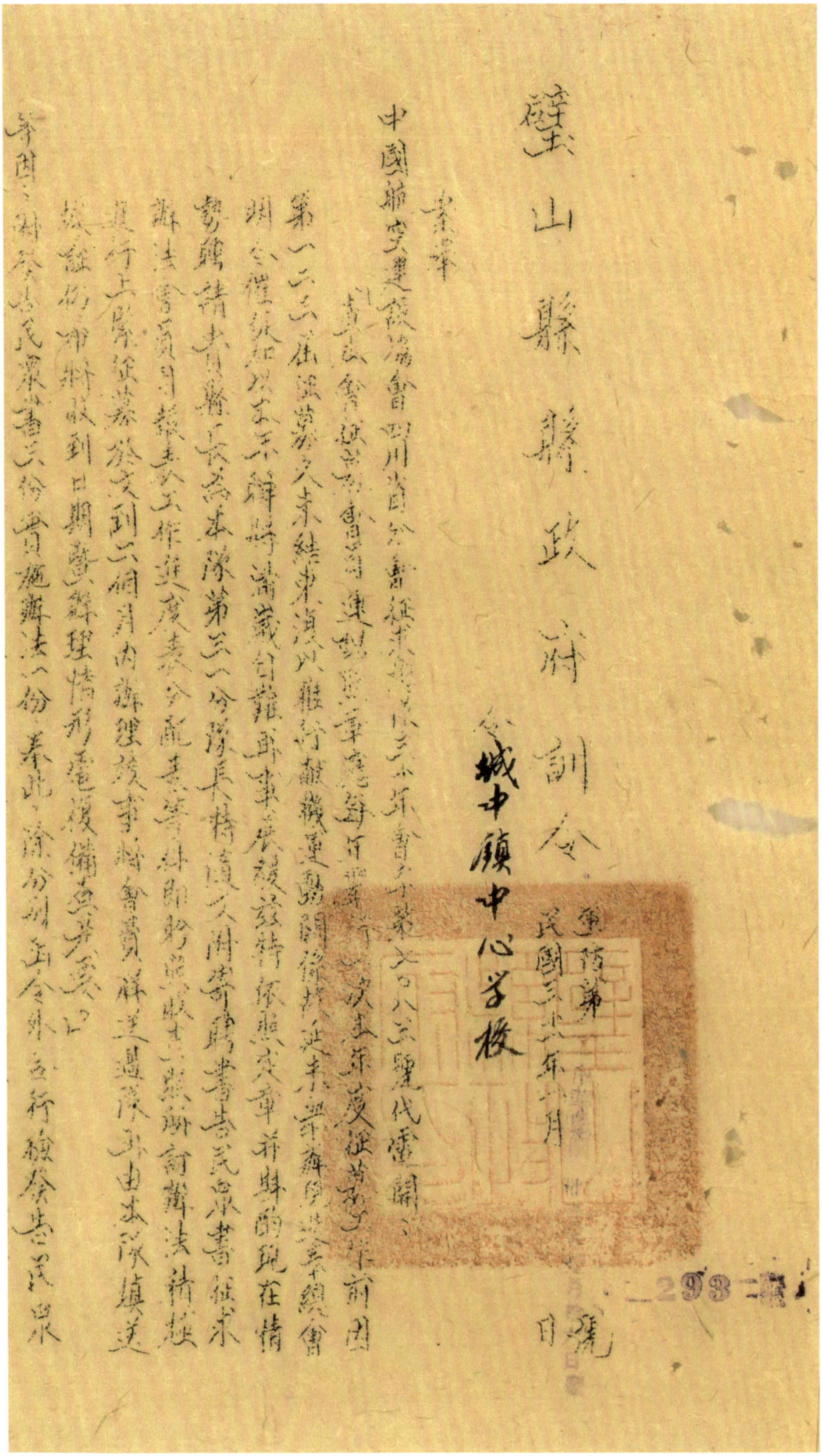

璧山縣政府訓令

令城中鎮中心學校

軍防第　字第　號

民國三十一年一月　日

案准

中國航空建設協會四川省分會征求會員隊本年會字第六〇八號代電開：[illegible]

[illegible]

書三份及本府頒發具實施辦法、各小隊長姓名各一份,令仰該區中隊長即便遵照,加緊籌辦,并限文到一月內辦竣,以憑彙辦,勿延爲要。

此令。

附發民眾書三份,實施辦法一份

遵照並交

縣長兼分隊長 王仕悌

機關名稱	徵求普通會員數	徵納會費數(元)	備考

機關名稱	職別	姓名	備考
城中校	校長	周慶國	

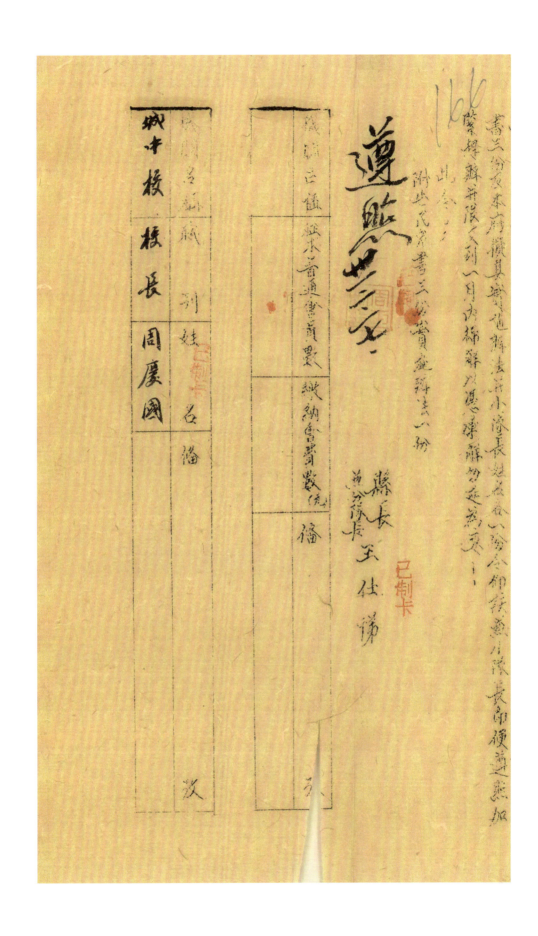

附（一）征求会员告民众书

中國航空建設協會四川省分會爲
完成航空建設 充實國防力量 徵求會員告民衆書

各界同胞：

我們中華民族，現在所處的境地，正是以全民族的總力量，去同惡運苦死搏鬥的嚴重時期，這一困苦和艱難的鉅大工作，一方是「抗戰」，一方面便是「建國」。抗戰是要與侵略我們的敵人——日本[illegible]隊，作殊死的戰鬥。建國是要實現我們理想的圓滿的，三民主義的新國家。

可是，無論在抗戰的工作方面，或者在建國的工作方面：我們有一宗絕對不可忽略的偉大事業，而且是獲得抗戰必勝，絕對必須具有的條件，也是實現建國成功，必定需要具備的素質。這一宗事業是什麽？我們的答案，便是：這一宗偉大的事業就是「航空建設」！

說到航空建設的意義與作用；從軍事上說，便是要擴大和加強我們空軍的質量與數字，以增厚我們空防的力量，俾達到理想的境界。尤其當這抗戰已進入第二階段，勝利即將實現的今日，其需要更是特別的緊張和急迫，並且從四年多抗戰史實的教訓，可以說沒有一個人不深切知道，我們是需有強大的空軍群，在前線的第一線上，在敵人的後方的軍事支柱點上，去發揮強大無比的威力，以驅逐頑強的敵人，摧毀敵人的一切軍事力量，這是我們迎着抗戰必勝的目標，所應該絕對遵循的途徑，更還需得有雄厚的空軍群，來保護我們的領空，保證我們作爲抗戰基礎的後方城市，保衛我們賴以繼續抗戰的物力財力，保衛我們一般大後方民衆的身體和生命，而使瘋狂的獸機，不敢輕易到我們後方城市來嘗試，不敢來發揮獸性的轟炸，而且我們更要以鐵和血去答復敵人野蠻的進攻，並且還需以更大的轟炸去報復敵人對我們的狂暴的轟炸。

我們的航空建設工作，在軍事上，在抗戰的需要上，既已證明了牠的重要性，是莫有可以比擬的一種偉大的工作，而且即在平常的時期，在軍事上，也是我們立國的基本要素，因爲假使空軍的力量不十分完備，他便不能成功爲一個現代的國家，以這樣說，也證明在建國工作的方面，航空建設，是一個頂重要的工作部門。此外關於政治、經濟、文化、交通、各部門。也無一不依靠着航空建設的發展和成功，而使政治、經濟，能有更高度的發展與進步，在文化的傳播，介紹、溝通：更可以因航空事業的發展，而能使人類的文化水準，迅速的普遍的提高至極高度上的境界，更尤其是在交通方面，飛機的高翔於碧落，縮短了時間，超越了海陸，眞是人類文明進化史上的一宗神異和奇蹟，所給與人類的便利和價值，絕不是數字可以計劃得出來的。

在這樣的偉大工作中，我們航空建設協會的使命和責任，便是正面的肩負着提倡、促進、計劃、並完成的職責。但是，這一工作的需要，是整個國家的需要，尤其更是我們抗戰建國工作進程中所急迫的需要，也是我們全中國人民的福利、進步、光榮所必有的需要，可以說這是整個國家的事業，也是中國全民衆以及每個人所應完成的事業。所以，我們誠懇的希望，凡是一個中華民國的國民，都一致來參加這種偉大的航空建設事業，協助這一偉大事業的發展，進步與成功，這是我們應有的義務，應盡的責任。

基於上面的意義和需要，照我們會章的規定，每年要擴大徵求會員一次，現在我們四川分會，已發動了本年度徵募會員的運動，目前全川的同胞，正光榮的負擔着民族復興策源地的偉大任務，而航空建設事業，又恰恰是民族復興運動中頂需要不過的工作部門，我們謹以十二萬分的熱誠，歡迎全川的每一位同胞，一齊來應征，一齊來加入，作爲我航空建設協會的會員的一份子，這樣，我們的抗戰必勝，建國成功，是不啻又增加一重穩妥可靠的保證，末了：

讓我們高呼：

一、完成大空軍的建設工作！

二、保衛領空充實國防！

三、努力發展航建事業！

四、加入航空協會贊助航建運動！

五、實現航建目的，完成建國大業！

六、擴大空軍爭取抗戰勝利；

七、航建事業成功萬歲！

八、大空軍建設成功萬歲！

九、中華民國萬歲！

十、中國國民黨萬歲！

附（二）中国航空建设协会四川省分会一九四一年度璧山县第三十一区小分队征求会员实施办法

162

中國航空建設協會四川省分會三十年度璧山縣第三十一區小分隊征求會員實施辦法

甲、總則

一、本大隊為征求會員便利計，特遵照中國航空建設協會四川省分會頒佈三十年度各縣市征求分隊征求會員辦法，並參酌地方情形，擬訂本縣征求分隊征求會員實施辦法

二、本分隊辦理公文後，一切手續遵照頒佈分隊辦法第十二條規定，由本府軍事科負責兼辦

三、本分隊以下設鄉鎮小隊，以各鄉鎮長兼任小隊長，另聘各機關、團體、學校主管人員兼小隊長，由分隊聘任後報省分會備查

四、會員種類及繳費標準，仍照省頒原辦法第八、九、十條規定辦理

乙、征求各項會員之分配

五、征求普通會員應照左列各款規定辦理

1、本分隊遵照規定應征求普通會員三〇〇〇名，按全縣現有三八〇保，每保平均七名（或八名）分配各鄉鎮分隊，至於團體分隊會員數則由各該團體主管人員兼小隊長斟酌征求

六、各鄉鎮小隊分配會員會費數量——如附表（一）

七、軍警及大中小學生，如係各小隊征求或自動加入為普通會員時，須填具入會書由小

隊單獨列具名單連同會費（照營大中學生減半小學納費四分之一）呈繳本分隊但不能混合於分配之普通會員數内

四、各小隊繳解會費應按照規定一次繳足并須造具會員名册二份以憑審核（册式如附表二）

五、省分會因辦理殊繁事宜致本隊奉辦較遲各分隊應統限於三十年二月底以前掃解

六、各分隊徵求普通會員時應盡量於本鄉中富紳巨賈人士徵求其為特别會員（年納會費一〇元）或名譽會員（年納會費五〇元）永久會員（一次繳足會費五〇〇元以上）均須專案呈報大隊部

七、以上兩項各會員由各分隊開會召集本鄉富紳巨賈經大會決定其會員名稱後呈報大會由分隊長聘任之

丙　責任及其獎懲

一、分隊長應負分隊全部責任

二、各分隊如在徵求未結束期間内如有交替情事卸任人應將已收之會員名册及已收入之會費和一切文件交由新任繼續辦理

三、會員所繳之會費各小隊長如未解繳以前應負保管責任如有遺失須負賠償不得藉詞推諉搪塞

四、各小隊長如能徵求會員超出額定數與省頒獎懲辦法第四十條之規定相合者得呈請從重獎勵

五、各小隊長應努力徵求和宣傳如有奉行不力及舞弊情事一經查覺應從嚴懲處分

丁　附則

一、本辦法自公佈之日起施行并呈報省分會備查

璧山县政府关于抄发一九四一年度中国航空建设协会四川省分会璧山县征求普通会员暨会费姓名册式样致璧山县城中镇中心学校的训令（一九四二年一月二十八日）

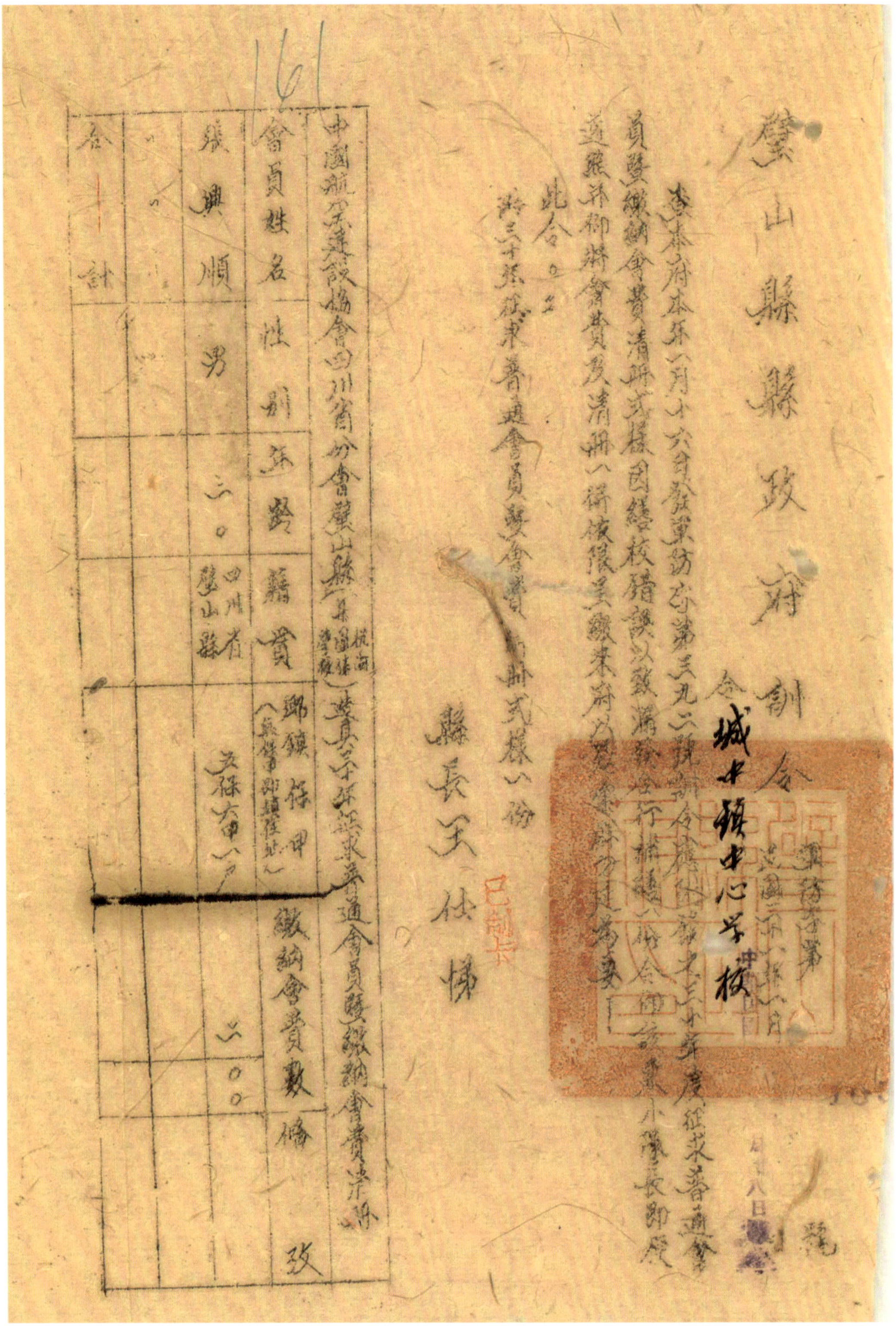
璧山縣縣政府訓令

令城中鎮中心學校

查本府本年八月廿六日發渠防字第三九二號訓令[illegible]三十年度征求普通會員暨繳納會費清冊式樣因繕校錯誤以致[illegible]行抄發[illegible]遵照辦理繳納會費及清冊[illegible]限[illegible]繳本府[illegible]要

此令

附三十年征求普通會員暨會費清冊式樣一份

縣長 王仕悌

中國航空建設協會四川省分會璧山縣（某鎮保）三十年征求普通會員暨繳納會費清冊

會員姓名	性別	年齡	籍貫	鄉鎮保甲（某鎮第幾保）	繳納會費數	備攷
張興順	男	三〇	四川省璧山縣	五保六甲	六〇〇	
〃						
合計						

永荣师管区司令部关于拟定本区各县一九四二年度国民兵训练实施计划致璧山县政府的代电
（一九四二年二月七日）

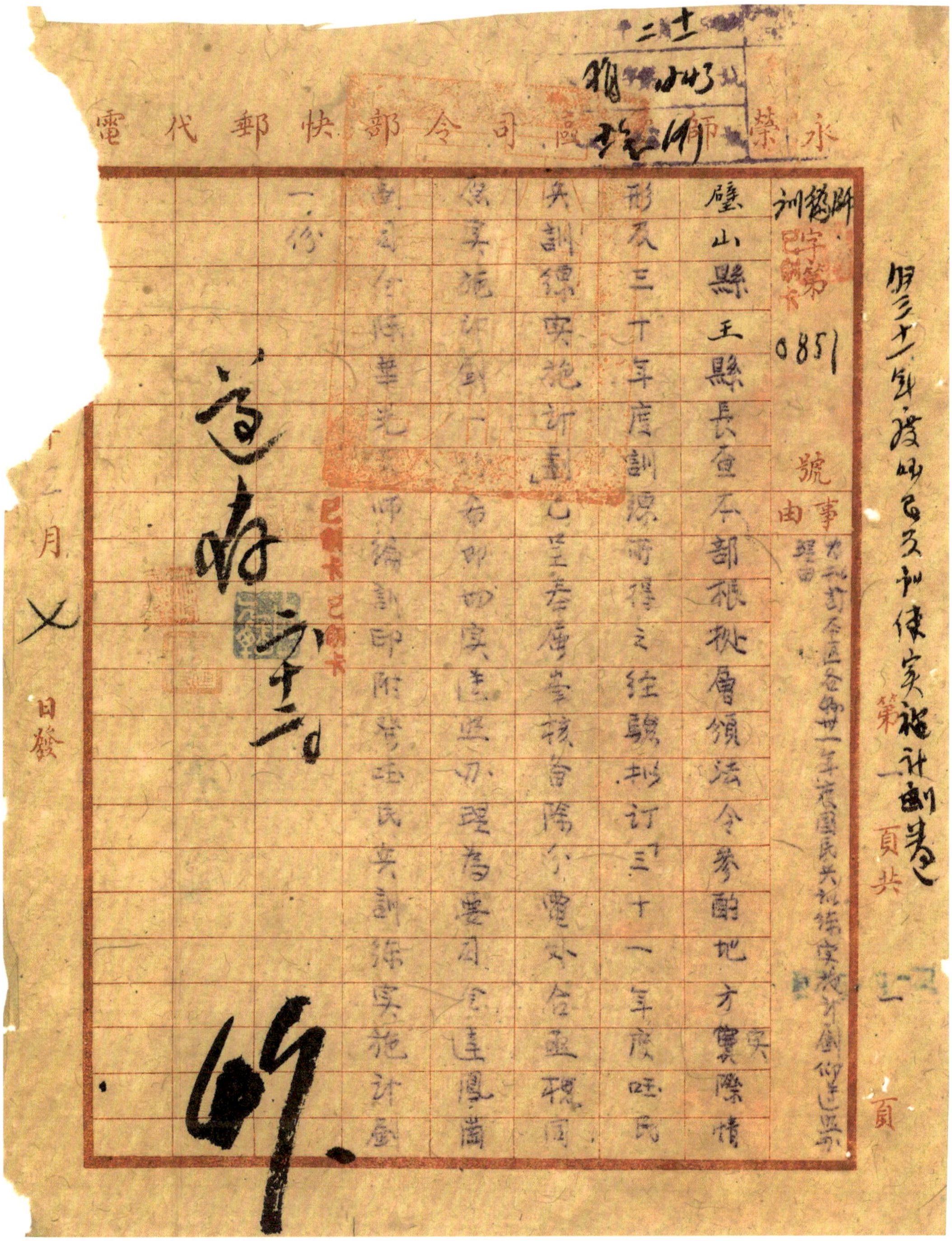

永榮師管區司令部快郵代電

訓總聯字第0851號

璧山縣王縣長鑒：本部根據曾頒法令，參酌地方實際情形及三十年度訓練所得之經驗，擬訂三十一年度國民兵訓練實施計劃，已呈奉廣會核備，除分電外，合亟抄同原實施計劃[illegible]份，電仰切實遵照辦理為要。司令達鳳岡，副司令陳華光。□師編訓印。附發國民兵訓練實施計劃一份。

附：永荣师管区所属各县一九四二年度国民兵训练实施计划

50、

永榮師管區所屬各縣三十一年度國民兵訓練實施計劃

第一條　本計劃根據軍事委員會訂頒「三十一年度徵補兵員實施辦法」暨軍政部訂頒「三十一年度國民兵組訓辦法」四川省軍管區訂頒四川省各縣市國民兵組訓實施辦法並參酌本區各縣實際情形與三十年度訓練所得經驗訂定之

第二條　各縣國民兵團後備隊於三十一年度暫行停辦國民兵訓練一律以鄉（鎮）為訓練召集單位普遍實施

第三條　國民兵訓練以未受訓國民兵為主凡每縣年滿十八歲至屆滿三十五歲之男子（共十七個年次）未受基本教育者分別召集混合編組訓練

第四條　各縣國民兵訓練應根據各該縣本年度中籤壯丁名冊就全縣人口數抽百分之三之一人為適齡壯丁不論正

籤預備籤但以甲級壯丁為限於本年內分四期或五期完成初期教育但在第一期該縣中籤壯丁名冊尚未造齊時得依據壯丁名冊及國民兵名簿先行召集年滿十八歲至屆滿二十八歲之未訓國民兵實施訓練

第五條

每年訓練五期其各期起訖日期如下

第一期元月十日至二月二十八日

第二期三月四日至五月三日

第三期六月一日至七月三十一日

第四期九月一日至十月三十一日

第五期十一月一日至十二月三十一日

每期訓練時間六十日每日三小時全期訓滿一百八十小時第一期因奉令日期較遲不足時數得在全期

中平均補足

第六條　各縣國民兵訓練以鄉（鎮）組訓保隊附為該保普訓隊召集管理及協助訓練人員鄉隊附為該鄉各普訓隊實施教育人員由鄉（鎮）隊長附準酌地方交通狀況與未受訓國民兵數劃分全鄉鎮編成若干保普通訓練隊但每隊至多不得超過四（保）每隊至少編足一百人

保隊附負責召集

第七條　各普訓隊得設助教若干人由鄉鎮隊部召集就鄉軍官或預備軍士担任之

第八條　國民兵訓練之政訓課經由國民兵團政指室派[illegible]責巡迴施訓

第九條　各縣國民兵團部為便於督導加強效率起見應將全縣劃分為若干個督導區每縣不得少於四個督導區派團附及後備隊中（分）隊長為督導人員分赴該區各

51

第十條　飭鄉鎮巡迴督導各鄉鎮隊長隊附應全力督導所屬各保隊長隊附遵照課目切實訓練每日按時巡迴各普訓隊訓練場所督飭教練

第十一條　前項督導人員應于每個訓練期先期到達督導區督飭各鄉鎮開始施訓嗣後在普訓期中每期最少到各鄉三次巡迴赴各保普訓隊督飭教練每旬將組訓概况督導情形填表呈報國民兵團部（表式另訂之）

第十二條　遵照戰時各部隊協助國民兵組訓辦法之規定各普訓隊訓練得由師區配屬部隊派員協訓其詳細辦法另訂之

第十三條　國民兵普訓採集中不在營制受訓國民兵於每日晚餐後攜帶規定應帶之槍械裝具到隊住宿次晨拂曉

第十四條 起床受訓完畢回家早餐

爲求「施普訓如集訓」與提倡競賽起見每週或每旬應將全鄉各普訓隊集合于鄉(鎮)隊部舉行集合訓練或會操一次集合教育時間規定爲六小時至八小時拂曉集合傍晚解散伙食由國民兵自帶乾糧及由家自送

各鄉(鎮)舉行集合訓練時應先期邀請督導人員到場講評

第十五條 國民兵受訓地点以利用公共場所(如寺廟祠堂學校操場等)爲原則并應適中不可偏於一隅

第十六條 普訓隊訓練場之設備應遵照 層令規定并用木牌書寫某隊訓練規約以資遵守

第十七條 受訓國民兵所用教育步槍以自備爲原則如不能自備時由保隊部鄉隊部統籌向當地軍事機關部隊借用或向有槍之家借用負責事畢送還

第十八條　全期學術科時間及次數分配表學術科進度預定要悉照奉頒定之「四川省各縣市國民兵組織管理教育實施方案」暨附發各表之規定由各縣國民兵團部印發各保隊[illegible]

第十九條　各普訓隊于開訓及結業時均以鄉鎮為單位齊集鄉鎮公所住在地舉行入隊式及檢閱給証典禮由團部派員主持并請師管區派員点閱

第二十條　訓練開始報告表各鄉鎮隊限于開始三日內彙齊全鄉報出（各國民兵团限于開始一星期報出）結業報告表之填報限期亦同如逾期未報以未開始訓練與訓練不力議處

第二十一條　五八兩月為農忙停訓時期各國民團部應召集各級幹部舉辦業務講習會或短期訓練班惟須層報備查

第二十二條　應受訓國民兵如有規避情事違反教育召集者應陸軍兵役懲罰條例暨妨害兵役治罪條例分別治罪其請事假超過

15

二十小時以上者應遞延次期補訓

第二十三條　三十一年度國民普訓事項由師區、管區請上峯列為各縣國民兵團部各鄉鎮隊部之主要考成及各縣政府各鄉鎮公所之中心工作其獎懲不僅限于兼職得聯帶各該本職

第二十四條　本計劃為求適應事實先行通令各縣遵照實施一面層報核備

第二十五條　本計劃如未有盡事宜俟奉層峯核示後修正之

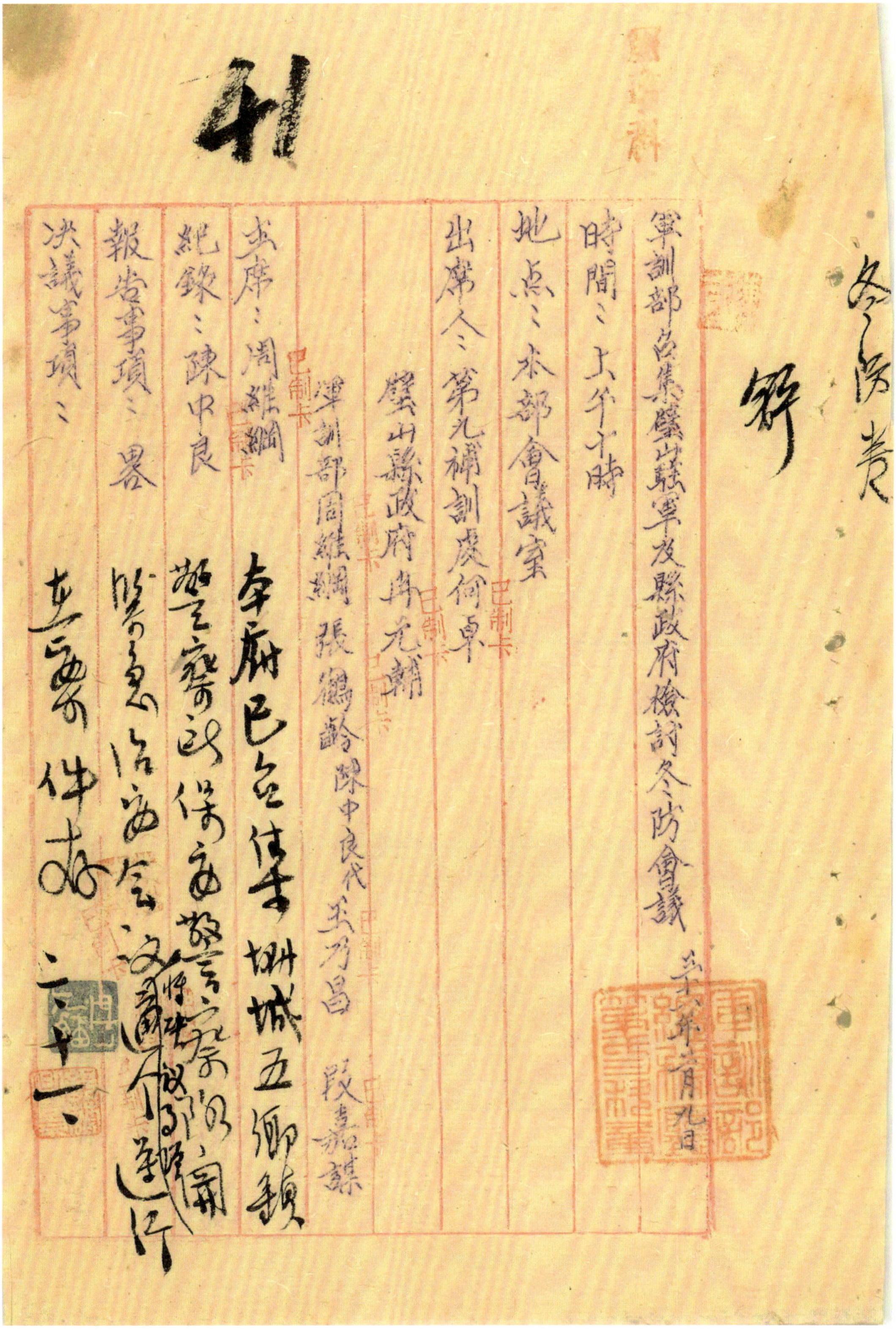

冬防卷

軍訓部召集璧山縣軍及縣政府檢討冬防會議　三十一年二月九日

時間：上午十時

地点：本部會議室

出席人：第九補訓處何卓

璧山縣政府冉九翱

軍訓部周維綱　張鶴齡　陳中良代　吳乃昌　殷嘉謀

主席：周維綱

紀錄：陳中良

報告事項：畧

決議事項：

本府已召集城五鄉鎮

警察所保安警察[illegible]開

聯保主任保安會議[illegible]遵行

[illegible]　二十一

411

一、由第九補訓處會同璧山縣政府負責破獲本月八日晚柯家店徐兵監公館被劫案

二、由第九補訓處即日派兵分駐柯家店新橋及八天門徐家院子等處以加強本部警衛

三、嗣後第九補訓處關於駐軍及巡查事項應切實與軍訓部聯絡

四、由縣府即日召集城東城南獅子等三鄉鄉鎮長會議着各鄉鎮所屬保甲長遵照前定巡邏及相互聯絡辦法切實實施並加強巡邏組織以重冬防

永荣师管区司令部关于抄发永荣师管区制办领运补充兵被服奖惩实施办法致璧山县政府的训令（一九四二年三月十七日）

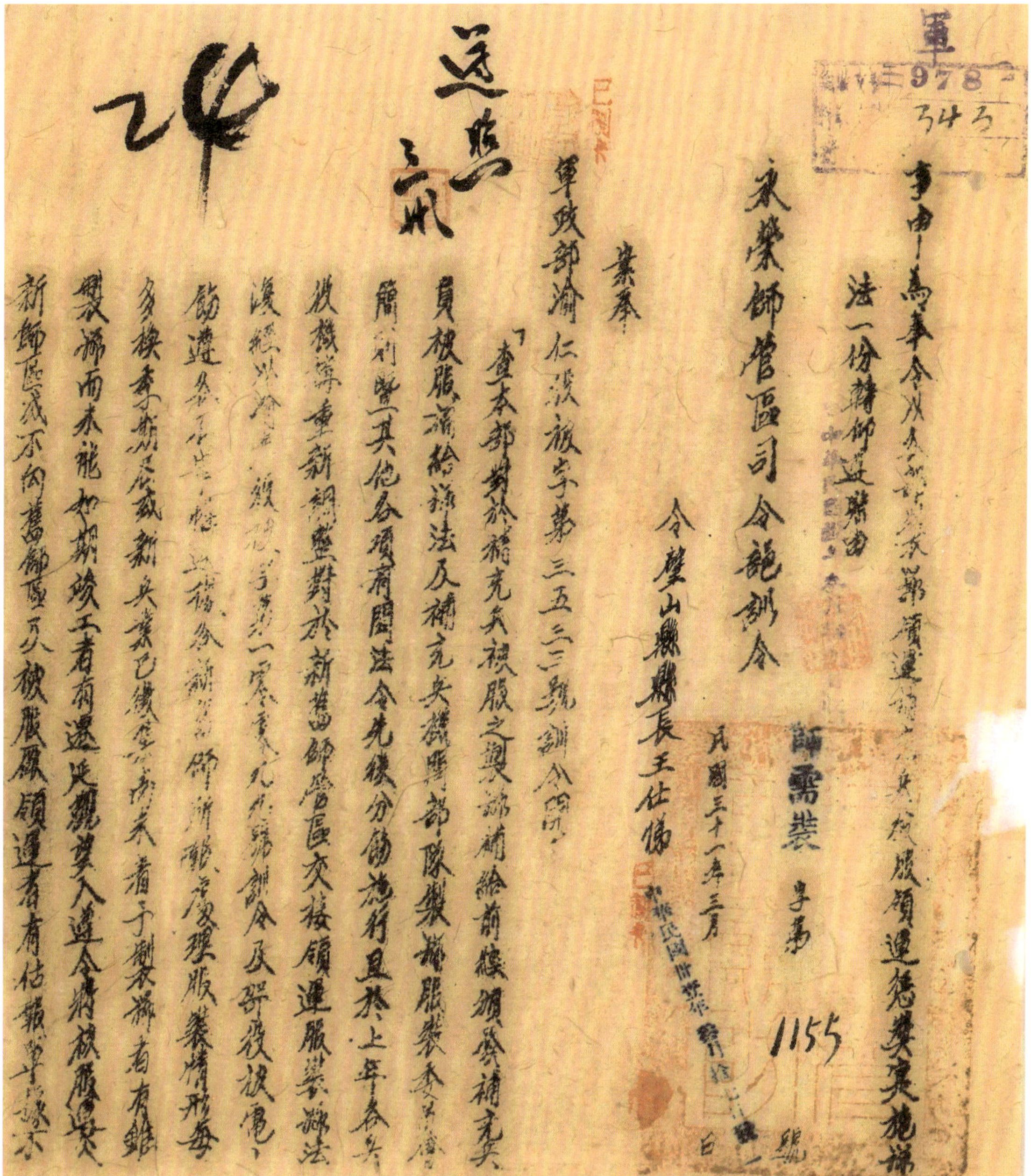

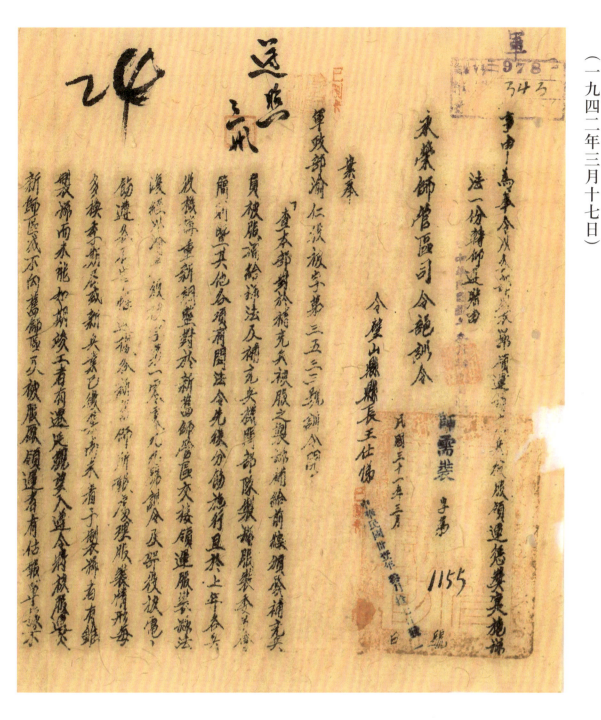

確實者，亦此種種影響征補及作戰計劃，異常重大。洵知
抗戰建國首重兵役，新兵被服不能按期確實補給，即
能貽誤新兵之征集訓練，尤令主管師管區暨各補充兵訓練
處主官及承辦單位人員應如何悉負其責，以利役政之推
進。惟有不奬功懲過，何以勵將來而儆效尤。茲特制定各師
管區承辦領運補充兵被服奬懲實施辦法一份，隨令抄發，
爾後各師管區對於部令飭發撥領運或接交服裝事項，務
應視為最重要之中心業務，毋得再有遲延怠慢情事。除由本
部指派視察人員於必要時隨時報部核辦外，合行令
仰遵照並飭屬一切遵照為要。此令。
貴團撥領運補充兵服裝奬懲實施辦法一份。奉此，除分令外，合亟抄發原頒單
服裝辦法，隨令抄發，仰該　某團遵照辦理並飭屬切實遵照為要。此令。
附抄發奬懲辦法領運補充兵被服懲奬實施辦法一份

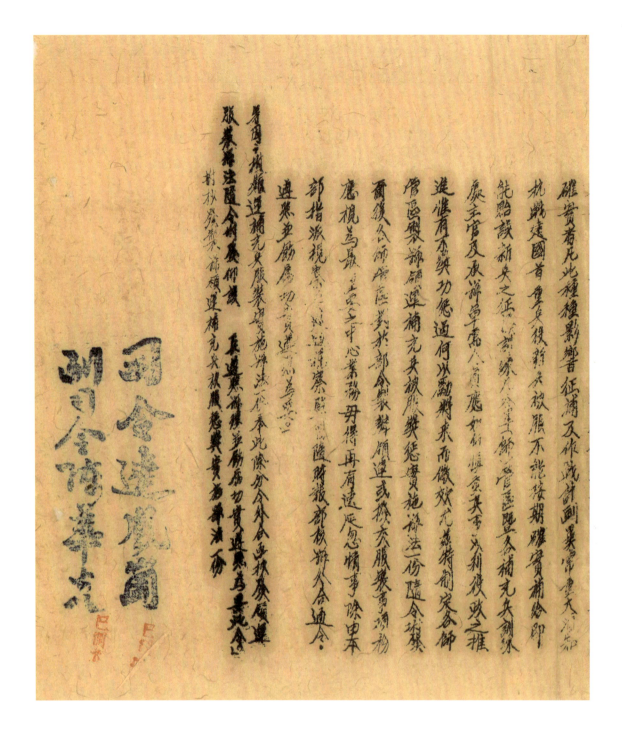

司令 達鳳崗
副司令 陳華亭
已閱
已閱

附：永川永荣师管区制办领运补充兵被服奖惩实施办法

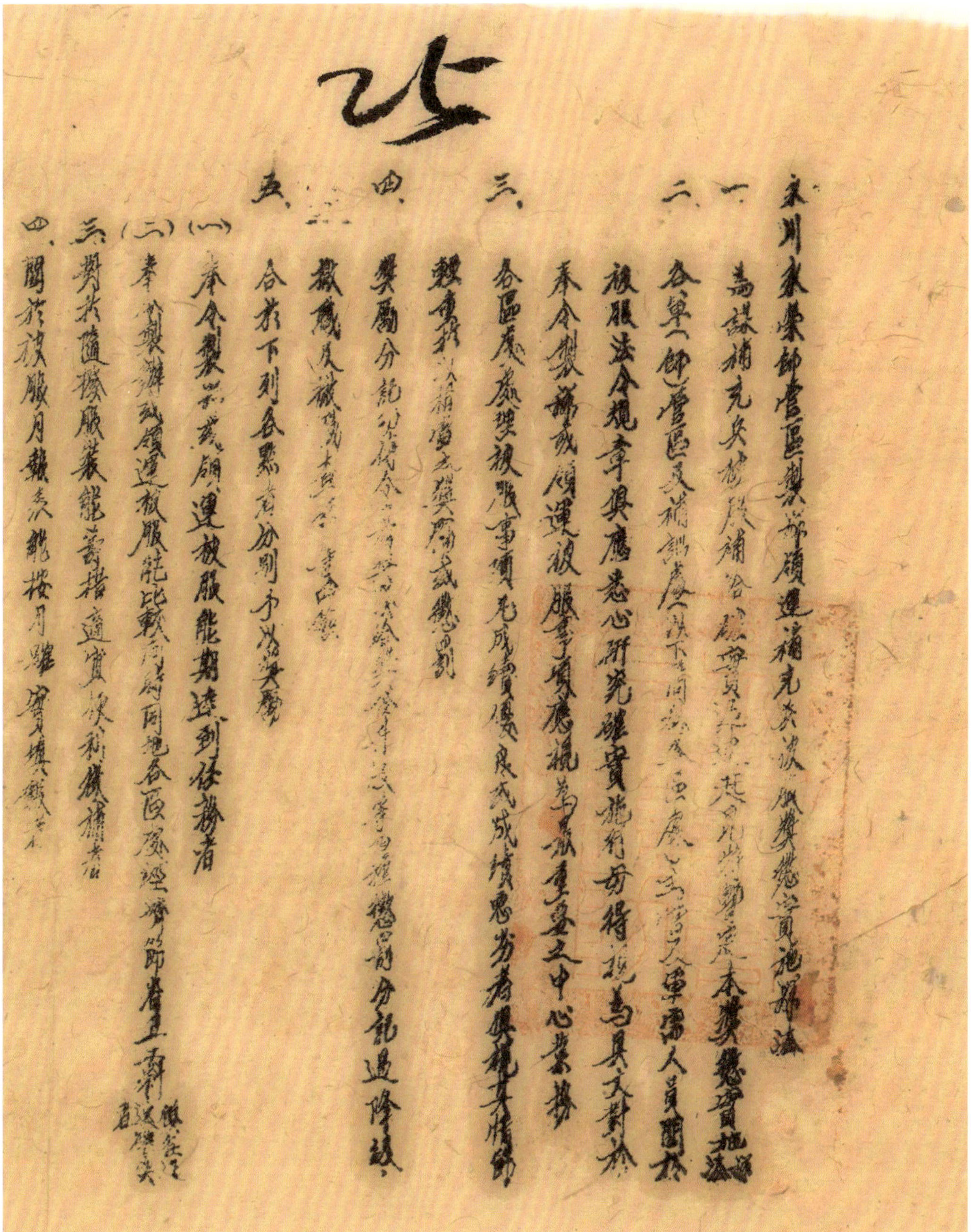

永川永荣师管区制办领运补充兵被服奖惩实施办法

一、为谋补充兵被服补给[illegible]特订定本奖惩实施办法

二、各单（师）管区及补训处（以下简称各区处）[illegible]人员对于被服法令规章须应悉心研究确实施行毋得视为具文对于

三、奉令制办或领运被服事宜应视为最重要之中心业务

各区处对被服事项克成绩优良或成绩恶劣者须视其情节轻重分别予以奖惩

四、奖励分记[illegible]惩罚分记过降级

撤职及[illegible]等

五、合于下列各款者分别予以奖惩

（一）奉令制发或领运被服能期达到任务者

（二）奉令制办或领运被服能比较[illegible]同地各区处经济节省[illegible]

（三）对于被服装能善措适宜[illegible]补者

（四）关于被服月报[illegible]能按月照实填报[illegible]

六、有下列各項情事者，按其情節輕重分別予以懲罰：

(一) 奉令製發或領運被服遲延貽誤觀望影響補發者

(二) 領到被服代金或運費係意挪作他用者

(三) 擅訂薪據推諉不遵照規定隨撥或塗換被服者

(四) 奉令裝運被服而保管不力或浮報單價致公家蒙受損失者

(五) 對於被服不妥善保管致受霉爛之損失者

(六) 新舊部交接時對於被服不遵照規定交接不清或拒不移交者

(七) 關於被服月報表不按月繳或填報竟圖取巧者

七、如非因天災人禍及一切不可抗力之事故發生第六條第五項情事時，除以第(八)條行政上之懲罰外，並按照被服損失賠償規則之規定照價賠償之

八、各區處對於服裝之製發辦理須遵照前項情形由本部派員督導並視察，或由本部派員隨時分赴各區處監察，並負責督導地視察，該部被服如發覺有蒙員徇情隱飾，則予以連帶之處分

永荣师管区司令部关于饬速将前交县府之军服、棉被、军帽等正式二联印领交李如德携回致璧山县政府的代电（一九四二年五月二十三日）

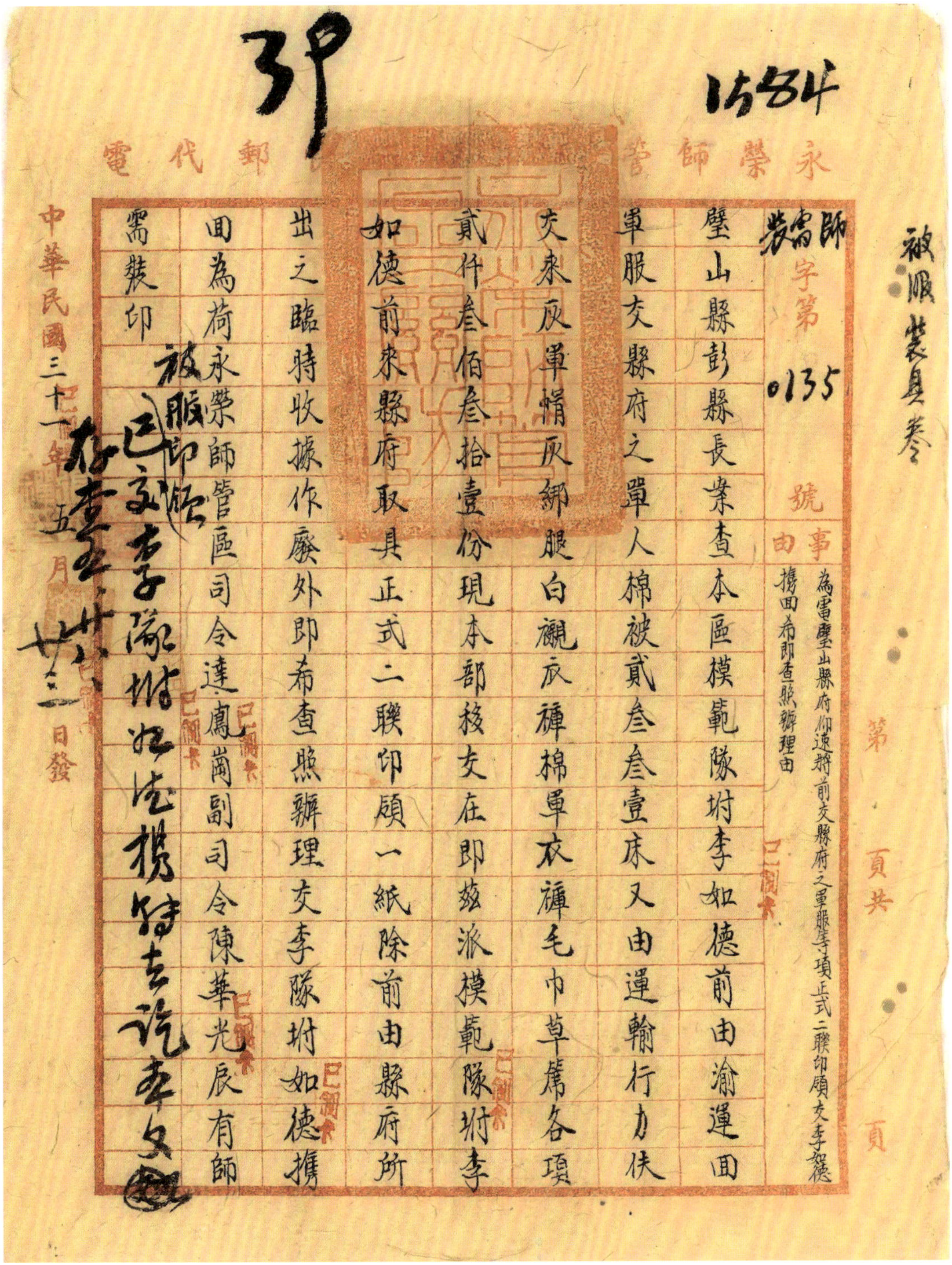
1584

3P

被服裝具卷

永榮師管區郵代電

師需發字第0135號

事由：為電璧山縣府仰速將前交縣府之軍服等項正式二聯印領交李如德攜回希即查照辦理由

璧山縣彭縣長業查本區模範隊附李如德前由渝運回單服交縣府之單人棉被貳叁叁壹床又由運輸行夫伕交來灰單帽灰綁腿白襯衣褲棉單衣褲毛巾草蓆各項貳件叁佰叁拾壹份現本部移交在即茲派模範隊附李如德前來縣府取具正式二聯印領一紙除前由縣府所出之臨時收據作廢外即希查照辦理交李隊附如德攜回為荷永榮師管區司令達鳳崗副司令陳華光辰有師需裝印

中華民國三十一年五月廿三日發

被服即領已交李隊附如德携去

璧山县国民兵团团部关于呈复国民兵训练情形并附一九四二年度组训实施办法致璧山县政府的呈（一九四二年五月三十日）

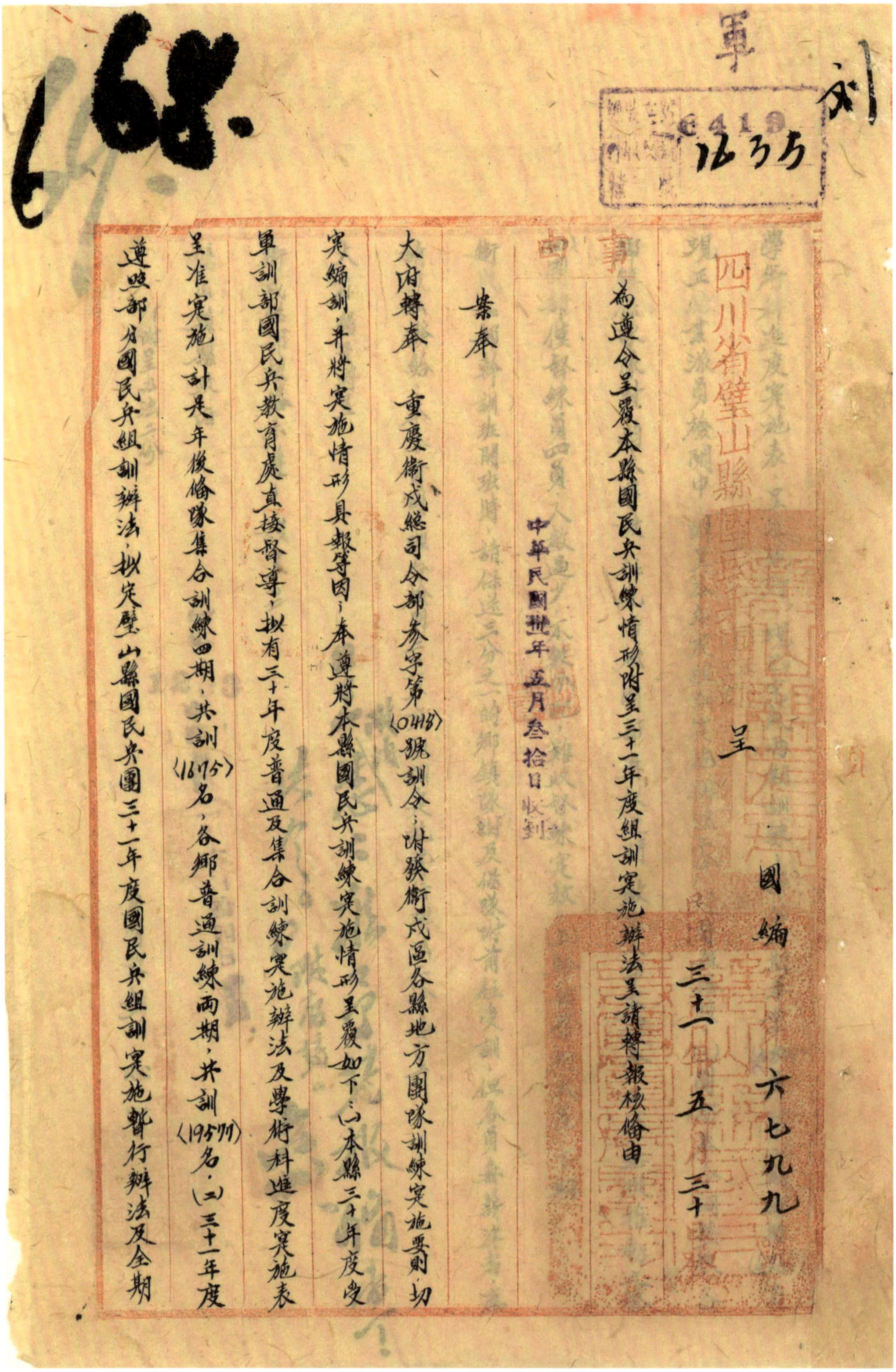

四川省璧山縣國民兵團 呈

國緆 三十一 五 三十 六七九九

為遵令呈覆本縣國民兵訓練情形附呈三十一年度組訓實施辦法呈請轉報核備由

中華民國卅一年五月叁拾日收到

案奉

大府轉奉重慶衛戍總司令部參字第〈0418〉號訓令：附發衛戍區各縣地方團隊訓練實施要則，切實編訓，并將實施情形具報等因。奉遵將本縣國民兵訓練實施情形呈覆如下：㈠本縣三十年度受單訓部國民兵教育處直接督導，擬有三十年度普通及集合訓練實施辦法及學術科進度實施表呈准實施。計是年後備隊集合訓練四期，共訓〈1675〉名，各鄉普通訓練兩期，共訓〈19577〉名。㈡三十一年度遵照部頒國民兵組訓辦法，擬定璧山縣國民兵團三十一年度國民兵組訓實施暫行辦法及全期學術科進度實施表、呈准施行、現已完成兩期訓練、計第一期畢業〈5899〉名、第二期訓練〈4965〉名、現正結業派員檢閱中、附呈本年度組訓實施辦法二份、祈轉報備核。㈢團部奉令調整後各鄉鎮保隊隊附、均未專設、任免考核、團部無權過問、致有人事不健全、工作無從推動之感。㈣團部僅督練員四員、人數過少、不敷分配、難收督練實效。㈤幹部學術太差、下期衛戍總部幹訓班開班時、請保送三分之一的鄉鎮隊附及保隊附前往受訓、但各員無薪津者應請設法撥給、奉令前因、理合檢同三十一年度組訓實施暫行辦法二份賫呈

大府懇予轉呈

衛戍總部核備示遵！謹呈

璧山縣縣政府

計附呈辦法二份

兼團長　彭　心明

呈悉。准予轉報備查！此令。附存轉。

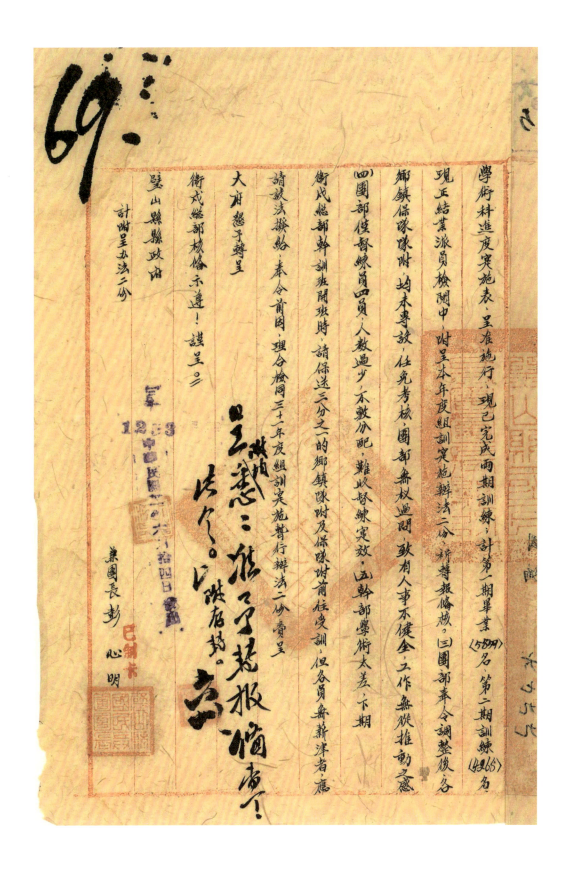

附：璧山县国民兵团一九四二年度国民兵组训实施暂行办法

璧山縣國民兵团三十一年度國民兵組訓實施暫行办法

第一條　本办法根據奉頒四川省各縣市國民兵組訓實施办法并參酌本縣實際地方情形訂定之。

第二条　本团為使全縣國民兵逐年完成各期教育，除三十年度已實施初期第一年次教育外，特定本年度完成全縣應訓國民兵之初期第二年次教育。

第三条　前項教育由各鄉鎮之保普通訓練隊召集實施，以兩保或三保合編一隊為原則，稱為「璧山縣國民兵团△△鄉（鎮）普通訓練隊第△分隊」，其隊部即就合編各保選其比較適中之办公處所設立之。

第四條　凡全縣年滿十八歲至屆滿三十五歲之男子，未受初期第二年次教育者一律遵照後開規定期間，分別召集混合編組訓練。

第一期——元月十二日至三月十一日。

第二期——三月十四日至五月十三日。

第三期——六月一日至七月三十一日。

70.

第四期——九月一日至十月三十一日。

第五期——十一月一日至十二月三十一日。

集訓期間由團部開办業務講習班，調訓各級幹部，其办法及教育計劃另訂之。

第五條 訓練期間每期六十日每日三小時（全期180小時），全期學術科進度須定寔施表，由國民兵團擬定印發（如附表二）各普訓隊務必遵照寔施。

第六條 受訓國民兵接到由鄉鎮隊部發給之召集通知單（如附式三）後，應立往普訓隊報到，以後每日在家晚飧後即着軍服（或短服）攜帶槍枝器具，到隊住宿，次晨拂曉起床，訓練三小時後，回家早飧。在晝間天氣較短時，學科可於晚飧後集合時施行，并得於冬防期間分地任該區域内之守衛及游击勤务，以達警卫訓練之目的。

第七條 各普訓隊除以各保長任正副隊長（由鄉鎮隊核定）及各保隊附分任隊附負管教全責外，并得酌設助教若干人，由鄉鎮隊召集在鄉軍官或高中以上畢業曾受集訓之学生担任，至精神教育，除由政治指導室派員[illegible]担任外，以聘請當地学校教員担任為原則。

第八條　訓練開始後，各鄉鎮隊長隊附，應常川往來各該訓練隊督導，每兩週至少集合各分隊于鄉（鎮）隊部訓練一次，以資觀摩。

第九條　普訓隊請定操場，得利用保國民学校及附近居民家屋，或軍隊操場。至簡易体育器械如單杠木馬等，應尽量設置，并於補助教育時間，多練習國技及爬山賽跑跳高運動。

第十條　受訓期滿以鄉鎮為單位召集各普訓隊檢閱，并發給結業給証受訓証書由团部製發與札由团部規定檢閱科目派員主持之。

第十一條　訓練開始各鄉鎮隊，應於三日內填具開始訓練報告表（如附式三）結業時應填具結業報告表（如附式四）及訓練期滿名冊（如附式五）呈報團部。

第十二條　應受訓國民兵不受召集，或無故缺席者，按陸軍兵役懲罰条例，及妨害兵役条例論罪处分。若因事請假缺課在二十小時以上者，應遞延下期補訓。

第十三条　已受初期第二年次教育之國民兵，一律編入預備隊，統為璧山縣國民兵

二

团ム乡(镇)預備隊」并依其性能分編為:警備ム(包括偵察盤查清鄉整備)、工運ム(包括工务運輸交通通訊)、救護ム(包括防空救護消防)、宣傳ム(包括宣傳慰勞以知識份子組織之)各分隊或遊服任地方勤务。

第十四條　受訓國民兵常用教育步槍,如不能自備時,得由各保統籌向有槍之家或当地軍警借用,登明号碼,事畢归還。

第十五條　為使全縣國民兵組訓工作能与新縣制配合起見,仍依縣行政指導區將全縣劃為六個督導區,按後開區域每區設督導主任一員,由团部加委縣指導員兼充,并得斟酌需要派督導副主任一員(以後備中隊長兼充)及督練員一至三員(以後備隊分隊長兼任及遴選資深在鄉軍官派充)助理之。并規定督導主任对各鄉(鎮)組訓工作有監督考核之責,督練員受主任指揮,協助鄉(鎮)隊長、隊附对各普訓隊應負督练教練責任。

第一督導區——以城中鎮隊及城東、城南、城西、城北各鄉隊屬之。

第二督導區——以梓潼、太和、丹鳳、大興、獅子、中興、三教各鄉隊屬之。

72.

第三督導區——以來鳳丁家鹿鳴正興馬灘中興各鄉隊屬之。

第四督導區——以三合廣普定林龍鳳健龍各鄉隊屬之。

第五督導區——以河邊青木蒲元接龍龍溪大路各鄉隊屬之。

第六督導區——以依鳳八塘臨江轉龍六塘七塘各鄉隊屬之。

第十六條 各督導人員及各級兼隊長，隊附，办理督導及組訓工作努力成績優異者，得由團部呈明從優獎叙，其办理敷衍、成績惡劣者，應依法從嚴处分。

第十七條 各鄉鎮普訓隊所需办公經費，每期每隊不得超過四十元，以由縣地方預算統籌為原則，但在未核准由縣統支前，得由各鄉鎮所統籌支給之。

第十八條 本办法未規定事項，悉遵奉頒國民兵組訓法規办理。

第十九条 本办法自三十年元月起實行并呈報上級管區備案。

璧山县国民兵团政治指导员办公室关于拟具工作计划书请核发宣传费致璧山县政府的呈（一九四三年四月十六日）

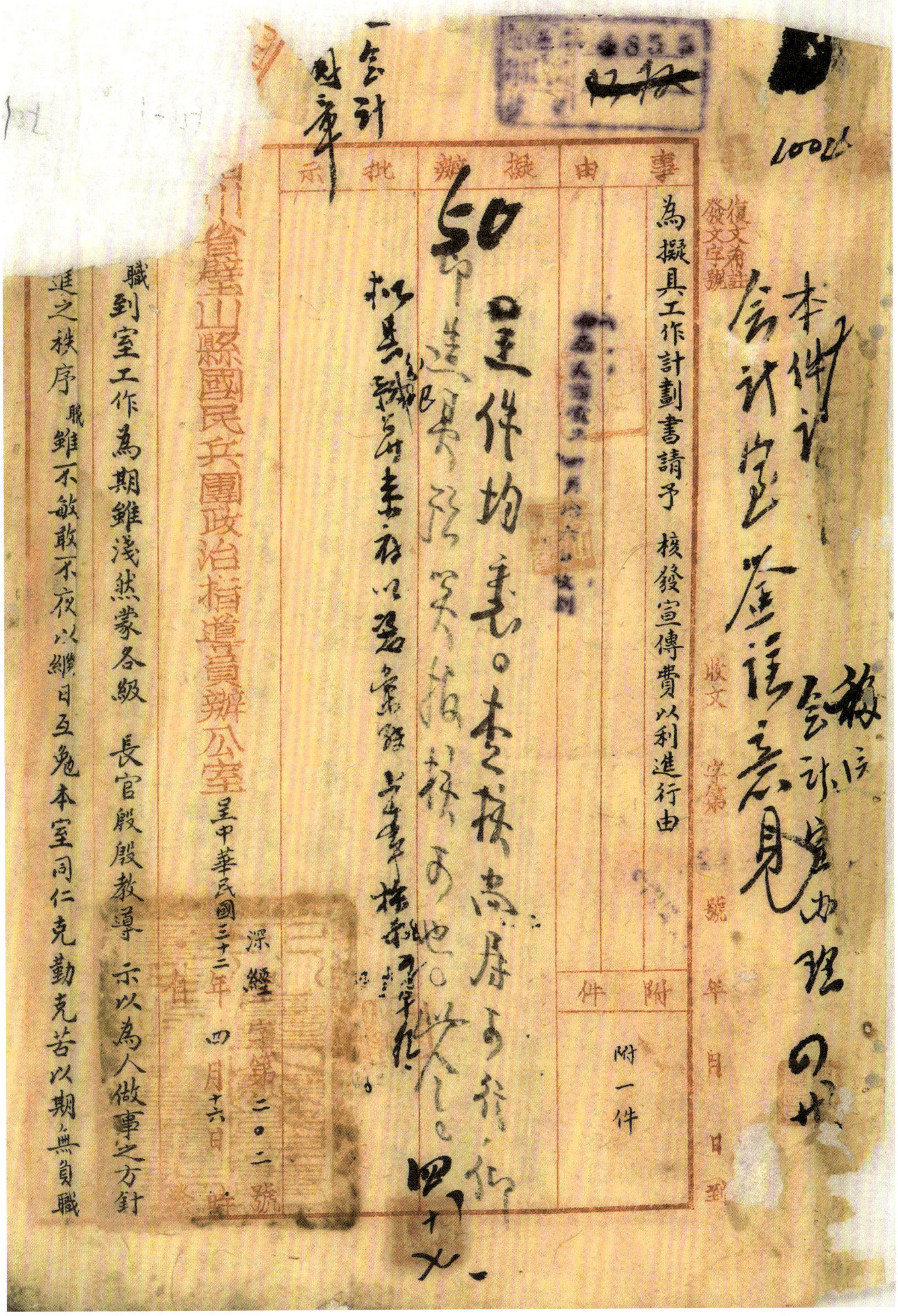

事由：為擬具工作計劃書請予核發宣傳費以利進行由

擬辦

批示

附件：附一件

呈件均悉

四川省璧山縣國民兵團政治指導員辦公室呈 中華民國三十二年四月十六日 深經字第二〇二號

職到室工作為期雖淺然蒙各級長官殷殷教導示以為人做事之方針進之秩序職雖不敏敢不夜以繼日互勉本室同仁克勤克苦以期無負職

官付託之使命深知本室自去歲秋季以還業務如江河日下室譽亦日落千[illegible]挽救令譽勢非加倍努力不為功且青年心理無事則易懶散消極工作緊[illegible]而精神奮發今本室官佐已有七員若仍無所事事易蹈前非昨日恭聆訓示事業等費不能按月分配領取創辦特殊事業需用時事前設計預算呈請核發等諭 本應遵命設計四大標牌以廣宣傳然職竊思設計此種標牌僅需一人足矣製造又非本室員兵所能為 勢必雇工建築或包工承製因此除設計者一人外其他官佐又無工作本室中心工作在於民衆國民兵政訓首重實行然城區五鄉鎮尚未召集本室且已派定官佐三員担任政訓待該鄉鎮國民兵名册送達即前往實施故管見以為一面鍛練官佐之學習編排書寫簡報及半月刊或月刊特刊等等一面利用閒餘時間作文字之宣傳且上工作本為軍區政治部指定應辦之工作若事業費不

51

能領取一部份則文字宣傳無從辦起且宣傳事業須普遍深入非隨時隨地見機宣傳不為功尤其墻壁標語更需普遍書寫因此宣傳費之支取能隨時應用當可事半功倍非組訓經費可比也至若製造特殊標語編印國民兵手册等等款項巨大當詳為設計俾資永久之效此理明甚無待贅述茲特冒昧上呈乞請鈞府照省令百分之三十宣傳費准予 核領一部份或按月分配領取以利工作其組訓督導調查等費得按實施工作時再呈請核發以符公令理合擬具工作計劃書一份備文呈請

……祇遵謹呈

彭……

附呈工作計劃書一紙

指導員吳深

附：初步宣传工作计划书

52

初步宣傳工作計劃書

一、簡報：每日三份，每份一大張（毛邊紙），內容：國內外簡要新聞，各級府部摘要訓示。預算紙張（每刀四十元）、顏料（每兩九十元）費用約捌拾元。

二、兵役半月刊：每月二次，每次二份，每份寓紙陸大張，內容：党義兵役法規，兵役新聞，革命光榮史蹟，時事分晰，詩謌漫畫。預算紙張、顏料費用約陸拾元。

三、特刊及標語：（每逢紀念日出刊）一份，寓紙十二大張至十六大張（連泗紙或嘉樂紙），以貼報式或順列式編排。預計各項紙張顏料費用約陸拾元，標語紙張肆拾元。

四、簡便墻壁標語，在可能內，遍寫各地，經費預算，設子數為一百，則土[illegible]百分之二十，墨烟百分之二十，石灰百分之七，牛皮膠百分之十五，桐油百分之五，大楷

筆，百分之二十，棕毛刷為百分之十三（按物價土紅三十二元（一斤），墨烟三十二元一斤，牛皮膠二十四元一斤）

寫標語之多寡以經費為正比例。

附註：簡報以普通民衆為對象，半月刊以兵役宣傳為對象，特刊以紀念及慶祝等事日為對象。尤其墻壁標語以多書寫為標準，美觀次之。按革命軍北伐之初，有何種美觀之宣傳品，無非多書寫，普遍深入之效已。上列數目概屬預約，此助彼長，彼補此短，以全完璧，以盡全功，至於戲劇宣傳、巡迴宣傳、抗屬慰問、接送壯丁，概列第二步工作，初步工作未實施以前，設計第二步工作，誠非易易也

苗得霖关于告知稻草价格致刘勋奎的笺函（一九四三年八月二十三日）

案系務領成報處覆 八廿六

已擬函 笺 八廿四

國民政府軍事委員會軍訓部用箋

敬啓者：本部馬廄之七月份稻草，自貴府規定於七月份起，每斤價目為壹角叁分，自應遵照依規定購辦，已將七月份購辦稻草交由青木關鄉公所，並將所需稻草之數函請，惟以貴府所改加價目之通知當時尚未至本廳，故所需稻草廳方僅以五分一斤核發，因而每斤尚未准者八分，事關公家飼養問題，因特函請

106
105

國民政府軍事委員會軍訓部用箋

貴科前以七月份種草每行由五分增至一角三分之証明單一紙，以便本廳核發七月份未准數額，並請即刻 煩神、開下証明帶單，交由本部班長李朝瑞帶下，為感為託。

此致

劉科長勳鑒

弟 苗得霖 八月廿三日

已製卡

苗得霖

已製卡

四川省政府关于转知已饬军马移驻邻县致璧山县政府的代电（一九四三年八月三十一日）

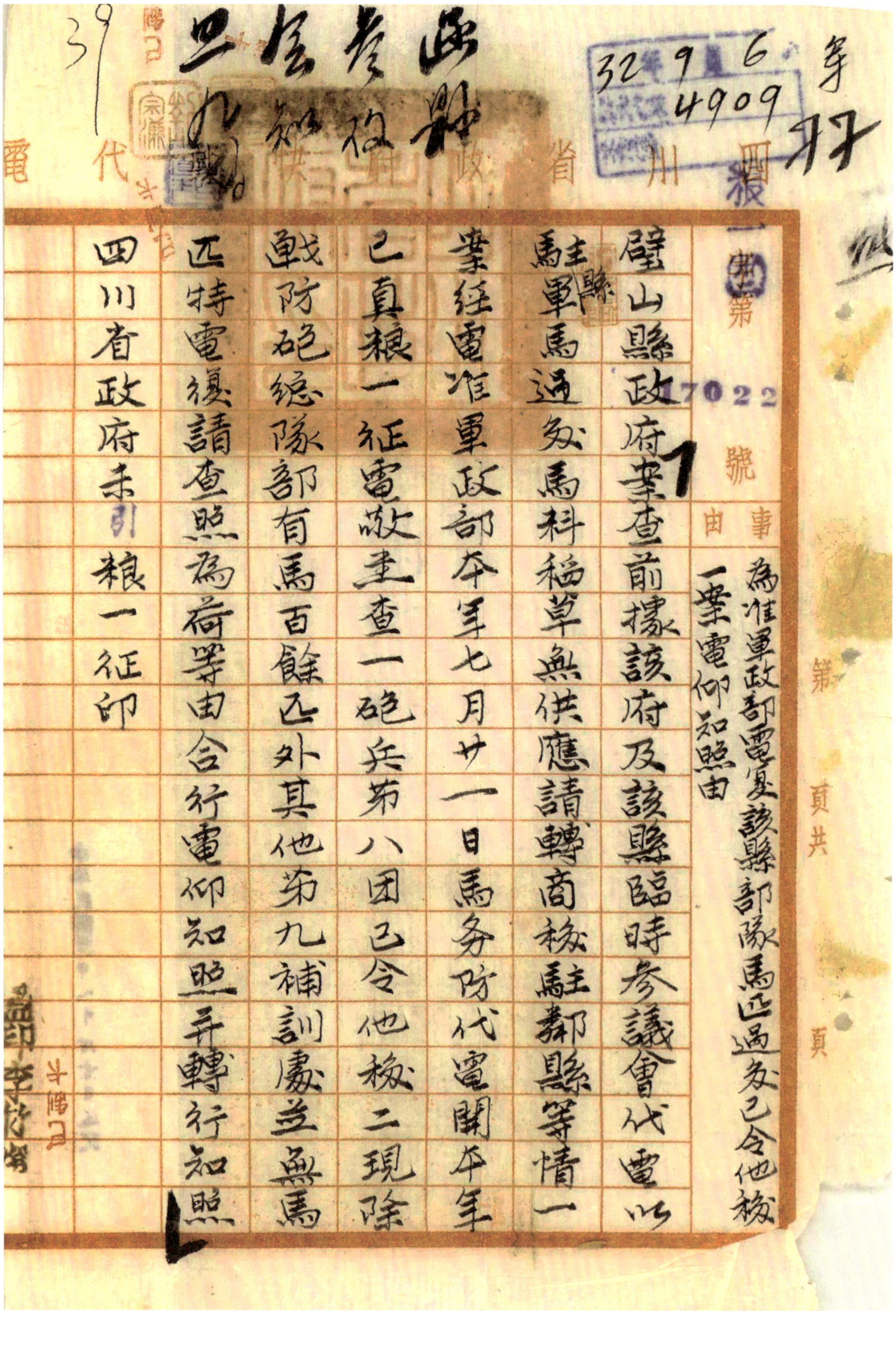
四川省政府快郵代電
四稼一字第17022號
事由：為准軍政部電復該縣部隊馬匹過多已令他移一案電仰知照由

璧山縣政府：案查前據該府及該縣臨時參議會代電以駐軍馬匹過多，馬料稻草無供應，請轉商移駐鄰縣等情。一案經電准軍政部本年七月廿一日馬务防代電開：「本年巳真粮一征電敬悉。查一、砲兵第八团已令他移；二、現除戰防砲總隊部有馬百餘匹外，其他第九補訓處並無馬匹。特電復請查照為荷」等由。合行電仰知照，并轉行知照。

四川省政府未卅 粮一征印

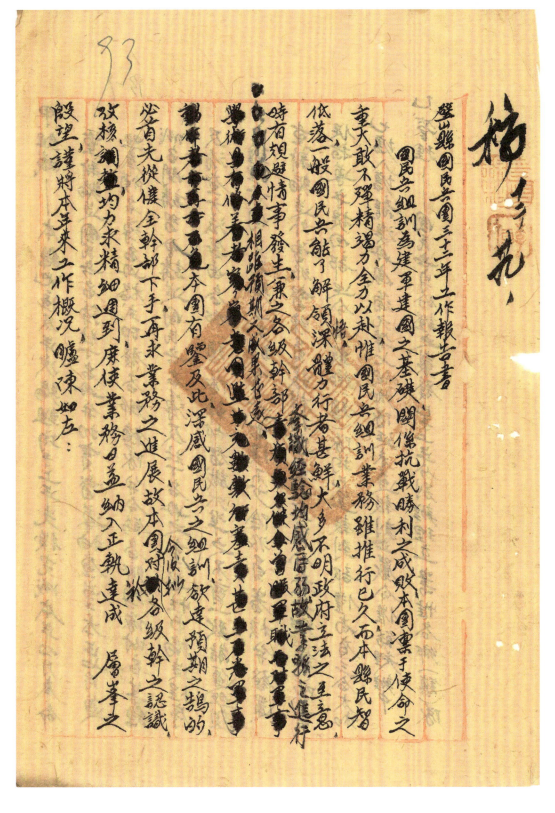

璧山縣國民兵團三十二年工作報告書

國民兵組訓，為建軍建國之基礎，關係抗戰勝利之成敗，本團秉于使命之重大，敢不殫精竭力，全力以赴。惟國民兵組訓業務雖推行已久，而本縣民智低落，一般國民兵能了解領悟深體力行者甚鮮，大多不明政府立法之至意，時有規避情事發生，兼之各級幹部[redacted]學識經驗均感薄弱，故業務之進行[redacted]相距預期之成果甚遠，[redacted]本團有鑒及此，深感國民兵之組訓，欲達預期之鵠的，必首先從健全幹部下手，再求業務之進展，故本團對於[redacted]各級幹部之認識、攷核、調[redacted]均力求精細週到，庶使業務日益納入正軌，達成 層峯之殷望。謹將本年來工作概況，臚陳如左：

B-1

甲、組織——本縣地區及年次編組均于上年先後完成本年四月奉命重新編造國民兵名簿壯丁名冊并切實督導抽查 当于本年七月遵照奉頒名簿名冊格式印發各鄉鎮隊并令飭各鄉鎮隊附齊集縣城召開講習會講述國民兵名簿及壯丁名冊之重要性與編造程序及清查方法等因各鄉（鎮）隊幹部智識水準之不齊一致能遵照規定辦理者固多而編造不詳實者亦復不少除派員審核并發還重新編造外當派督練員張椎柏辛書之二員分赴各鄉（鎮）隊督促指導并提回部迄今多數鄉（鎮）隊均已呈報到部僅尚有三合太和七塘八塘龍溪丹鳳蒲元等七個鄉隊延未遵報刻正嚴令催飭赶辦中

乙、管理——國民兵身份證之製發已于上年分別辦理在案惟各鄉（鎮）隊

84

填發時未予澈底認真，時有錯誤發生情形，致較紊亂，本部現正設法補救中，擬于下年度內重新換發，至保管箱之設置，除來鳳鄉隊已遵令裝就分別年隊實施保管外，其餘各鄉鎮隊均未呈報辦理情形，現正令飭各鄉（鎮）隊辦理具報中。

丙、教育——一、國民兵訓練——本年度奉命辦理國民兵訓練四期，計第一期訓練人數4818名，第二期訓練人數1046名，第三期訓練人數1060名，第四期訓練人數991名，總計全年訓練國民兵18115名，均係採取集中不在營制，由各鄉鎮保隊負責訓練，團部分區派督練員輪番指導其訓練成績，以來鳳、丁家、臨江等鄉隊為最優，四鳳、三教等鄉隊成績較差，均經列入本年度成績分別獎懲在案。

94-1

二、模範隊訓練——第一期于本年七月一日開始九月一日結業入隊受訓隊員計一二七名因先後入隊時間不一教育上不無影響成績不易顯著第二期于十月十五日入隊二十二日開始訓練十二月一日截止入隊報到計入隊受訓隊員一一四名其中多屬富紳子弟在中小學卒業者凡二十餘人全体隊員均發有國民必讀本及基本學術問答等書籍教官上課均按本實施軍事課程由團部官長担任政治課程聘請達川中學校教師負担迄今已開訓月餘刻仍加緊訓練中全体隊員均能背誦軍人讀訓黨員守則國民公約國民必信條及士兵在戰闘間應遵守之事項并能歌唱國歌團歌等成績甚優又模範隊官長僅負教育責任其他經費糧食之收支保管及伙食之辦

理全由隊員公選之經理委員五—七人自行分別承辦因之隊員與官長間情感融洽一切均能順利推行

丁、其他——一、改選幹部——為使本團幹部素質健全期能担負組訓之任務起見特擬定各級幹部改選辦法招考在鄉軍官計投考者四十餘名取錄者十四名除第一三兩名派為本團督練員第四名派為城西鄉鄉隊附第八名派充模範隊特務長外餘均保入師區兵役班受訓以作幹部之儲備

二、舉辦七七國民兵運動會——于本年七月七日在本縣北門外大操場舉行各種運動附城各鄉（鎮）隊國民兵均參加表演當時并呈請何副總長親蒞閱兵情況至為熱烈

95-1

三、舉辦民族復興節國民兵總點閱——本縣地勢狹長幅圓縱達二百餘里本屆點閱分三區舉行附城三十五華里以內之各鄉(鎮)隊均劃為第一區在縣城北門外大操場舉行計到十六個鄉(鎮)隊連同模範隊共十七個單位實到國民兵二一五三名由師區派員點閱外并由　軍訓部劉次長蒞臨閱兵點閱成績以模範隊列為第一城西鄉隊第二并由劉次長代表　白部長頒贈「整軍經武」錦旗一面第二區以丁家鄉隊為集中地點計到十二個鄉隊國民兵一四八〇名由軍訓部派林視察為點閱官以丁家鄉列第一來鳳鄉隊為第二并代　軍訓部劉次長頒贈「為民前鋒」錦旗一面第三區以七塘鄉隊為集中地点計到八個鄉鎮隊國民兵七九八名由軍訓部派員視察為点閲官以臨江列第一七塘為第二弁代軍訓部王次長頒贈「我武維揚」錦旗一面綜合全般情況一切尚稱良好精神尤屬旺盛

四、辦理國民兵一縣一機運動——遵奉規定每架献機金為二十萬元業經按各鄉鎮隊之貧富分配繳納刻各鄉鎮隊正轉令各保隊派收中一俟收楚繳齊到部後即行轉解

以上各項不過略舉大端他如修理團部整理案卷調整幹部等均屬本年度本團重要工作均已從事積極辦理該事

重庆卫戍区第四分区司令部一九四四年度第一次党政军联席会报记录（一九四四年二月十四日）

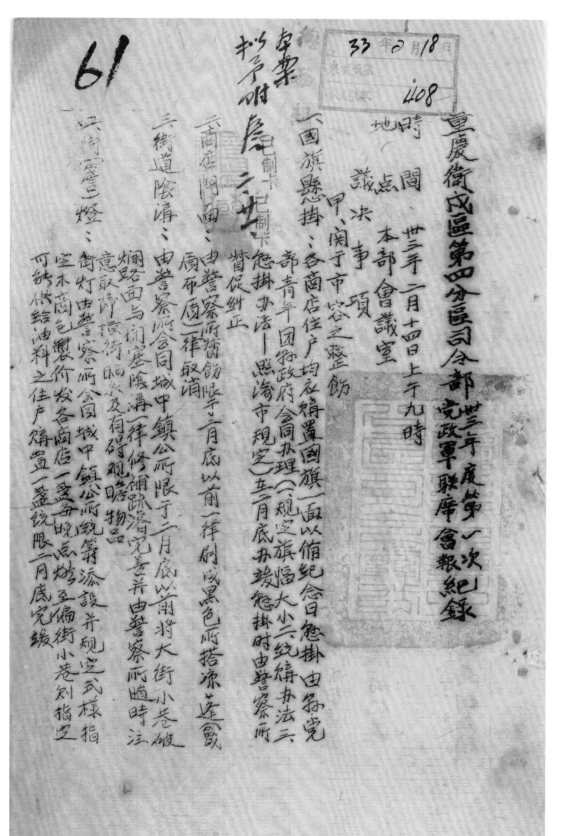

61

33年2月18日
收文號數 408

本案抄了附卷 二、廿

已制卡

重慶衛戍區第四分區司令部卅三年度第一次黨政軍聯席會報紀錄

時間 卅三年二月十四日上午九時

地点 本部會議室

議决事項

甲、関于市容之整飭

一、國旗懸掛：各商店住户均应備置國旗一面以備紀念日懸掛，由縣党部、青年团、縣政府会同办理（1、規定旗幅大小；2、统筹办法；3、懸掛办法——照舊市規定），在二月底办竣，懸掛时由警察所督促糾正

二、商店門面：由警察所督飭限于二月底以前一律刷成黑色，所搭涼蓬（篷）廣布（篷）一律取消

三、街道陰溝：由警察所会同城中鎮公所限于二月底以前將大街小巷破爛路面与閉塞陰溝一律修補疏濬完善，并由警察所隨時注意取締横街晒衣及有碍觀瞻物品

四、街（巷）燈：街灯由警察所会同城中鎮公所统筹添設，并規定式樣，指定木商包製价发各商店一盞，每晚点燃，至偏街小巷則指定可能供給油料之住户備置一盞，统限二月底完竣

61-1

五、標　語：由警察所会同城中鎮公所将所有公共墻壁一律刷成黑色，由縣党部青年团会同計劃选擇適當地点絵製標語，限二月底办竣

六、廣　告：商民廣告由警察选擇適当地点圖製廣告欄，以後如发現有任意張貼者，由警察所負責取締

七、乞　丐：由警察所随時收容，送救済院教養

八、茶　館：由縣府社会科從速划定開設標準，限制登記办法，会同党团机関從新改革，最多不得超過廿家，并不准軍人坐茶館，取消睡（靠）椅，禁賣唱說書（限二月底办理完畢）

九、餐　館：不准售酒，并厲行節約（参照渝市規定，由警察所執行）

十、禁止馭馬（牛）入城（由警察所取締）

十一、各旅棧商店不得採用党团名義及門面絵製党徽（青年旅館名称及支联茶社門首党徽由司令部飭令限五日内更改取消）

十二、取締民衆頭戴白帕（由警察所劝告自即日起到第三次逢場时仍不遵守即行没收）

乙、関于公共衛生之整潔

一、公共廁所：1、外面以刷為黑色，内面刷為白色，所有公共廁所均應標號番号（衛生院办）

62

衛生院原有清道伕撥歸警察所統一指揮，凡管理不完善之公私廁所概由警察所查明封閉或遷修。

六、垃圾：

子、擇定傾倒垃圾地點（西門外、南門外、小東門外坟堆）并設置垃圾箱。

丑、商店住户垃圾由警察所逐日督飭清道伕運至指定地點傾倒。

寅、城區及沿河兩岸所有垃圾土堆由縣政府速編一罪刑犯駐之囚犯服役隊飭由警察所搬運清除之。

卯、規定市民必須牢記本項七條（由警察所油印分發各商店住户）切實遵守：

一、每户須自備有盖桶筐存儲垃圾放在屋内，由警察所派伕按日挨户收運，如有碎磚泥土仍請自行運至指定傾倒地點。

二、每户門前後及人行道須按日自行清掃，所收垃圾放在屋内由清潔伕收運。

三、請勿將死鼠皮菓殼殘肴或垃圾污水任意潑棄或傾倒。

四、請勿隨地吐痰及大小便。

62-1

五、防空沙包須排列整潔，勿使破亂；防空水缸須保持清潔，勿使生蚊。

六、厠所須每日清除洗刷乾淨，糞缸須加蓋。

七、傾洗馬桶請照規定時間（夏季上午六時前，春季上午七時前，冬季上午八時前），污水須傾入陰溝內，馬桶經洗滌後須即携回屋內，請勿放置在路旁。

丙、関于市場之整理

一、無論平時或逢場，應按市貨種類分别劃定售賣區域，予以標示，切實管理，街旁巷口絶対禁止擺設攤販及其相等類，由警察所詳細計劃辦理之。

二、組織「盤山縣新市區建設委員會」，推定何幹事長正聲、黄書記長麟、張主任若雲、王所長兰麟、許参議麗樗及縣府建設科長為起草委員，委員會委由何正聲同志負責起草。

丁、関于煙賭娼之查禁

由警察所遵照法令認真查拿，必要時呈請司令部派員協助之。

戊、関于車站秩序及環境衛生

一、联合檢查：由司令部派員會同稽查所、警察所、派出所切實取締，凡不守

璧山县立初级中学校关于报告组织成立学生从军优待基金筹募委员会情形及附会议记录致璧山县政府的呈（一九四五年一月二十八日）

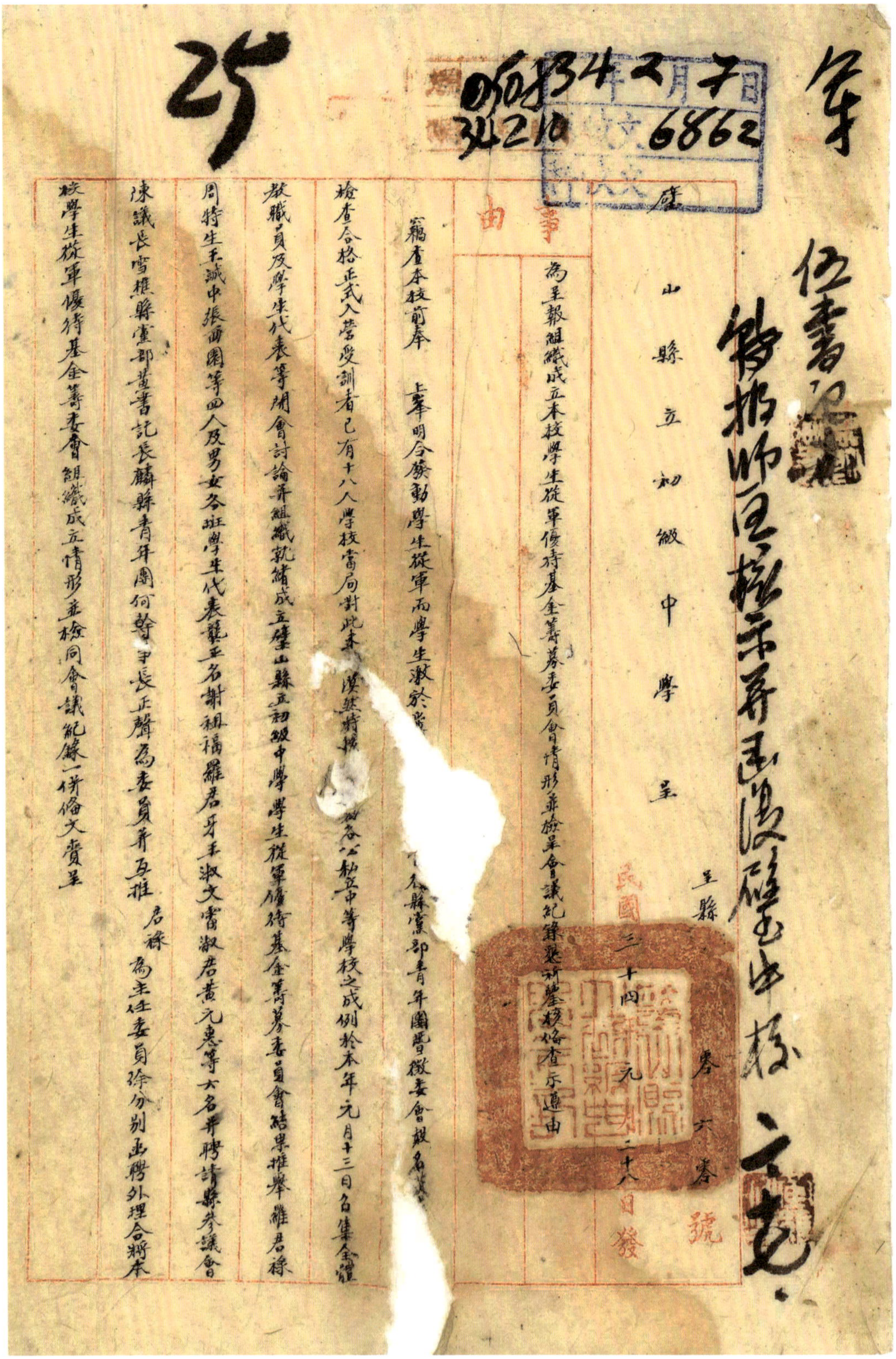

璧山縣立初級中學呈

呈縣 參 六 參 號

民國三十四年元月二十八日發

事由：為呈報組織成立本校學生從軍優待基金籌募委員會情形並檢呈會議紀錄懇祈鑒核備查示遵由

竊查本校前奉

上峯明令發動學生從軍而學生激於[illegible]本縣黨部青年團暨徵委會報名檢查合格正式入營受訓者已有十八人學校當局對此[illegible]特援[illegible]各公私立中等學校之成例於本年元月十三日召集全體教職員及學生代表等開會討論并組織就緒成立璧山縣立初級中學學生從軍優待基金籌募委員會結果推舉羅君祿周特生王誠中張西園等四人及男女各班學生代表龔正名謝祖福羅君牙王淑文雷淑君黃元惠等六名并聘請縣參議會陳議長雪樵縣黨部董書記長麟縣青年團何幹事長正聲為委員并互推 君祿 為主任委員除分別函聘外理合將本校學生從軍優待基金籌委會組織成立情形並檢同會議紀錄一併備文賫呈

鈞府仰祈俯賜鑒核備查并候示遵

謹呈

璧山縣長方

計呈會議紀錄一份

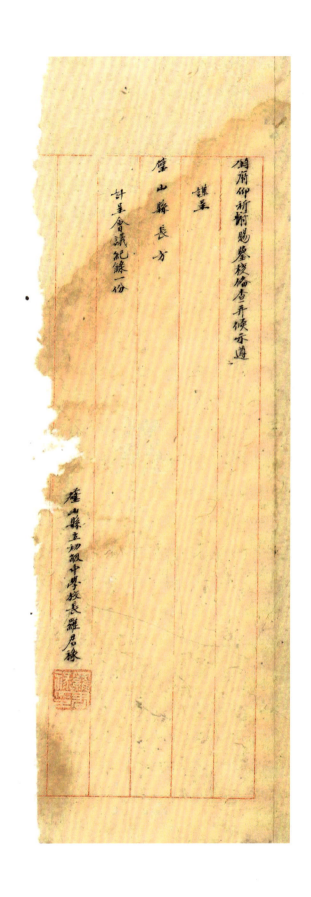

璧山縣立初級中學校長羅居稼

附：璧山县立初级中学学生从军优待基金筹募委员会会议记录

璧山縣立初級中學學生從軍優待基金籌募委員會會議紀錄

時間 民國三十四年元月十三日午后二鐘

地點 本校會議室

出席人

張西園 徐靖瀾 楊松林 蔣宗信 任在經 王誠中 羅居祿

周特生 錢雅之 黄宗熙 秦楚翹 甘永富 吴光前 鄔東寰

胡虎 鄧寬仁 吴畹平 陳遵德 韓傑 劉緒林

三十六班代表 龔正名 三十七班代表 謝福祖

三十八班代表 羅居身 四十五班代表 王淑文

四十六班代表 雷淑君 四十七班代表 黄元惠

民國三十四年元月二十八日報

26—1

主席　羅居祿

紀錄　秦楚翹

行禮如儀

（甲）報告事項：

主席報告：今天請各位先生到此是[illegible]成立一委員會。去年十月中央發動十萬知識青年從軍運動，全國各地熱烈響應，本校為全國中等學校之一，環一再遵照

上峯明令發動學生從軍。而學生激於愛國熱忱，先後前往縣黨部青年團暨徵委會報名者，男女學生七十人左右，經檢查合格者三十五人，不過其中有請假返家看望父母者，或因特殊關係不能準時參加者，結果正式入營學生亦有十八人。學校當局對此絕不能漠然無動于中。關于各校學生從軍優待基金籌募委員會均已紛紛成立，本校當不例外，特請各先生開會商討如何組織成立以便

27

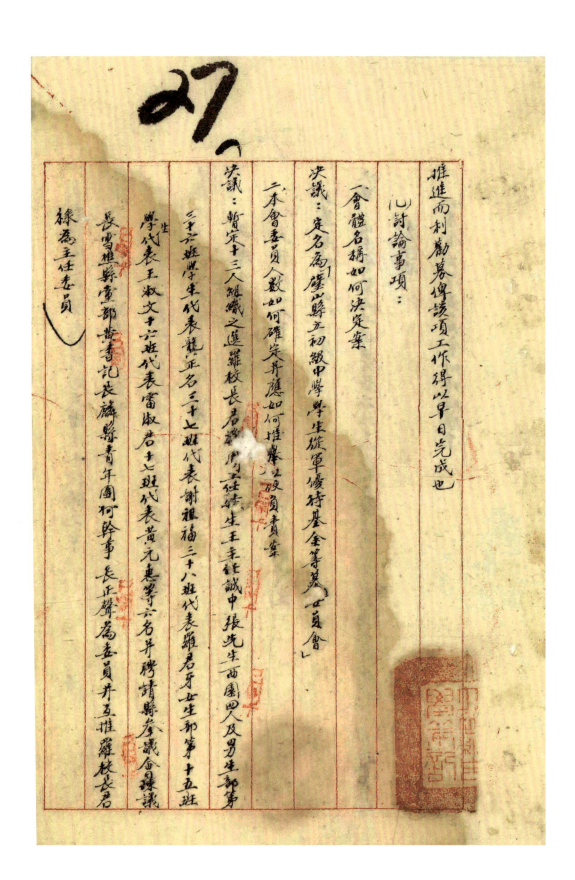

推進而利勸募俾該項工作得以早日完成也

(乙)討論事項：

一、會體名稱如何決定案

決議：定名為璧山縣立初級中學學生從軍優待基金籌募委員會

二、本會委員人數如何確定并應如何推舉及負責案

決議：暫定十三人組織之選羅校長君稼周主任詩生王亲誠中張先生西園四人及男生部第三十六班學生代表龔正名三十七班代表謝祖福三十八班代表羅君牙女生部第十五班學生代表王淑文十六班代表雷淑君十七班代表黃元惠等六名并聘請縣參議會議長雪樵縣黨部黃書記長麟縣青年團何幹事長正聲為委員并互推羅校長君稼為主任委員

27-1

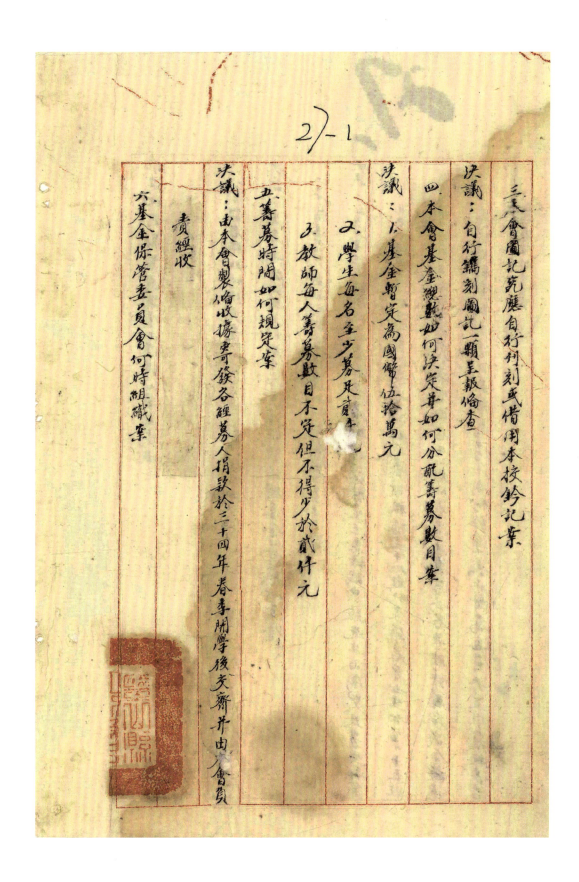

三、本會圖記究應自行刊刻或借用本校鈐記案

決議：自行鐫刻圖記一顆呈報備查

四、本會基金總數如何決定并如何分配籌募數目案

決議：1.基金暫定為國幣伍拾萬元

2.學生每名至少募足壹千元

3.教師每人籌募數目不定但不得少於貳仟元

五、籌募時間如何規定案

決議：由本會製備收據專寄發各經募人捐款於三十四年春季開學後交齊并由本會負責經收

六、基金保管委員會何時組織案

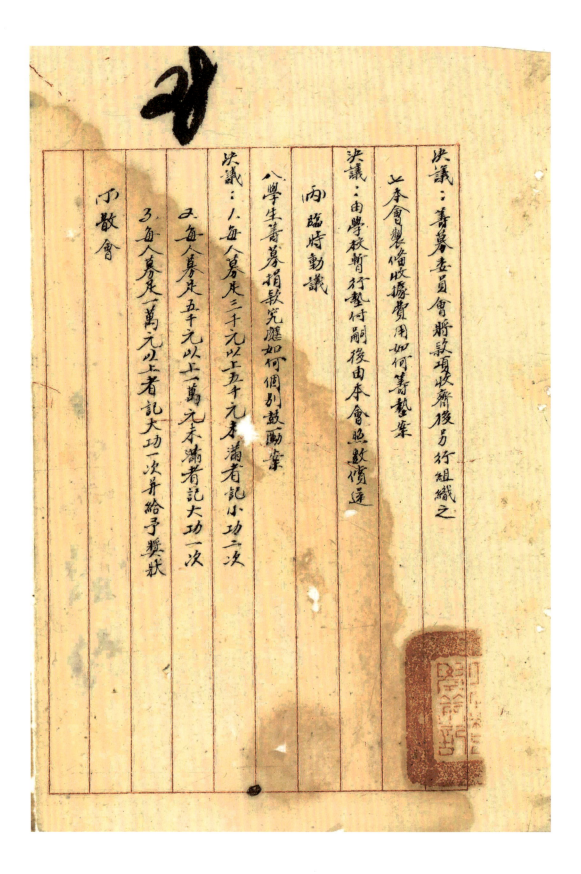

決議：籌募委員會將款項收齊後另行組織之

七、本會製備收據費用如何籌墊案

決議：由學校暫行墊付嗣後由本會照數償還

丙、臨時動議

八、學生籌募捐款究應如何個別鼓勵案

決議：1.每人募足三千元以上五千元未滿者記小功二次

2.每人募足五千元以上一萬元未滿者記大功一次

3.每人募足一萬元以上者記大功一次并給予獎狀

丁、散會

璧山县政府关于限期填报中央及各部队设置之军事机关调查表的呈（一九四五年四月十二日）

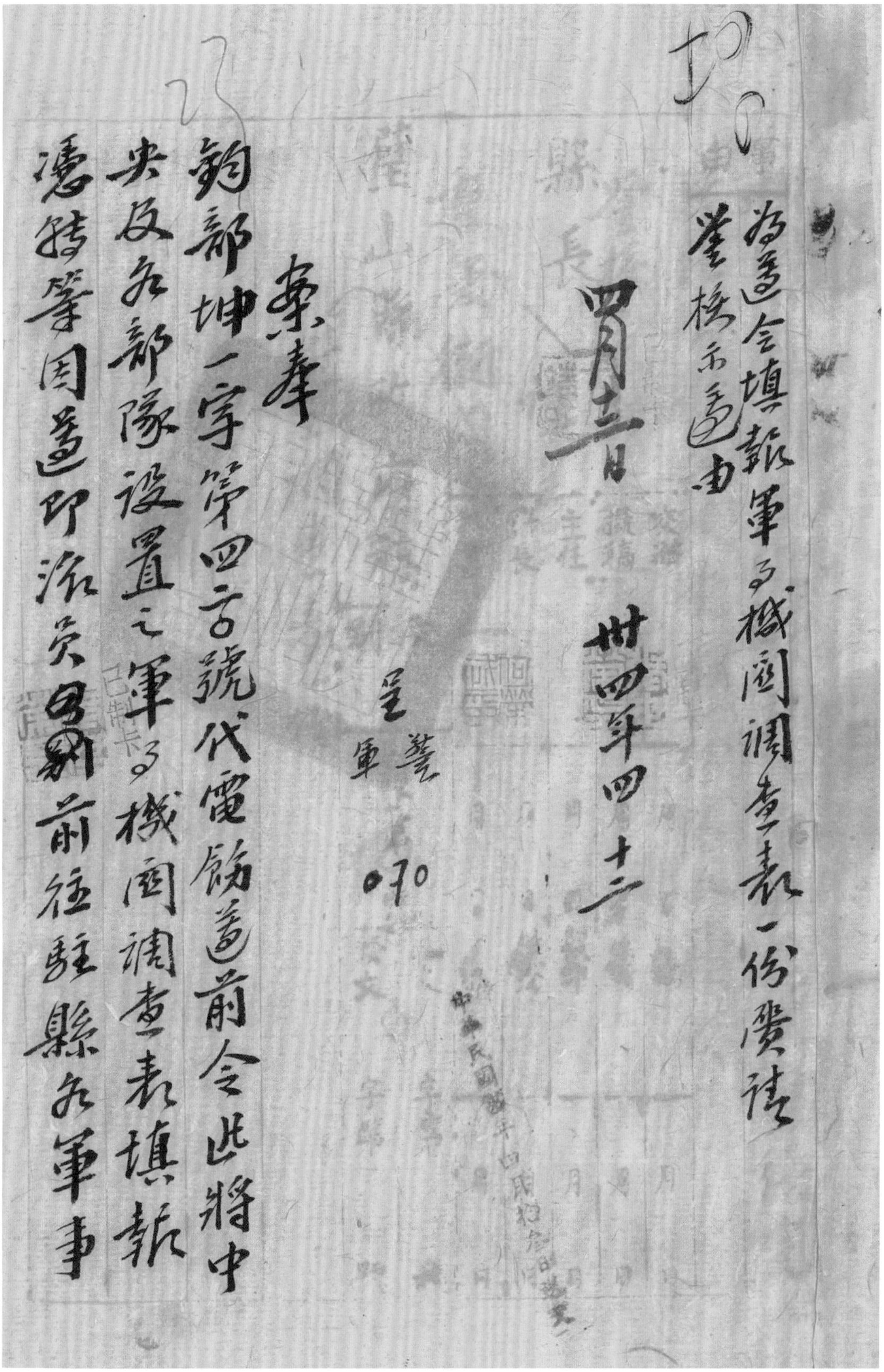
為遵令填報軍事機關調查表一份賚請
鑒核示遵由
四月十二日
卅四年四月十二
呈
軍鑒
070
案奉
鈞部坤一字第四二號代電飭遵前令迅將中
央及各部隊設置之軍事機關調查表填報
憑轉等因遵即派員星夜前往駐縣各軍事

24

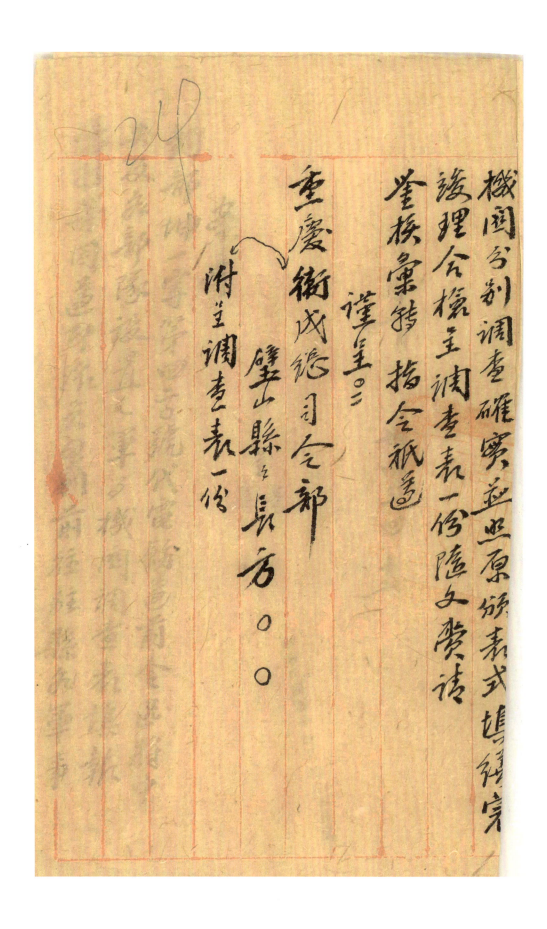

機關分别調查確實並照原頒表式填録完
竣理合檢呈調查表一份隨文賫請
鑒核彙轉指令祇遵
謹呈
重慶衛戍總司令部
璧山縣縣長方〇〇
附呈調查表一份

璧山县境内现驻部队调查表

部队名称及番号	主管长官	官长	士兵	直属上级机关	驻扎之营房祠庙名称或公私房地名称及所属地址	备考
军训部人事处	蒋廷桓	七三	三一	军训部	城隍庙	
军训部骑兵监	林湛	八一	七	军训部	〃	
军训部会计处	刘逸奇	四六	一三	军训部	〃	
军训部总三科	田朝荣	四二	二六	军训部	〃	
八五师司令部直属队	王景渊	一三二	六三〇六	十四军军部	师部住李棚其院 直属队分住城厢四郊民房	
八五师二五五团	何倚九	一八	七四	八五师师部	团部住丁家坳原有第二营四周另有其余分住附近民房	
青年远征军第二〇二师	戴之奇	968	一四〇〇〇	军委会 待俟旧部公函	璧山虎峰铜梁	
重庆卫戍区第[illegible]司令部	王景渊	一八		卫戍总部	璧山县城县府内	

26-1

織布廠特務隊 軍政部軍需署第一原布廠	林驥材	148	七五	軍需署	璧山南門蔡家院
軍訓部總二科	何楷	24	129	軍訓部	牛角壩
軍訓部總一科	廖範芳	34	14	〃	〃
軍訓部步兵監	楊正治	69	32	軍訓部	〃
軍訓部工兵監	林柏森	34	16	軍訓部	〃
軍訓部通信兵監	華振麟	36	18	軍訓部	璧山城東外狐狸橋蔣家院內
[illegible]		50	26	軍訓部	城東外觀音[illegible]
軍訓部特一運	向時敘	5	185 125	軍訓部	牛角壩
永榮師區第二補充團	范運渠	103	補充	永榮師管區	南外十五里房家院子

一七五六八數 共計[illegible]八十九名

彭祥蓂关于捐款倡议给张九序的信函（时间不详）

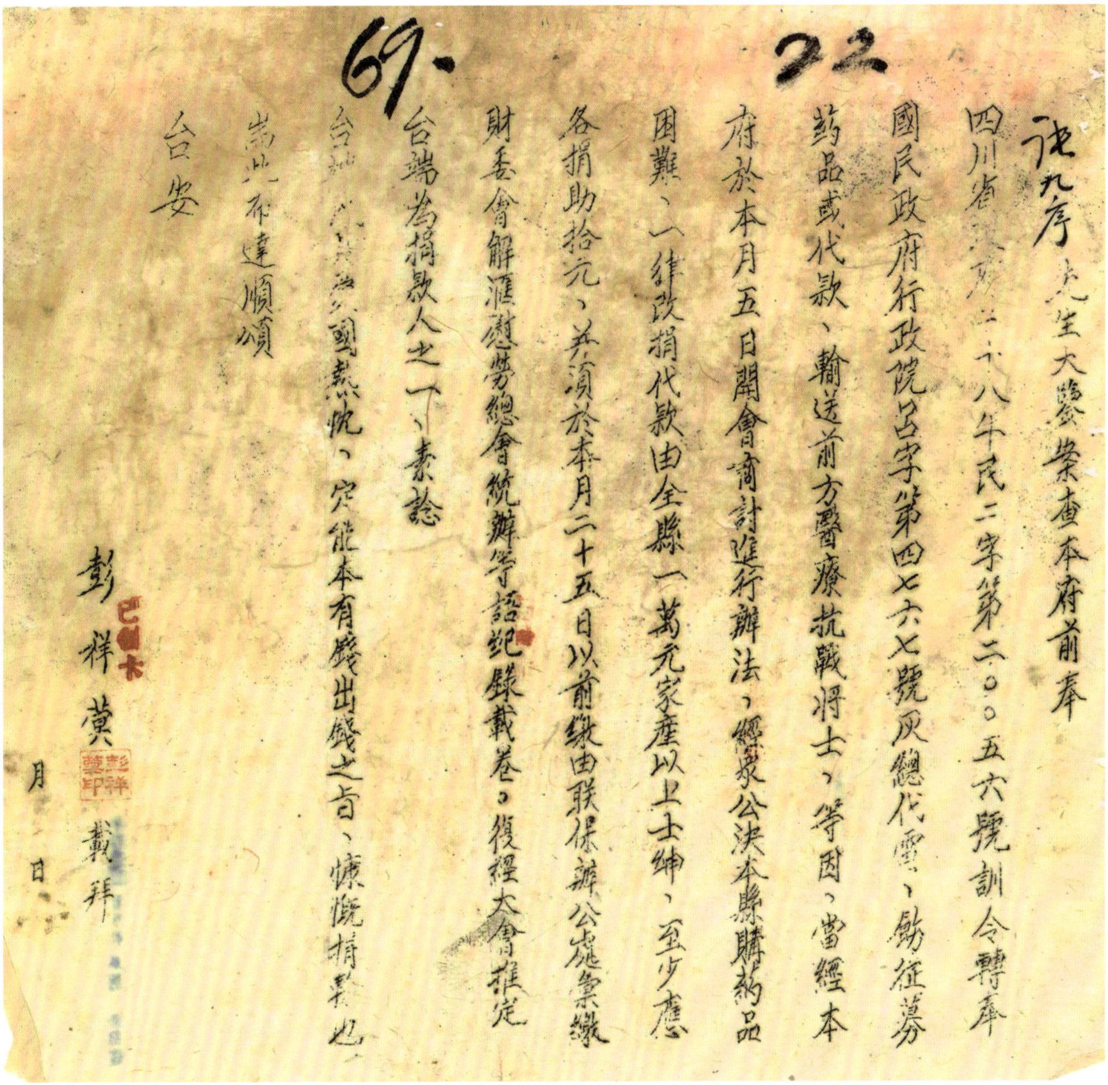

69　22

張九序先生大鑒：案查本府前奉

四川省[illegible]二十八年民二字第二〇〇五六號訓令轉奉

國民政府行政院呂字第四七六七號灰總代電，飭征募

藥品或代款，輸送前方醫療抗戰將士，等因。當經本

府於本月五日開會商討進行辦法，經衆公決本縣購藥品

困難，一律改捐代款，由全縣一萬元家產以上士紳，至少應

各捐助拾元，並須於本月二十五日以前繳由联保辦公處彙繳

財委會解滙慰勞總會統辦等語紀録載卷。復經大會推定

台端為捐款人之一，素諗

台端[illegible]愛國熱忱，定能本有錢出錢之旨，慷慨捐輸也。

尚此布達，順頌

台安

彭祥蓂　載拜

月　日

璧山县防护设施之状况（时间不详）

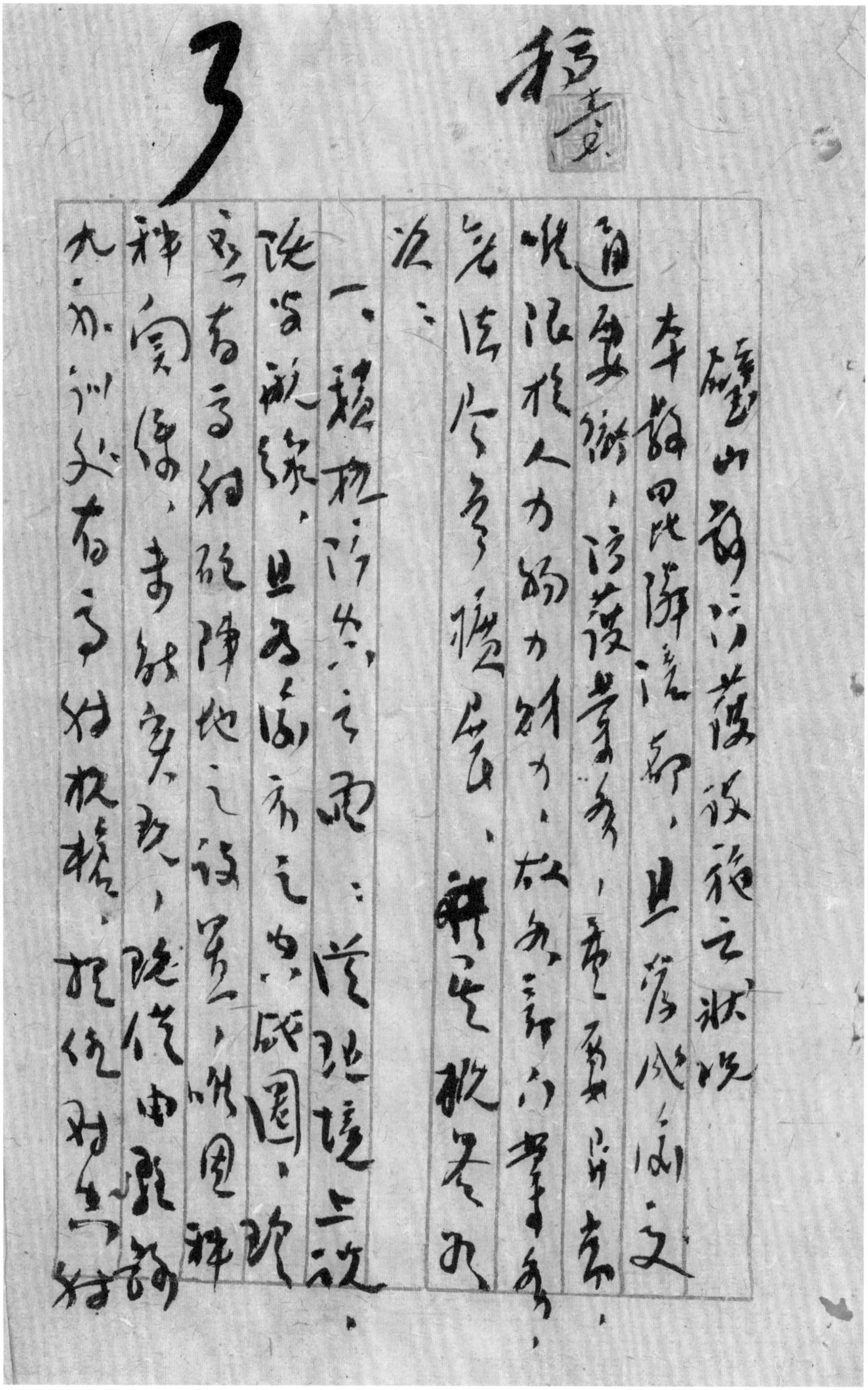

3

档

璧山县防护设施之状况

本县因地僻诸邻，且为成渝之通要衢，防护业务，甚属重要，惟限于人力物力财力，故各种业务，尚未尽量发展，兹将其概况述之：

一、积极防空方面：关于此项之设施尚欠缺，且为成渝之共战圈，故亦有高射炮阵地之设置，以期周详，向因经费未能实现，现仅由宪警九、十两月有高射机枪，担任对空射击

4

專、前負責日敵海軍陸戰隊之防
衛任務。
六、指揮防空之範圍、
1、法防江灣新滬之人才輩閘（浦）龍
二郎、張華浜大人大場碼頭水楊柳頭、
於楊樹浦等以作橫濱、減免少年鎮之
用。
2、指揮之範圍有所布置整頓爲
指揮等。
3、遊戲之權責依天防空事據、
其中有關於防空之間、以防遊

5

护林植树及防止破坏之方法

三、设置一队防森林：本联保防森林，因多系责任[illegible]树、务须设备有患，临事应付，颇感困难，防患于未然，上年拟用地方款项，以[illegible]组之，以作保甲一段保甲清防队之用，保护森林：至于森林，均由各该户负责人多为保护，使无害[illegible]日大减，并限期校核。呈：仰该防护机关以上保卫城况。至各仰该别[illegible]依照规定

6

俱繼陳蘇之圃，以成大作後生之
氣之時之年謂損夫也。

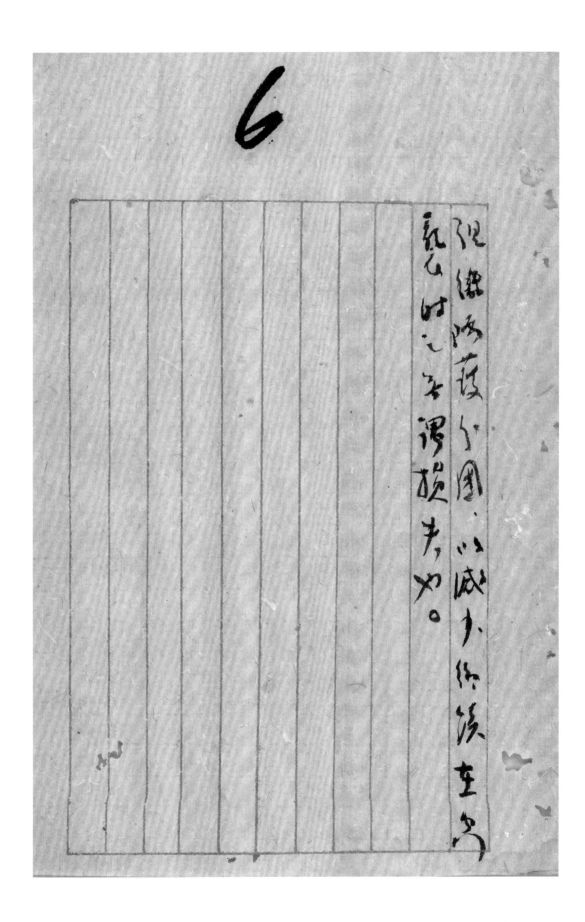

璧山县兵役宣传实施办法（时间不详）

璧山縣兵役宣傳實施辦法

一　名稱：城區成立璧山縣兵役宣傳隊并令飭各鎮鄉聯保成立宣傳分隊將組辦情形報查

二　組織：

1. 分幹部宣傳及分隊宣傳兩組

2. 幹部宣傳員以党部委員財務委員會委員長民教館長璧山中學職業學校校長商會主席及縣府第一科長兵役主任軍訓教官督練員等担任之每逢集期輪流演講并分期赴聯保監督指導宣傳

3. 分隊宣傳共組十五分隊計璧中校組織五隊職中校三隊保訓合一幹部訓練班七隊（宣傳地点臨時指定）分區向民衆宣傳（係化裝講演及金錢板等通俗方式以期深入民間）

三　紀念：九一八舉行擴大宣傳

1. 游藝大會以中城小學城南小學第一女校保訓合一幹部訓練隊及璧山戰兩

中校担任之。其游藝會内容須有關抗战兵役

2. 宣傳會員由党部委員、民教館長暨職兩中校々長担任，每於一游藝會節目完結即作一簡短兵役演講，以提起觀众之興趣。此外十五分隊分配城區各處宣傳

3. 火炬游行由各机関學校舉行，屆時齊集外北大校場，由軍訓教官負責指揮

4. 宣傳標語、傳單、漫畫除翻印一部外，并擬製一部，各種均印壹千張，分配城鄉應用

5. 慰勞出征軍人家屬由縣校長先行調查，屆時率領小學教員族充前往慰勞

6. 臨時募捐由民教館長負責辦理，并舉行節食一日，公務員一角，中學生五分，以其所得補助出征軍人家屬

7. 兵役講演比賽由党部負責事先舉行

8. 維持秩序城内由警所，要塞會場由保安第三大隊部

璧山县县立大路小学为璧山县第三区「九一八」扩大兵役宣传周报告表（时间不详）

□山縣縣立大路小學為璧山縣第三區「九一八」擴大兵役宣傳週報告表

一八	□前六至九鐘、全校員趕寫大小標語□餘張、張貼於路鎮□衙、(2)午前十鐘、全校教職員、率領學生四百餘人、參加路鎮各界紀念「九一八」七週年大會、(3)午后二鐘、召開教職員臨時會議、々決案錄后：一、成立遊藝募捐籌備會、將捐款送給出征軍人家屬之極貧者、以求實際、有餘則購製棉背心送給出征將士、二、製定入場券壹千五百張、每張票面五仙、每保勸售五十張以上、該分限本日製就、次日函送大路、接龍、龍溪各鎮聯保辦公處、以便分
九一九	(1)午前六鐘、遣校役分送公函一份、入場券七五〇張於大路聯保辦公處、又接龍公函一份、入場券四五〇張、龍溪公函一份、入場券三五〇張、(2)午前十鐘、高級學生分為三組、冒雨到路鎮沿街宣傳兵役及勸募、本日共募得洋四、一三元、并派一組到該鎮第一保、慰問出征軍人家屬二戶、當送給洋幣一、九五元、(3)午后召開遊藝籌備會、推選職員並搜集劇材、學生則齊集禮堂練習講演、(4)支入場券工本費洋一、八九元、
九二〇	(1)午前七鐘、集合高級着童軍服之男生四十餘人、女生三十餘人、分為四組、由校長率領一組、其餘三組由高級教職員率領、均頭戴斗笠、赤足草履向龍溪鄉前進、八時半到達、當准姜主任交來入場券洋八、五元、(尚欠九元)并指派保長二人嚮導一組、三組皆扶杖附岩而行、到每保慰問和宣傳勸募、另一組在場上沿街宣傳、結果共募得法幣一一、四一元、(入場券錢在內)食米七升玖合、雜糧八升、共慰問出征軍人家屬一四戶、送去法幣一〇、六五元、食米七升四合、雜粮七升五合、(2)師生冒雨轉校時、天
九二一	(1)午前七鐘、集合高級男生四十餘人、女生二十八人、分為五組、每組由教師二人率領、(本日加入初級教師三人)仍頭戴斗笠、赤足草履、冒雨向接龍鄉前進、於八點三刻到達、當准江主任交來入場卷洋二三、五元、仍指派保長二人嚮導一組、女生互相攜手、親到每保照規定工作、校長則會同江主任率領一組、沿街宣傳勸募、結果共募得法幣四一、二元、食米八升、雜粮二升七合、共慰問家屬一二戶、送去法幣一八、元、食米三升、雜粮二升一合、(2)本日第一組分成男女兩小組、女生組由張鑑淵先生率領、據云行至
九二二	(1)午前仍由吳步蜀先生召集各演員預演、各學生則自動分組到路鎮沿街宣傳、但未募捐、(2)午后一鐘、遊藝會開始、觀眾一千一百餘人、首由校長向各界報告舉辦遊藝會之意義、并作抗日宣傳約五十分鐘、次由路鎮士民何道宣化裝登台講演、勸大家要去當兵抗日、話俗動聽、態度激烈、觀眾尤為興奮、劇演三幕後、傳代主任道五以台上所書之「當兵好」為題、復向觀眾沉痛講演約一鐘之久、迄至六鐘閉幕時、天雖細雨不止、而觀眾尚不忍去、惜未準備灯火、無法續演。
九二三	(1)午前八鐘、准路鎮傳代主任交來入場券洋一三元、(尚欠二五、五元)俟集合男女生六十餘人、分為三組、由唐張二先生率領第一組到二三兩保工作、由校長同林吳兩先生率領第二組到四五六三保工作、由吳伍二位先生率領第三組到七八兩保工作、本日天雨虽止、而泥路沒脛、舉步維艱、結果募得法幣一七、五三元、(入場券不在內)食米七升三合、雜粮三升三合、共慰問家屬十三戶、送給法幣一〇、五元、食米四升八合、雜粮三升三合、(2)第二組工作三保、遊程較遠、致返校時已
九二四	(1)午前八鐘、集合男女生僅有四十餘人、兼以童軍服多因泥污而更洗、精神較前大差、但不能以此而中止工作、仍由校長及各教職員率領、分為三組到路鎮九、十、十一、十二、十三、十四各保工作、泥路之難行、不亞於往日、結果募得法幣六、〇六元、食米五升、共慰問家屬五戶、送給法幣一元、食米一斗二升、雜粮一升、連日募存米粮一併送盡無餘、(2)查本日請假各生、實為連日苦行泥路所致、有傷足趾者、有

129

永川团管区司令部为扩大兵役宣传告民众书（时间不详）

永川團管區司令部為擴大兵役宣傳告民衆書

沉痛的「九一八」，到現在已經七個年頭了，就是「七七」事变後神聖的民族自衛战爭，於今已有十五個月了。我們在這第三期抗战最嚴重關頭的今天，来紀念「九一八」，一面想到東北四省國土的淪陷和東北民衆呻吟於敵人鐵蹄之下，度着奴隸生活，一面想到抗战年餘廣大战場的殉國將士与一般受难的同胞，我們心裏要感覺到怎樣的悲痛，怎樣的憤激，不過徒然的悲痛与憤激，是不能挽回歷史劫運，突破當前难關的。我們要記住這血的史實，記住這血的教訓，認清每個人當前的責任，認清每個人自救救國的途逕。

唯一的最有效的自救救國辦法，就是大家武裝起来，人人當兵，個個服兵役，参加神聖的抗倭战爭，保衛國家与民族。

歷史上告訴我們：一八七一年的普法战爭，普軍佔領法國的亞尔薩斯洛倫兩省，并強迫法國承認喪權辱國的條約，但是法政府埋頭苦幹，厲行征兵制，國民服役期間自二十年增加到二十八年，所以法國以四千二百萬之人口，能夠服役當兵的竟達八百零二萬，不久時間，便战敗德國，復興國家。還有一九一八年歐洲大战後，德國受凡尔賽條約種種束縛，限定陸海軍官兵人數，更不得施行征兵，但自希特拉柄政后，首先提出要求軍備平等的口號，於一九三五年恢復強迫兵役制，將全國劃為十六軍區，各設征兵處，於是新興德意志之勢力雄飛突進，竟成歐洲全能國家之軸心。這些歷史上寳貴的教訓，值得我們体認和效法。况且我們國家民族目前所處的環境，較過去法德兩國还艱難，还險惡，我們應如何人人敵愾，個個奮發，認定服行兵役是最榮譽的事業，逃避兵役是最可恥的行為，一致動員，把日本帝國主義者驅逐出境。

152

徵兵制度是我國數千年遺留下來的制度，漢唐兩代能夠武功最盛，就因為國家實行征兵办法，人民都有尚武精神，絕不是偶然得來的，現在國民政府頒行的征兵制度，以「平等」「平均」「平允」為原則。什麼叫做「平等」？就是不分貧富，不問階級，不論職業，凡是年滿十八歲至四十五歲的男子一律當兵。什麼叫做「平均」？就是依照征兵一定數目，并依照各縣區各保甲人口壯丁的多少，成正比例，平均分配。什麼叫做「平允」？就是按照兵役法施行條例所規定，應當免役者予以免役，應當緩役停役者，予以緩役和停役，其不合規定者，就是富貴子弟也不許避免。因為政府規訂兵役制度是這樣詳密公平，國家目前情況更需要澈底推行這種制度，所以兵役運動，深入民間，各省壯丁，踴躍從軍，表現出中國不亡的偉大精神。就如福建省閩侯縣壯丁不待登記抽籤手續自動入伍者，達五六百人，其中有一門兄弟叔姪六人，及身為独子者多人，并有聯保主任保長數十人，自願離職當兵。福清縣例應緩役的壯丁請求入伍者二百餘人。此外湖南，廣西等省均動員壯丁百十萬人，廣西并有女壯丁編成正規軍開到前線。這種「知有國不知有身」的精神，教全世界知道中國新國民的氣質，教全世界知道中國確具抗战必勝建國必成的把握！

四川是復興民族的根據地，武裝保衛祖國的任務，已負在川省同胞的肩上，王主席并且指示我們，「實施兵役且動員人力以補充前線，為中央對於吾川之最大希望，推動兵役的責任，要大家負起來」，所以川省服役適齡壯丁們，應樹立「好鐵要打釘，好男要當兵」的信念，認定應征服役，是捨身報國的良好機會，第一要自動應征，站在國防最前線上，向敵人索取應付的代價，第二要把兵役宣傳，擴大到家族們，親友們，鄉鄰們，使其明瞭兵役的意義，一致起來，參加兵役。這樣才亦恪盡我們的天職，才能夠發動本省無窮盡的人力，以爭取最後的勝利！

璧山县兵役宣传要点（时间不详）

璧山縣兵役宣傳要點

本部為擴大兵役宣傳，以激發民眾抗敵情緒，推行 中央兵役要政，爰根據軍政部頒發之兵役宣傳大綱，規定宣傳要點如左：

（一）歷史的迴顧

我國推行徵兵制度最早。夏商周三代寓兵於農，寓將於學，人人都有當兵的義務和權利，所以國家稱盛。漢置南北軍，人民到二十三歲服現役兩年，期滿歸鄉為後備役，到五十六歲乃免徵。唐設府兵制，人民年二十為兵，六十免役，所以我國古代的武功，以漢唐兩代為最盛。宋明兩朝，採用募兵制，兵民分開，武備廢弛，故宋亡於元，明亡於清，備受異族慘酷的蹂躪，緬懷歷史，不禁慨然！

（二）列強兵役制度之檢討

法國自一八七一年，即實行徵兵，國民兵役期限為二十八年，服現役二年後，轉為預備役。

蘇聯憲法規定全國工農均有服兵役的權利。服役期間，則正式部隊與民兵基幹隊在營二年，特種部隊在營三年至四年。

德國自希特拉柄政後，實行軍區制，將全國劃為十六軍區，各區設有徵兵處，人民不分貴賤，一律當兵。

意大利國民年達二十一歲到五十五歲，均服兵役。計分野戰軍三年，預備軍五年，後備軍四年，國民軍七年。

日本人民自十七歲至四十歲，皆有當兵的義務，其陸軍服役期間，計常備兵役七年四個月（現役二年預備役五年四個月）後備兵役十年，補充兵役初期十二年四個月，後期十二年四個月。

以上足現世界強國的人民已經整個的軍事化，國家強盛，其來有自。

（三）我國現行兵役制度

我國現行的兵役制度，是分國民兵役與常備兵役兩種：國民兵役是年滿十八歲至四十五歲的男子，均有服兵役的義務。其期間初期二年，前期五年，中期十五年，後期五年，常備兵役係二十歲至二十五歲的男子，經檢定後入營，編成正式的軍隊，服役期間，係現役三年，除上等兵及特種兵外，二年可以歸休，歸休後服正役六年，又續役至四十歲為止，續役期滿，轉為國民兵役後期，期滿除役。

（四）為保衛國家民族，國民應服兵役

國以民立，民以國存。一個國家，不幸滅亡，那末人為刀俎，我為魚肉，任受宰割，萬劫不復，所以歷史上一切可怖的景象，莫過於亡國的慘痛，而人民保衛國家，更成為天賦的責任。我國這一次對倭抗戰，是民族自衛的神聖戰爭，確具最後勝利的把握，唯是現代戰爭，是國民與國民國力與國力對比的戰爭，武器財力，固屬作戰工具，人員補充，尤為制勝要件。今以日本蕞爾三島言，常備兵額祇有十七個師團，約二十五萬人，但到戰時徵兵，可以動員三百多萬。我國常備兵約二百師，而抗戰一年，補充已感困難，此中關鍵，實由我國徵兵制度尚未順利推行的原因。我們知道：在第一次世界大戰，法國的老虎總理克勒孟梭身居最高統帥的地位，他的兒子還應徵入伍，作戰殉國。這一次倭寇侵華，倭閣陸相荒木貞夫，他的兒子也在前線充二等兵。還有一件故事，在第一次普法戰爭的時候，法國一個老寡婦，他有四個兒子均自動的充志願兵，經過幾次戰役，她的三個兒子先後陣亡，到了她的最後也是最小的一個兒子殉國的時候，老寡婦悲痛萬分，於是引起一般親友的譏笑。老寡婦答覆的好，她說：「我不是悲痛我兒子的身亡，我只悲痛我再沒有兒子為祖國拼命了。」他們這種「知有國不知有身」的精神，就是他們立國的根本，強國的要素，也就是我黃帝子孫的最好榜樣。

（五）為保衛身家生命，國民應服兵役

大家都曉得財產，妻兒和自己生命是可愛的。但是大家更應認清沒有國家，一切都失了保障，妻兒會被敵人奸殺，財產會被敵人掠奪，個人生命也會化作劫灰。試看淪陷地區的難民，誰無財產？誰無妻孥？現在的情形是怎樣？而

且現代戰爭，是立體式的戰爭，無所謂前方與後方，空襲之下，同罹浩刼。而倭寇得寸進尺的野心，永無饜足，古人說得好，「我能往寇亦能往」與其禍到臨頭，淪為後方的流亡者，還是應徵入伍，把敵寇趕出我們國土之外，永遠保有我們的生命財產和家庭。

（六）為爭取個人出路國民應服兵役

英雄造時勢，時勢也造英雄，尤其在這戰爭時代，每個人祇要効命疆場，會取得無限的光明前途。試看江津縣有一個年青乞丐，自動應徵，雖經辦理徵兵人員以其體格不合拒絕，但他再三要求，終達目的，入伍後，不到一年，現在擢升團長了。還有福建莆田縣一個二等兵，開到前方後，一年時間也擇到團長地位。我們知道，在平時一個新兵，多不容易才升到排連長職務，他們兩個人，不到一年，由二等兵升任團長，既然盡到保衛國家的責任，還能爭取個人光明的前途，為公為私，兩全其美。年青的男兒們應有所觀感，踴躍服役吧！

（七）本區徵兵是本平等平均平允的原則

何謂平等？就是不分階級，不分職業，不分貧富，凡現役適齡的壯丁，一律服役。何謂平均？就是根據本區配賦上必須徵集的人數，依各縣各區各保的壯丁實數，平均分配，絕無超過或不足的弊端。何謂平允？就是所有各縣應服兵役的壯丁，其應徵的日期，悉照規定之先後次序，順序入營以昭公允。

（八）嚴懲避免兵役的莠民及藉徵兵舞弊的人員

推行徵兵制度，關係前方抗戰的力量，與國家民族的存亡。軍政部業經規定：「在抗倭期間，如有違背徵兵制度之言行，以漢奸論罪。」依照違反兵役法治罪條例第二條之規定：「對於應服兵役男子隱匿不報者，處一年以下有期徒刑或拘役」。其他意圖避免兵役而出于不正當之行為者，條例中亦有分別處二年以下有期徒刑的種種規定。希望本縣民衆，激發天良，踴躍應徵，以免身蹈法網，追悔無及才好！還有辦理兵役人員更應該勤慎奉公，依限徵送，如有貪污舞弊，徇情濫職，本部依法懲辦，絕不寬假，以期兵役要政順利推行，完成全國總動員的使命！

二、对敌防空

四川省第三区保安司令部关于转发四川省重庆市防空监视哨组织方案、防空监视哨服务细则致璧山县政府的密令

（一九三六年三月十一日）

102

秘

四川省第三区保安司令部密令 参字第849号

令璧山县政府

案查前奉

省政府廿五年秘字第八四八三号密令内开：案奉

国民政府军事委员会防三字第一八七号密令开：案查本会前

据防空委员会呈称：现代战争，趋重立体化，防空实为国防

之要务，惟查防空方法，重在防空网之组成，而防空监视哨

又为防空网组成之关键。本会为谋完成全国防空计划起见，拟

订完全国防空监视哨组织条例，颁发全国防空有关各机

关遵照施行，以期严密组织全国防空监视哨，构成情报

网，用作都市防空情报之准备，而保国土领空之安全。等

情，附呈防空监视哨组织条例一份到会。当经分别修正并

提交本会第一九次常会决议，此条例通过（通）（过），应有防空设备之

重要城市，由防委會斟酌決定後，連同條例密咨行政院
重要省市執行。指令遵照在案。茲據該會呈稱：所有應
有防空設備之重要城市，業經酌量決定，並分別擬具防
空監視哨暫行服務細則，及都市防空監視哨配備要領
圖，請鑒核。等情，據此，查核所擬，尚無不合，除准予備案施
行，並密咨行政院外，合亟檢發全國防空監視哨組織條例、
防空監視哨暫行服務細則、都市防空監視哨配備要
領圖暨應有防空設備重要城市表各二份，令仰該省
政府遵照嚴密辦行，以重防空，並將辦理情形，隨時具報
備查核，切切此令。"等因，計發條例、細則、配備圖、重要城市表
各二份。奉此，查奉發城市表規定，四川成都、重慶兩市
依照原令，應有防空設備。該成渝兩市執行機關，按奉
發防空監視哨組織條例第二條規定，應由保安司令部或
地方警備機關，酌量情形，分別兼辦。此項監視哨，既為

103

全國防空網組成之關鍵，仍應派人指定負責機關，及時趕為
設備，由該組織所屬之防空司令部負責辦理。重慶市
方面，由重慶衛戍總司令部單獨負責。如遇特殊情形須聯
絡協助時，得商請重慶防空司令部協助辦理。除分令
外，合行抄發原件，令仰遵照，剋期嚴密執行，以重防
空。並將該防空監視哨設置地點及哨數，遵依法應辦
事宜，及設備完成後，即分別繪具圖說，呈報來府，以憑
彙報核定。事關重要，務即妥速嚴密辦理，勿稍違誤。
衍播密呈及至要。此令。等因；附抄發防空監視哨組
織案例一份，服務細則一份，配備圖一份，城市表一份。奉此，
當經擬定防空監視哨組織配備方案圖說，呈請
鈞府指令內開：呈附均悉。據呈送該區防空監視哨組織
及配備方案圖說，大致尚無不合，惟此項組織，貴在統籌
規劃，方足以應付需要。現據重慶衛戍總司令部電請分令

八十兩區專署協助到府，已經准如所請，分令遵照，並
呈飭該部定期召會各縣，分別派員會同商擬具體
辦法，及監視哨配置全圖，聯銜呈候核示在案。仰即遵照，俟
該部通知到達，即派負責專員，携帶擬呈各件與會共
同商定具報為要。附件暫存。此令。等因，本年一月廿七日准
慶警備司令部函請派員出席該部召開防空會議，即派
西路保安隊副隊長張坤，代表出席，旋據報稱，該部於二月
廿四兩日，舉行防空會議，出席共六人，討論結果，決定，將
檢查監視哨，由各縣在保預備費項下撥款辦理，所有防
空監視哨組織方案，當經推員擬定，議決通過，理合檢
同議定監視哨組織方案，呈報鑒核，等情。據此，除分令外，
合亟印發監視哨服務細則，及監視哨組織方案，令
仰該縣長即便轉飭所屬切實遵照辦理為要！！

已制卡

此令。

附發防空監視哨組織方案及服務細則各一份

中華民國廿五年三月十五日

軍司令 沈鴻

已制卡

監印 高青雲

已制卡

附（一）四川省重庆市防空监视哨组织方案

105

四川省重慶市防空監視哨組織方案

第一章 總則

第一條 本方案根據全國防空監視哨組織條例第二條及服務細則第三條之規定職掌而訂定之

第二條 各縣地方防空監視哨設立地點及哨數由重慶警備司令部酌量情形配定呈由
省政府轉呈核准施行

第三條 各縣防空監視哨如有更動及解散情事須先呈重慶警備司令部轉呈
省政府轉呈
軍委會核准但遇情形緊急不及請示時得一面更動一面呈報候核

乙

第四條 各縣關於處理區內防空監視事宜，由各縣公安人員建設科協同保安大隊及所在地聯隊部組成情報處兼理之。

第二章 配置

第五條 各縣防空監視哨以重重配置於重慶市外週一百五十公里至二百公里各要點，計本部配置之範圍以江北、巴縣、合川、江津、綦江、璧山、銅梁、永川、大足、榮昌、南川、彭水、涪陵、酆都、石柱、梁山、墊江、鄰水、長壽、廣安、渠縣、大竹等二十二縣。

第六條 各縣防空監視哨位置得選視界廣闊、通信便利、附近靜肅、聽音容易之要點而配置之。

計江北之 中興場 大灣場 興仁場 碾坪場 兩岔場 偏岩場

合川之 大河壩 渭沱 三廟場 龍鳳場 金子沱 尖山場

永興場 十二洞橋 肖家場 石龍場 廣合場 渭溪場

106—

小沔溪 三匯垻
廣安之 義興場 花橋 龍台市 石筍河 廣安縣城 白市場
戴市場
渠縣之 胡家場 李度場 肖家場 擋洞門 望溪場
大竹之 人和場 月華場 石橋鋪 新店子 觀音橋
梁山之 屏錦場 馬家場 金雞場 安勝場
墊江之 武安鎮 小沙河 汪家嘴 大沙河 高坳口 福安場
鄰水之 合流水 王家場 歐家場 觀音場 新鎮鋪
酆都之 雙龍場 牟家場 大柏樹 兩會 杜壇場 踶湯壩
孫家營 涼風埡 廖家壩 狗子水 三撫台 殷家嶺
石柱之 雙流垻 壩柵垻 古興場……
涪陵之 桐子山 花椒岩 藺溪場 黄草場 活場 白果鋪

巻口鎮 東岳洞 木花洞 楊家井

彰水之 太元場 華棣棠 河橋 汲子場 蒲桃場 彰水縣城

丫岩口 新岩口 文武堂 洋水橋 何村 竹板橋

城口 乾溪 浩口 大岩口

南川之 冷泉洞 小河場 鳳洞場 金溪場 頭渡橋 小河場

大河壩 尖頭觀 老鷹岩 永安場

綦江之 青羊鎮 永豐場 石谷鎮 葉凉河 分水嶺 土台場

河東場 三滙場

江津之 太平埂 双鳳場 永勝場 太和場 蔡家場 洗灘場

太平場 小唐河 稿子壩 朱家沱 中白沙

永川之 大磨場 立石站 新店子 王坪場 毘盧場 松溉

大足之 双溪場 龍水鎮 三驅鎮 迴龍場 復興場 李家街

107

中鰲場　大足縣城　榮路場　萬古場
銅梁之　淮河場　香山場　平灘場　斑竹場　圍濺場　水口場
人和場　白羊場
榮昌之　河包場　吳家鋪　蟠龍場　燒酒房　李市鎮　清江場
石橋場

第七條

關於各縣數個防空監視情報網之中心指定一處為防空監視隊（保安隊）以中隊長及所在地聯隊附兼主管該地區內之一切對空監視及轉報事宜在江北以兩岔場　合川以小沔溪渭沱　廣安以縣城　渠縣以望溪場　大竹以縣城　梁山以金雞場　墊江以縣城及福安場　鄰水以縣城　豐都以杜壇場　孫家營　石柱以吉興場……　涪陵以白果鋪卷口鎮　彭水以葡棚埧文武堂　南川以永安場及縣城　綦江以縣城　江津以中白沙蔡安場　永川以縣城　大足以萬古場　銅梁以縣城　榮昌以縣城

為防空監視隊情報之中心處

第八條　敵機進襲都市以江河並山嶺良好目標猶以江河為最顯著故對於敵機來襲公算較大之方向合川　廣安　渠縣　大竹　梁山　墊江　鄰水　江北　酆都　石柱　涪陵　江津　配置需要重重之哨所

第九條　各縣關於防空監視哨距離得據地區內地形通信狀況而配定哨與哨間之距離約為十公里至三十四公里

第三章　編組

第十條　防空監視隊之隊長哨兵以各縣地區之保安隊及所在地之聯隊選擇官兵精幹者編成之

第十一條　防空監視隊及防空監視哨之人員編成如左

一　防空監視隊隊長（保安中隊長及所在地之聯隊附兼）情報員（各縣建設科及各縣所在地區署派員兼）通信員（各

108

縣建設科及各縣所在地區署派員兼）哨兵八至一四（保安隊士兵及所在地聯隊）

△二 監視哨哨長一（保安隊及聯隊選資深區隊長或班長兼）哨兵六至一二（保安隊及聯隊選資深士兵編）

第四章 通信

第十二條 各防空監視隊（哨）為傳達情報與互取連絡務須利用當地所有通信機關並須與各該通信機關負責人員協定通信機關事宜於必要時得指定不同經路之兩個線路以備專用且須常時準備其他必要之補助通信以期穩妥確實

第十三條 各縣市鄉之有（無）線電話等不問屬於何處及其性質如何遇防空監視隊（哨）請求發送防空情報或見有冠有防空特種符號之文電時應即立刻中止其他之話報而予以提先發送

第十四條　凡在防空地域內之一般通信或交通機關亦負同樣義務

各縣地區防空監視隊之通信設備遇需要時得呈請省政府（省保安司令部）設置之但監視哨與通信機關之聯絡其經費由當地通信機關及縣政府分担之

第五章　器材

第十五條　各縣防空監視哨應具備之器材根據（全國防空監視哨組織條例第十二條）

a. 望遠鏡

b. 所在防空監視哨地區之十（五）万分之一地圖

c. 指北針及防空定向儀各一

d. 電話機（必要之處所如無電線可通者由省政府須給無線電信機）

109

五、鐘錶
六、飛機識別圖及哨地通信狀況圖
七、情報用紙及日記簿
八、鉛筆文具及其他用品

第十六條 各縣防空監視哨應備之器材用具如「情報用紙、飛機識別圖、哨地通信狀況圖等」得呈請省政府（或省保安司令部）發給外，其餘用具物品統由各縣政府籌給，各縣估計預算，報重慶警備司令部統一購置，作正開支，報請核銷。

第六章 經費

第十七條 各地防空監視哨之經費（有無電線及電話機等之修理等）得由各縣政府每年四月以前擬具預算，呈重慶警備司令司

10P-1

令部彙呈
省政府核准支給之

第七章　附則

第十八條　各縣防空監視隊（哨）組織完成後應即按「防空監視哨暫行服務細則」附表（附表二）依格式填報重慶警備司令部四份俾得彙呈省政府（省保安司令部）轉呈查核

第十九條　各縣防空監視隊（哨）之服務條例依據軍委會頒佈之「防空監視哨服務細則」規定辦理之

第二十條　本方案自呈准之日施行

附（二）防空监视哨暂行服务细则

110

防空監視哨暫行服務細則 民國二十四年十月 軍委会办公所第一処擬修

第一章 通則

第一條 本細則依據全國防空監視哨組織條例第十六條訂定之。

第二條 各地區防空監視哨執行服務除法令另有規定者外，悉依照本細則行之。

第三條 各地區防空監視哨配備地点及哨數、番号，由各該地區防空主管機関依據全國防空監視組織條例第六條酌量擬定，呈奉軍事委員会核准備案後組設之。

第四條 各地區防空監視隊（哨）組織完成後，應即造表具報各該主管長官，呈報軍事委員会查核，報告格式依附表第一第二各規定。

第五條 防空監視哨員兵以曾受此項訓練之人員充任之，承各該主管官長之監督指揮，辦理服務內切

事宜

第六條 防空監視哨員兵、服務須勤慎耐勞、不得疏忽怠惰、对於服務內應嚴守秘密事項、尤不得稍行洩漏

第七條 防空監視哨員兵服務時間及其交代、由各地區防空監視隊（哨）自定之、

第八條 防空監視哨員兵值服務交代完了、應即將交代情形、暨監視經過事項報告、直屬官長查核、

第九條 防空監視哨員兵服務時、除因公派遣外、不得擅離職守、又非萬不得已之事故（如婚喪疾病等）不得隨意請假、

第十條 防空監視哨員兵、雖非當班勤務、如遇有非常事故、應迅即自動集合、况着準備听受官長命令、竭力處置之、

111

第二章 任務

第一節 隊長

第十一條 隊長承防空監督官長之命，對本隊及所屬各監視哨負指揮監督之責。

第十二條 隊長對於服務一切軍實務細心處理，勤慎將事，以為所屬員兵之表率。

第十三條 隊長對於本防區域內之地勢，務隨時偵察，以資熟悉，並常注意通信與交通網狀況，以便改進而資利用，至有關防空事項，更應隨時查報，或建議於主管長官，以憑採納。

第十四條 隊長為蒐集情報與報告材料，應設法鼓勵所屬員兵之勤奮，並隨時實行考查，其有服務怠惰或不合規定者，應即糾正之。

第十五條　隊長對所屬員兵以不防礙服務爲限須常舉行左列事項之講解以促進各該員兵服務上之能力

一、防空監視勤務（應摘要講授之）

二、通信方法（關於防空通信之特種符號務使熟諳）

三、長官命令（以使徹底明瞭意旨爲度）

第十六條　隊長須時刻注意敵情對於鄰接防空監視隊務常取聯絡互通情況而對於未有報告之監視哨有時亦須告以敵情以喚起其注意此亦爲不可忽之事

第十七條　隊長據所屬監視哨所之報告應即按左列要領從速轉報本營防空主管機關察核

112

一、隊部名稱、
二、哨所名稱、
三、發現時刻、
四、飛機識別及種類、
五、飛機數目、
六、飛行方向及高度、

除前項隨時轉報外並須將重要事項記入週報表（附表第五）按週呈報備查。

第十八條 隊部於每日正午應校正時計並對所屬各哨同時校正之。

第十九條 隊長通常在隊部如因偵察或巡視必須離開部隊時應指定相當人員暫為代理以重職守

第二十條 防空監視哨長受隊長之指揮監督配置本哨

哨兵并習學哨兵執行對空監視勤務為其專責

第二十一條 配置哨兵須特依左列各條件選定其位置

一、視界廣濶

二、通信便利

三、附近靜肅

四、聽音容易

第二十二條 哨長為便利各該哨兵執行任務對於左列各項特加指示使之嫻熟

一、哨所名稱及番號

二、飛機國籍標識及種類之識別

三、監視隊部及防空主管機關之位置

四、應特別注意監視之方向

113

五、與關係方面之通信聯絡。

第二十三條 哨長須晝夜督察所屬哨兵嚴密監視上空，注意敵機音響，必要時須以望遠鏡自行視察發現之敵機，判別其標誌及種類等，以便確實報告。

第二十四條 當發覺敵機與敵機已離開哨地時，均須實行報告，而報告發覺敵機須按左列要領迅速向監視隊長報告之，不得稍有遲延：

一、哨所名稱 二、發現時刻 三、飛機識別及種類 四、飛機數目 五、飛行方向及高度（如因夜暗或天候等關係未能判別前項各款之情形時，得僅就其認識之項迅速報告之）

第二十五條 哨長對所屬哨兵，以不防碍勤務為限，應常舉行防空監視上必要事項之講解或練習之。

以增進其智識與能力

第卄六條　哨長須將每日氣候勤務分配情形及通信狀況與其他人員等一切事項逐日登記於防空監視哨勤務簿內以備查考此項勤務簿由各防空主管機關製表發之

第卄七條　哨長對於每日所得情報應登記於防空監視哨情報日記表內（附表第六）并按日彙報轉呈查核

第卄八條　哨長因故離開哨所時須指定適當人員暫理其職務

第三節　哨兵

第卄九條　哨兵專任所在地區上空之直接監視以適時報告於直屬哨所為其責任

114

第三十條　哨兵通常以一名為監視兵，任直接对空監視，一名為通信兵，任情報之傳達，必要時得分別增加人數

第卅一條　監視兵須時刻注意空中之現象及音响，尤須注意於特別監視之方向，在夜間聞有可疑音响應迅即報告，又非奉有特別命令，不得擅離哨地

第卅二條　通信兵須確實注意監視兵情報，隨時紀錄傳達之，其情報時不得自由使用通信器具，并不得託擅離職守

第卅三條　哨兵於交班時間接替者未至，仍應暫行服务

第三章　通信

第卅四條　各防空監視隊（哨）之报告及通信聯絡，以利用当地所有之通信机関為原則，必要時得臨時裝設電話，由当地通信及地方政府担任之

第卅五條　各防空監視隊（哨）對於當地之通信機關須預行協定通信所要各項以免臨時隔閡在必要時并得商應以不同經路之二個線路專供防空監視情報之傳遞

第卅六條　通信以簡明為主不論電報電話除必要報告者外不得參雜其他事項或故用冗長之字句

第卅七條　無論應用任何種方法通信對於發信機關之名稱須依特定之略符（附表第三四）替代之以期簡捷

第卅八條　使用電話報告時應先將特定之呼出符号「防空報告」四字告知對方通信所再將所欲通話機關之略符告知之然後傳達情報事項

附註：例如鎮江監視隊于上午七時三十九分發現

115

敵偵察機乙架由南向北高度約三千五百公尺以電話向中央防空情報所報告其方式如左防空報告—南京 22539 此即南京中央防空情報所之電報電話通信時之略符 過鎮江七時廿分、敵偵察機三架、南北、三千五百、

第卅九條 使用電報之告時應於防空監視情報之告紙上（附表第三）冠以特定之防空符號"W"字，再將欲報告之事項用略符（附表第四）逐一填入表內（附表第三）然後送達通信機關提前發出

附注 例如蘇州監視隊于上午六時十五分發見敵偵察機五架由東向西高度約三千五百公尺以電報向中央防空情報所報

第四十條　利用電報電話傳達情報倘遇線路或通信器具正在修理故障或因其他特種関係致未能立刻發送須稍遲（緩）時間事後須由担任傳達情報人员將此項遲誤原因及其時間據実報告隊長或哨長以憑查考

告其方式如左

TW 南京 22539、0009、0615、R.F. 0005、3-9、3500、

第四十一條　当地之電報電話僅限於發送防空情報其他事項概不得借用又使用電話每次通話以五分鐘為最大限

第四十二條　借電報電話傳達情報而生確定可靠迅速顧慮時應即借用其他最有效之通信方法以資補助而求穩妥

116

第四章 飛機識別

第四十三條 飛機國籍標誌及其種類識別法由主管防空最高機關頒發使用

第四十四條 監視員兵對於各種飛機標誌應特予注意認識清楚以免視測錯誤

第五章 附則

第四十五條 防空監視隊（哨）之設備事項由各地防空主管機關指示辦理

第四十六條 防空監視隊（哨）服務狀況由各地防空主管機關隨時派員視察之

第四十七條 本細則如有未盡事宜得隨時呈請修改

第四十八條 本細則自公佈之日施行

璧山县政府关于转知注重民间防空防毒事宜致四川省防空协会璧山县防空支会的公函（一九三七年九月十五日）

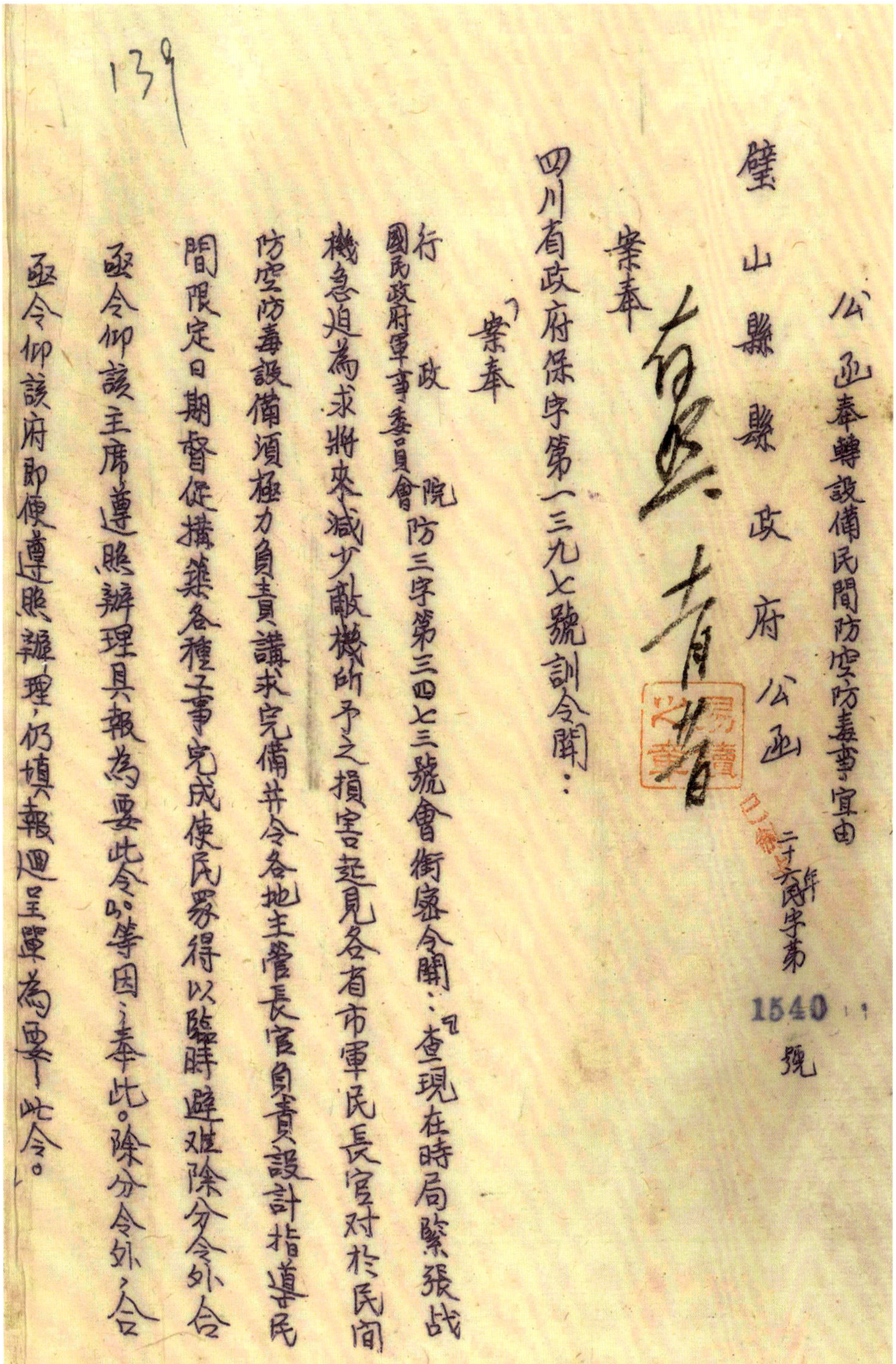

公函奉轉設備民間防空防毒事宜由

二十六年　字第1540號

璧山縣縣政府公函

案奉

四川省政府保字第一三九七號訓令開：

「案奉

行政院

國民政府軍事委員會防三字第三四七三號會銜密令開：『查現在時局緊張，战機急迫，為求將來減少敵機所予之損害起見，各省市軍民長官对於民間防空防毒設備須極力負責，講求完備，并令各地主管長官負責設計指導民間限定日期督促構築各種工事，完成使民眾得以臨時避难。除分令外，合亟令仰該主席遵照辦理具報為要。此令。』等因，奉此。除分令外，合亟令仰該府即便遵照辦理，仍填具報週呈覆為要。此令。」

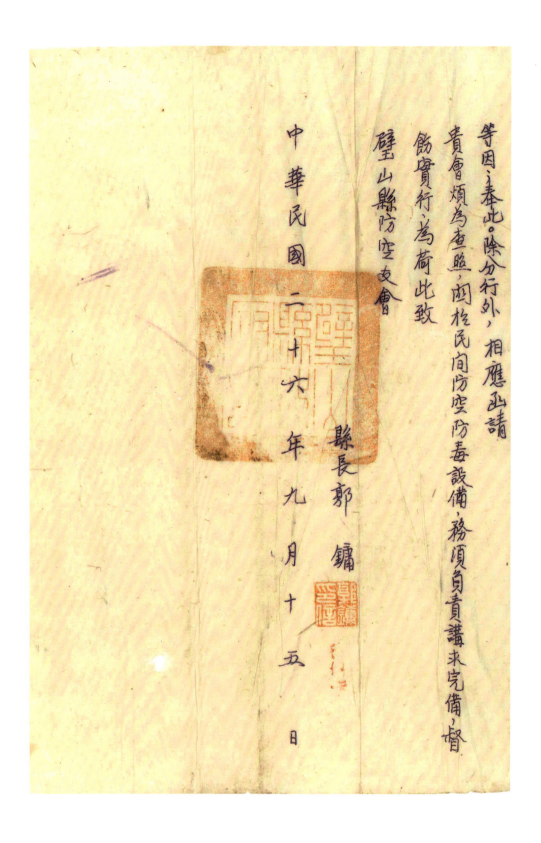

等因，奉此。除分行外，相應函請
貴會煩為查照，關於民間防空防毒設備，務須負責講求完備，督
飭實行，為荷此致
璧山縣防空支會
縣長郭鏞
中華民國二十六年九月十五日

璧山县政府关于指导民众挖掘、建筑简易防空壕致璧山县防空支会的公函（一九三七年九月十五日）

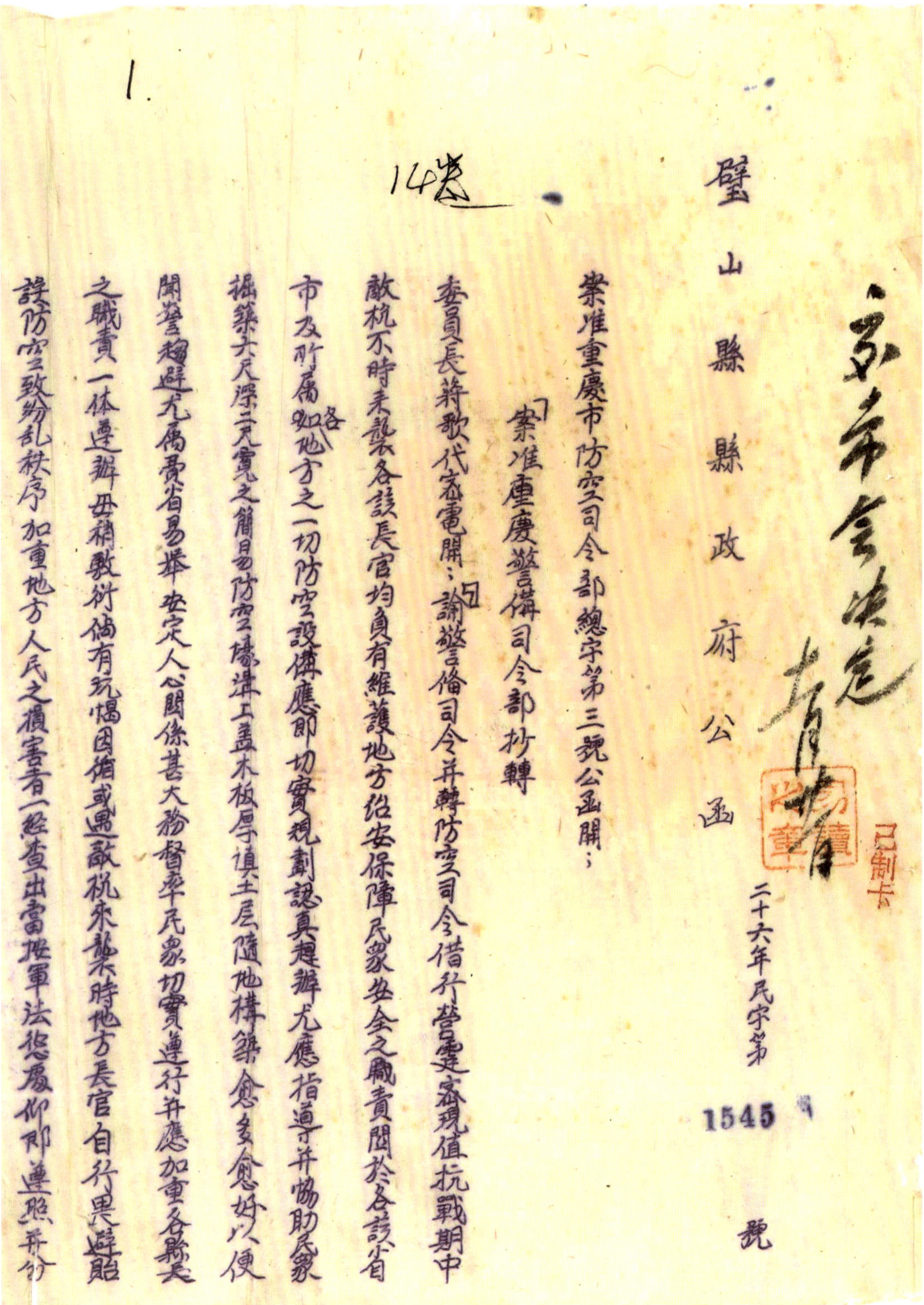

璧山縣縣政府公函

二十六年民字第1545號

案准重慶市防空司令部總字第三號公函開：

「案准重慶警備司令部抄轉

委員長蔣歌代密電開：『諭警備司令并轉防空司令借行營適密現值抗戰期中

敵机不時來襲各該長官均負有維護地方治安保障民衆安全之職責關於各該省

市及所屬各地方之一切防空設備應即切實規劃認真趕辦尤應指導并協助民衆

掘築六尺深三尺寬之簡易防空壕溝上蓋木板厚填土層隨地構築愈多愈好以便

聞警趨避尤屬費省易舉安定人心關係甚大務督率民衆切實遵行并應加重各縣長

之職責一体遵辦毋稍敷衍倘有玩愒因循或遇敵机來襲時地方長官自行異避貽

誤防空致紛乱秩序加重地方人民之損害者一經查出當按軍法從嚴仰即遵照并飭

別轉所屬一体遵照為要中正歌代秘卬等因;奉此,除分別函令外,相應函達,

請煩查照,并轉飭所屬一體遵照為荷此致

等由;准此。除分行外,相應函請

貴會煩為查照,關於指導及協助民衆採築簡易防空壕一事,希即會同警所及第一區迅速

辦理,以策民衆安全,為荷!

此致

璧山縣防空支會

縣長郭鏞

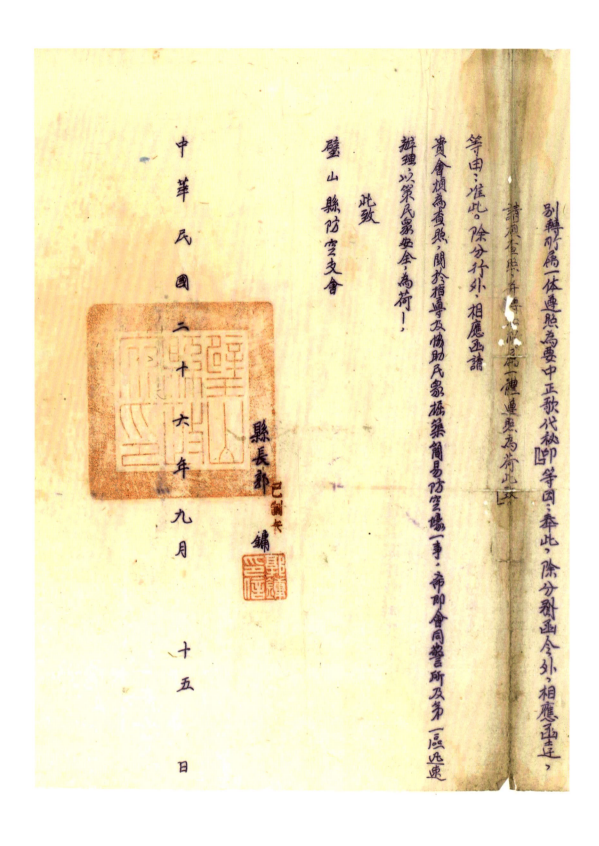

中華民國二十六年九月十五日

璧山县防空支会关于抄送扩大防空会议议案致璧山县临江乡联保办公处的公函（一九三七年九月十六日）

公函　為抄送擴大防空會議議案由

璧山縣防空支會公函　總字第　號

本會於九月十二日召開擴大會議、關於討論會務進行及組織徵求隊徵募航空會員之各案。均經決議紀錄在卷、除分函外、相應抄附議案函請

貴　煩為查照、至級公誼。

24

此致

[illegible]

已制卡

計附議决案一份

縣長
兼會長 郭 鏞

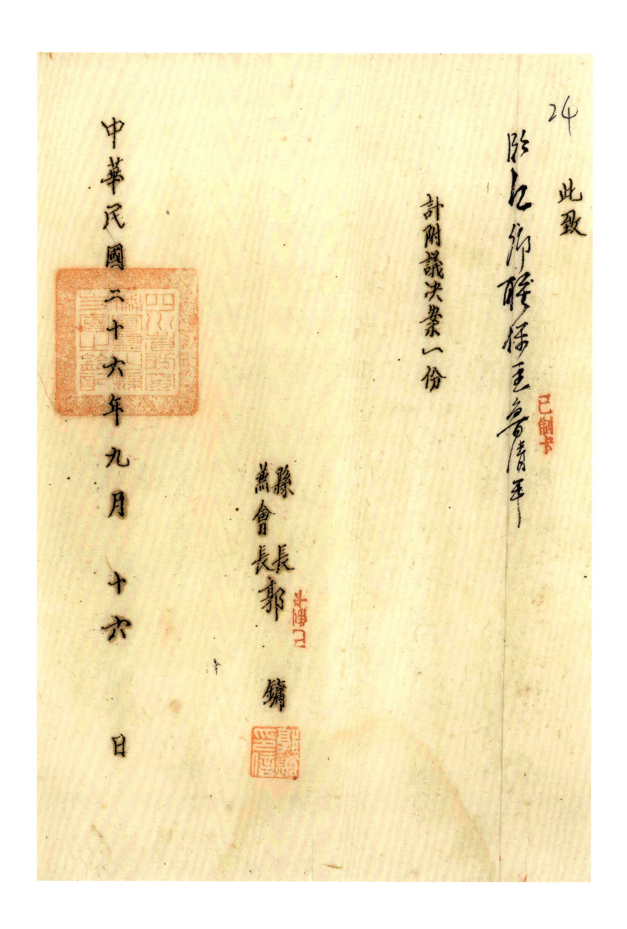

中華民國二十六年九月十六日

25

擴大防空會議紀錄

討論會務進行案：

1、翻印宣傳品材料由受訓各員供給，關於文字方面之材料由萬幹事慶源負責供給，關於圖畫方面之材料由戴幹事俊民負責供給。

2、組織宣傳隊，定期宣傳，由宣傳主任召集中職兩校商定實施辦法。

3、籌議消防事宜，函催消防委員會積極辦理。

4、中職校、縣一校、正義校、及車站一帶房屋改塗土灰色，車站一帶由警所督飭辦理。

組織徵求隊徵募航空會員案：

依照規定由會聘任徵求隊分隊長，負責徵募，當經決定聘任各分隊長姓名如次：

鍾鼎勛為第一分隊長、至少應徵募會員二〇〇人、計該會員費三〇〇元
已制卡

饒尚豐為第二分隊長、至少應徵求會員一〇〇人、計該會員費一五〇元
已制卡

湯天文為第三分隊長、至少應徵求會員三〇〇人、計該會員費六〇〇元
已制卡

戴嵩齡為第四分隊長、至少應徵求會員五〇人、計該會員費一〇〇元
已制卡

尚懷國為第五分隊長、至少應徵求會員二五〇人、計該會員費五〇〇元
已制卡

屈正國為第六分隊長、至少應徵求會員一五〇人、計該會員費三〇〇元
已制卡

鄒建邦為第七分隊長、至少應徵求會員一五〇人、計該會員費
已制卡

璧山县政府关于辅助监视哨的设置规则、人员、经费等致辅助监视哨的训令（一九三八年三月二十三日）

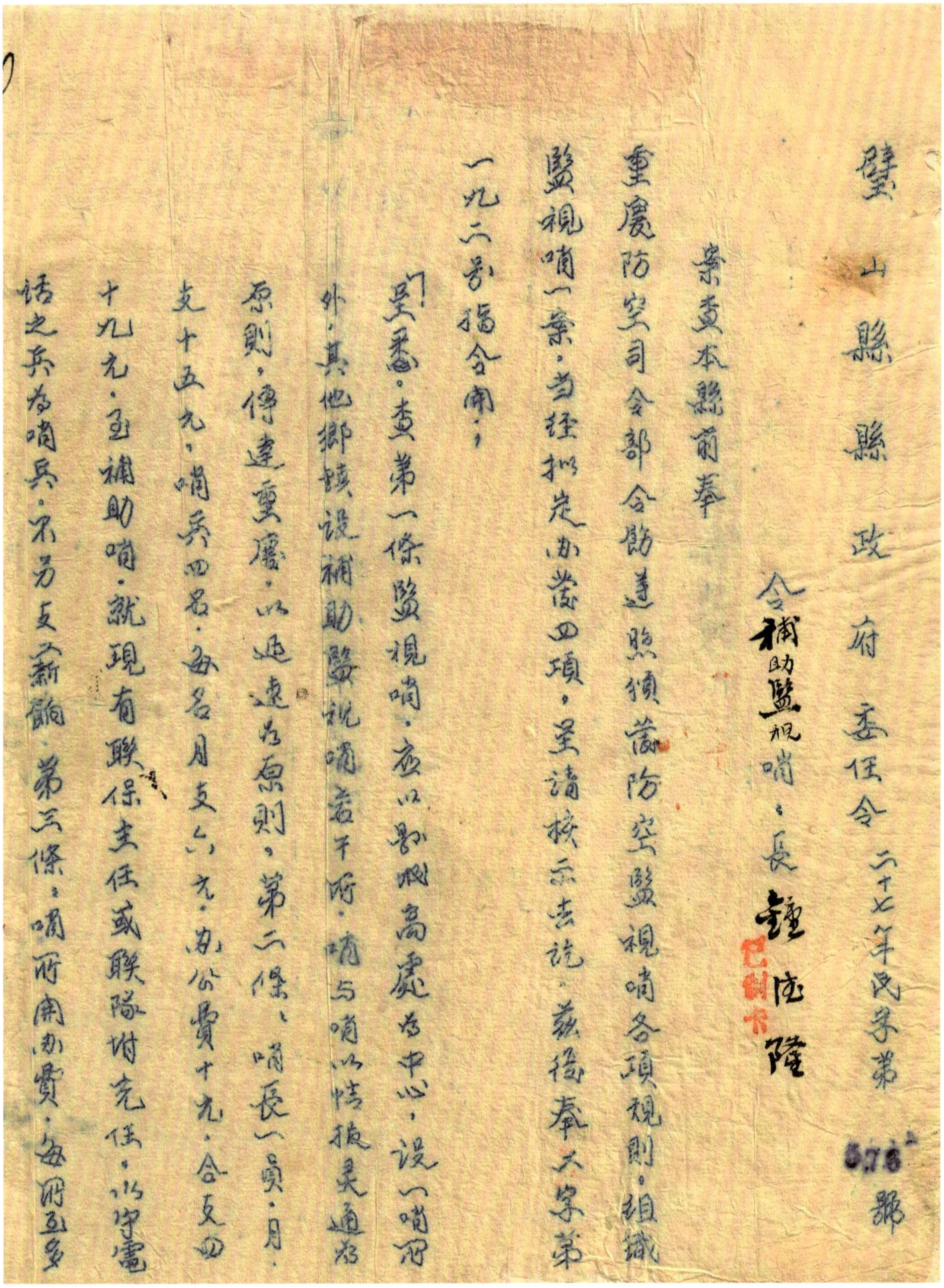

璧山縣縣政府委任令 二十七年民字第 576 號

令補助監視哨哨長鍾佐隆

案查本縣前奉

重慶防空司令部令飭遵照頒發防空監視哨各項規則，組織監視哨一案，當經擬定辦法四項，呈請核示去訖。茲復奉人字第一九二号指令開：

"呈悉。查第一條監視哨，應以制高處為中心，設一哨所外，其他鄉鎮設補助監視哨若干所，哨與哨以情報靈通為原則，傳達重慶，以迅速為原則。第二條，哨長一員，月支十五元，哨兵四名，每名月支六元，辦公費十元，合支四十九元，至補助哨，就現有聯保主任或聯隊附充任，以守電話之兵為哨兵，不另支薪餉。第三條，哨所開辦費，每所至多

50

不得超過二十元。圖表由本部發給。第四條，仰該縣長勘酌辦理。

以上數端，業已明白清令知在案，仰即遵照辦理可也。此令。

等因。奉此。查縣屬最高處，為職業中學校，應於該地設監視哨一所。其餘青木關與丁家鎮，路當衝要，應各設補助監視哨一所，以資聯絡。茲由本府委任何宣洪為璧山縣監視哨長，第二區長易讀兼任丁家補助監視哨長，青木關聯保主任薛德隆兼任青木補助監視哨長。除分令外，合行檢發委狀，抄同服務細則，令仰該哨長即便遵照，剋日就職，組織辦理，仍將奉委暨就職日期，填同附發報告表五份來府，以憑轉報，報查為要！

此令。

計發委狀一件、縣防空監視哨服務細則一份。

中華民國二十七年三月二十三日

縣長 [illegible]

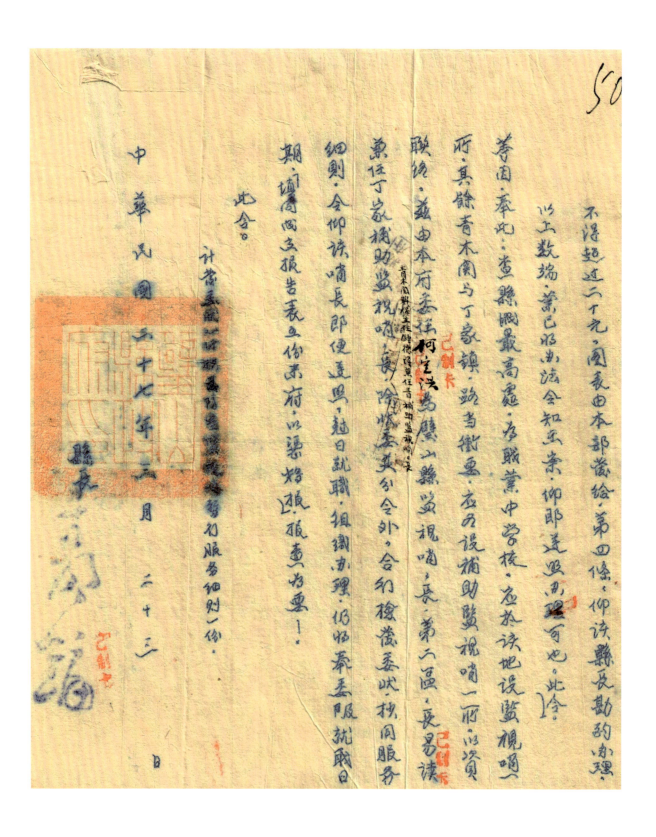

已制卡

1. 縣城監視哨地點，即設置職中校，其餘在以青木関、丁家鎮兩處為補助監視哨。

2. 監視哨哨長委　　補助監視哨哨長委第二區區長易謙

青木関聯保主任鍾佐隆兼任。令飭即日組織具報。

璧山县县城防空监视哨所关于报送就职日期并连同成立报告表致璧山县政府的呈（一九三八年三月二十七日）

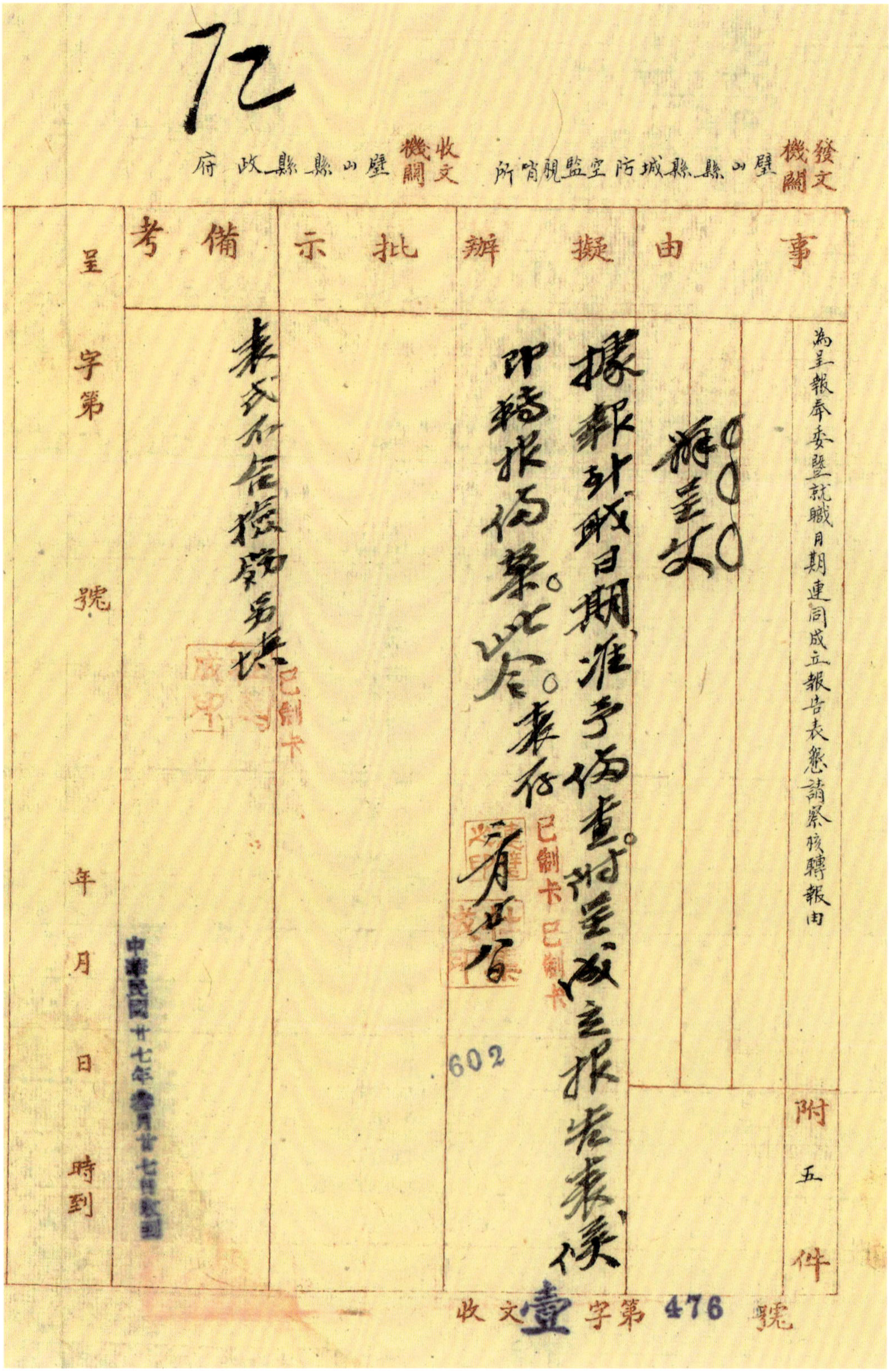
72

發文機關 璧山縣縣城防空監視哨所
收文機關 璧山縣縣政府

事由	擬辦	批示	備考
為呈報奉委暨就職日期連同成立報告表懇請鑒核轉報由	辦呈文。據報就職日期准予備查。附呈成立報告表候即轉報備案。此令。表存 三月廿八日		表式不合擬飭另填

附 五件

已制卡

中華民國廿七年叁月廿七日收到

602

呈 字第 號 年 月 日 時到

收文壹字第476號

案奉

鈞府二十七年民字第五七六號委任令，檢發委狀暨抄發防空監視哨暫行服務細則，飭即遵照，尅日就

職，組織辦理，仍將奉委及就職日期，填同成立報告表五份來府，以憑核轉報查為要。等因，奉此，

遵照前項委令及委狀，業於本月二十三日奉到，除於二十八日敬謹就職，跟速成立監視哨外，理合具文填同

成立報告表五份呈報

鈞府察核轉報，指令祇遵。

謹呈

璧山縣縣長郭

計呈成立報告表五份

縣城監視哨哨長何定鴻

75

中華民國二十七年三月二十七日

璧山縣告表

二十七年三月二十八日

哨長何定鴻

項	註事項	說明
所	城職業中校	地點較高聽音清亮瞭望明晰
哨	城哨所	
派	山縣縣政府	
哨	定鴻	
階	鄉村電話管理處技術員	
哨	青錢在康羅煌羅青之	
與當	縣縣城鄉村電話管理處及公路站之長途電話	鄉村電話綫與隣縣各縣早已講通公路長途綫可達重慶城邛遂寧等必要時情報迅速
報	村電話及公路長途電話報告之	
成	十七年三月二十八日	

第一監視哨所哨長由區長易讀兼任電話兵為哨兵

第二監視哨所哨長由聯保主任鍾德隆兼任電話兵為哨兵

璧山县政府关于转发敌机识别图致防空监视哨的训令（一九三八年四月九日）

四月十二日午后三钟到

訓令 為抄發敵機識別圖由

璧山縣縣政府訓令 二十七年民字第 661 號

令防空監視哨長 鍾隆德

已制卡

案奉

重慶市防空司令部民字第一二四號訓令開：

「查敵機肆擾，日益緊張，各監視隊哨，對於敵機識別，亟須明瞭，以期情報確實，而資判斷。茲經本部印製敵機識別圖，隨令附發，仰即轉發監視隊哨遵照，以資考察為要。此令」

等因；附發敵機識別圖四份，奉此，除分令外，合行檢發原圖一份，令仰

51.

該埔長，即便遵照查報為要。

此令。

計檢發款杭識別圖一份。

中華民國二十七年四月九日

縣長 [illegible]

已歸卡

機名93式　標示

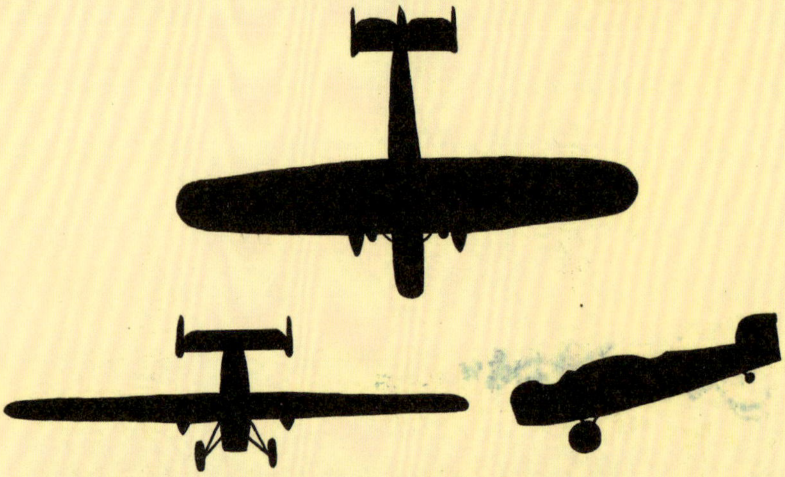

機種		重轟炸機
馬力		700（2）
速度		220公里
上昇速度		3000lm/14分
上昇限度		5000公尺
有用載重		8100公斤
耐航時間		10時
機色標示		銀灰色　紅日標示
武裝		槍五　載彈量　數噸
座位		多座
機形	翼展	27公尺
	身長	15公尺
	機身	身長，機首爲一大槍塔，多座式，
	機翼	下單翼，內支式，翼特寬長，
	機尾	雙尾，四方形，並甚大，位於橫尾之側端，並伸於橫尾下，
	足架	足架特寬低，分軸式
	發動機	水冷式發動機2.附於左右翼上
識別特徵	正視	單下翼，前方大槍塔，雙水冷式發動機位於左右翼上
	側視	大槍塔，大雙方尾，及多座之機身
	仰視	立尾翼之位置，發動機形狀，大單翼

重慶市防空司令部　二十七年三月印

璧山县防空支会关于检送防空演习决议案的公函（一九三八年七月三十一日）

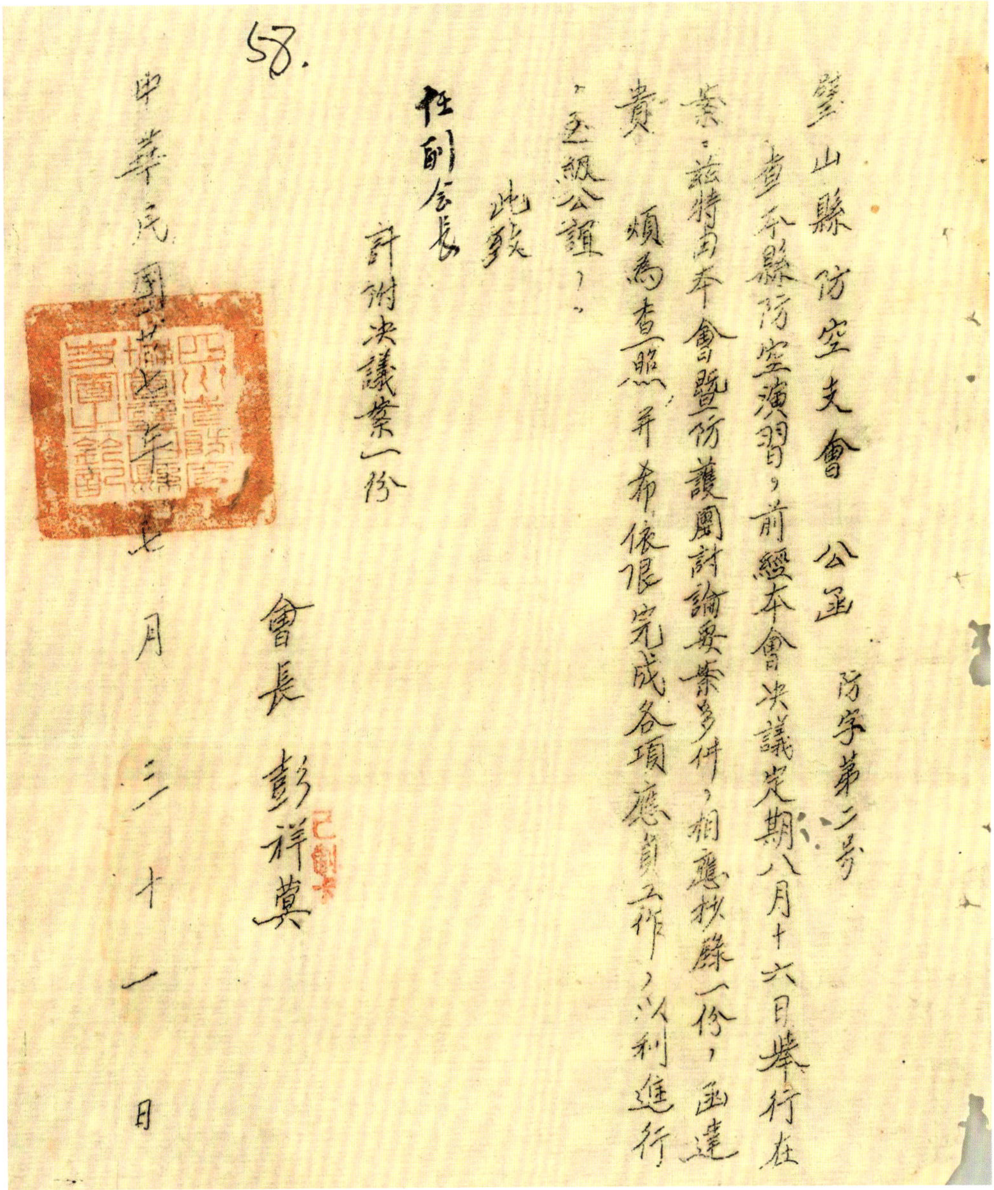

璧山縣防空支會　公函　防字第二號

查本縣防空演習，前經本會決議定期八月十六日舉行在案。茲特由本會暨防護團討論要案多件，相應抄錄一份，函達

貴　煩為查照，并希依限完成各項應負工作，以利進行，至紉公誼！

此致

任副會長

許

附決議案一份

會長　彭祥奠

中華民國廿七年七月三十一日

討論事項：

1.消防股提議：

a.組織消防會以利進行案

決議照原案通過案另期召集成立消防會再行商討詳細辦法。

b.消防器具如何增購以便防空演習案

決議 十六日防空演習應用器具暫由消防股負責籌備將來如何設備俟消防会成立後負責辦理。

2.警報股提議：

a.防空支會應添置電話以便防護團切取聯絡案。

決議照原案通過，暫借戰校電話備用，俟經費充裕再行購置。

3.警管股提議：

a.提議由警管股開会擬具警管股計劃於下週交本會核交下次会議討論

決議照原案通過。

4.救護股提議：

a.組織担架隊於八月十六日参加防空大演習案。

決議 由王主任派壯丁廿人組織担架隊担架器具由黃院長向軍校借用。

b. 救護隊如何組織案
決議 由中校在城學生選派十人以上組織之。

5、工務股提議：
a、避難所防空壕如何分配設立案。
決議 本城東西南北四门外設防空壕，城内外於相当地点設置避難所。
b、避难指揮班如何組織案。
決議 由警備股会同戰校童軍担任避难指揮事宜
C、偽装網為何設備案
決議 由工務股擇定地点設備完善。
a、積極防空為何設備案
決議 四门及城内高地安設高射砲由團幹事陳大海張少良負責办理

已制卡 已制卡

b、各股設備應需經費為何籌措案。
決議 暫由各股墊付以後由防空支会籌還
C、各股設備應限期办理完善案
決議 限八月十日辦妥
D、旗幟背章為何製備案
決議 由防空支会統籌办理。

59

(1) 時間 卅年七月廿六日。 (2) 地點 縣政府

(3) 主席 彭祥霙。 (4) 紀錄 陳志嘉

討論事項

1、本支會如何健全案

決議：甲、副會長任備勝 柳敦學 軍訓教官

乙、總幹事兼總務主任 羅經綸

丙、訓練主任 縣府第一科長

丁、研究主任 饒尚津 代、宣傳主任 何戴黎

2、防護團如何組織案：

決議：團長由縣長兼任，副團長三人 鍾芳銘、譚克勤、柳敦學，總幹事副總幹事羅經綸，消防股由副團長柳敦學

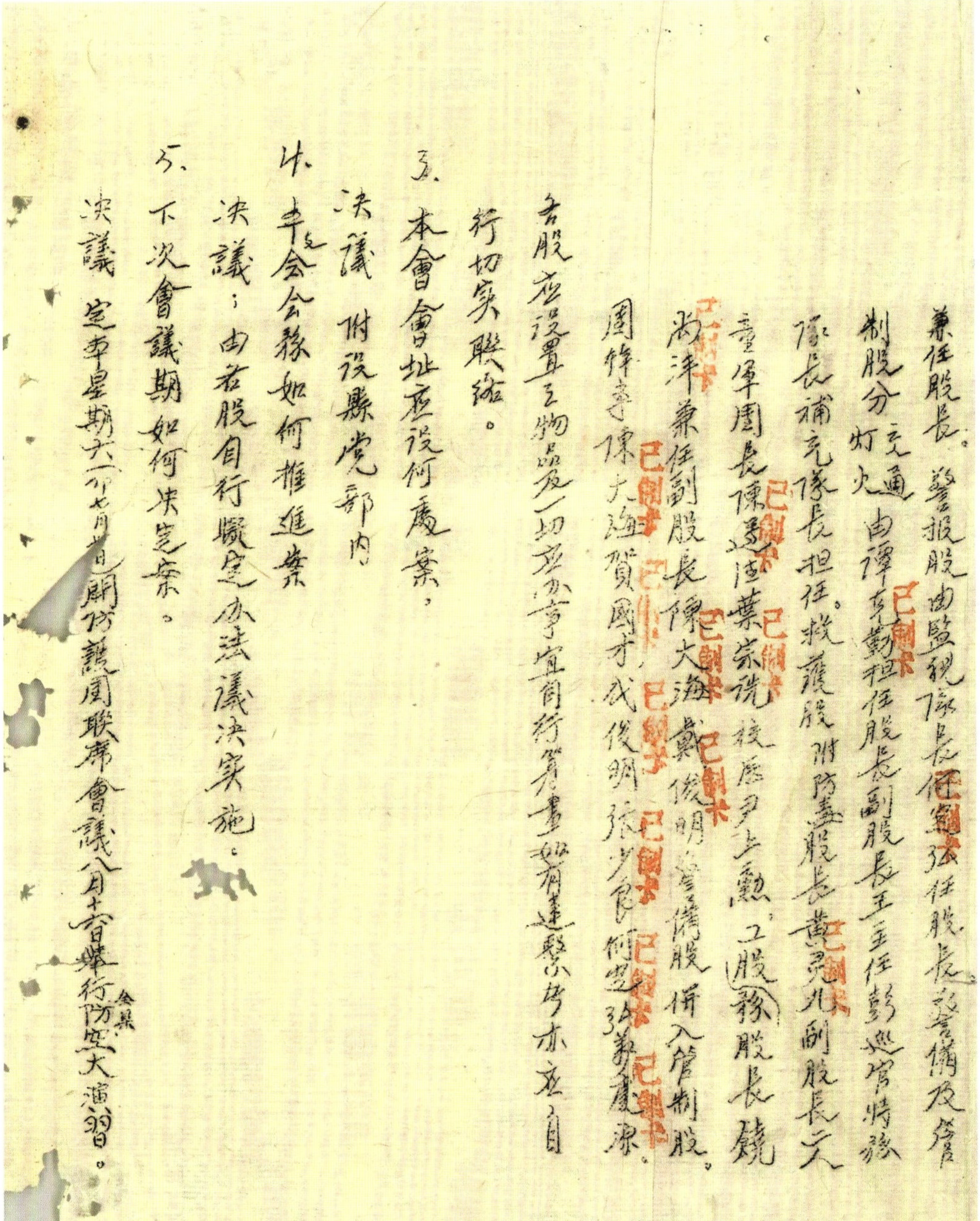

兼任股長。警報股由監視隊長任鄭孫任股長，並警備及管
制股分。交通燈火由譚克勤担任股長，副股長王玉任，彭巡官特務
隊長補充隊長担任。救護股附防毒股長黄景九，副股長六
童軍團長陳通達、葉宗洸，救應尹上勲。工務股長饒
尚洋兼任副股長，陳大海、戴俊明，警備股併入管制股。
團幹事陳大海、賀國才、武俊明、張少良、何定弘、蔣處康。
各股應設置之物品及一切應办事宜，宜自行籌備，如有連繫亦應自
行切實聯絡。
五、本會會址應設何處案。
決議 附設縣黨部内。
六、本会会務如何推進案
決議：由各股自行擬定办法，議決實施。
七、下次會議期如何決定案。
決議 定本星期六（廿七日）開防護團聯席會議，八月十六日舉行全縣防空大演習。